德润民心

——行政合法性审查的浙江创新经验

顾　　　问	陈柳裕　章剑生　翁国民　杜仪方
	罗文燕　张旭勇　唐明良　章靖忠
	郑金都　沈田丰　唐国华　王全民
	陈相瑜　（以上排名不分先后）
主　　　编	何健勇
执 行 主 编	杜仪方
编审组成员	钟丽丹　丁　皓　范　瑞　陆佳佳

浙江教育出版社·杭州

前　言

党的十八大以来，习近平总书记提出，"法治建设既要抓末端、治已病，更要抓前端、治未病""要推动更多法治力量向引导和疏导端用力，完善预防性法律制度"。行政合法性审查从事前控制的视角来确保行政权在法治轨道上运行，起到防患于未然的作用，是预防性法律制度体系的重要构成。加强行政合法性审查工作，是深入学习贯彻习近平法治思想、推动完善预防性法律制度的具体实践，也是切实提升法治建设效能、建设更高水平法治浙江的务实举措。

浙江是"枫桥经验"的发源地。深耕厚植"枫桥经验"的时代沃土，为推动行政合法性审查制度在内的预防性法律制度的产生和创新发展提供了强大的生长基因。早在2010年，浙江省政府就出台规章，建立起包括合法性审查在内的行政规范性文件法治化管理制度。2023年，浙江省又出台了全国首部政府规章《浙江省行政合法性审查工作规定》，构建行政合法性审查"4+X"工作体系，将行政合法性审查工作从行政规范性文件扩展至重大行政决策、重大执法决定、行政协议等4个领域，以及其他重大行政涉法事务领域（即"X"），用法治给行政权力定规矩、划界限，充分展现了浙江省在完善预防性法律制度领域的先行性和创新性。

为引导和推动全省从事政府法务工作人员笃学践行习近平法治思想，坚持理论与实践相结合，推动法治与业务的深度融合，我们于2022年5月开始，举办了以"建言政府法务、献计法治政府"为主题的实践经验征集活动，经过初审和专家复评，择优确定了一批有较高价值的实践经验。这些经验来自浙江省行政机关不同地区、不同部门、不同领域，它们以实践为基础，为推动浙江省法治政府建设提供了有力的支持。现将这些介绍成功实践经验的文章和我们开展创新实践的4篇课题研究成果一起汇编成册，以"德润民心——行政合法性审查的浙江创新经验"为书名出版发行。12位省政府法律顾问在百忙之中抽出时间，对书中介绍的主要创新实践经验逐一作了专业点评，在此深表感谢！

  法安天下，德润民心。行政合法性审查是法治政府建设的重要一环，期待浙江省的探索实践，能为推动这一制度的高质量发展提供重要标本和有力参考。尽管本书中的一些成果，不少已转化为各地、各部门推进法治政府建设中的决策部署，但囿于研究和实践的深度和视角，有些建议难免存在阶段性、区域性的局限。唯愿本书的出版，能给读者带来一些有益的启示和借鉴，以此助推行政合法性审查工作的长足发展，更好助力依法行政和法治政府建设。

本书编委会

2024年12月

目录

行政规范性文件

3 行政规范性文件法治化与高质量建设的浙江实践及思考
……………………………………………… 何健勇 范 瑞

15 公平竞争审查制度的现实困境与优化路径
——以地方政府产业政策为例
…………………………………………………………… 徐 箴

23 行政规范性文件制定中公众参与机制的实践与探索
——以浙江省嘉兴市为例
………………………………………………………… 白鑫雅

36 整合重塑：合法性审查与公平竞争审查协同演进路径研究
………………………………………………… 李仲辉 黄 园

48 嵊州市构建"234"合法性审查工作体系的实践与探索
………………………………………………… 赵少杰 何柯薇

56 在法治轨道上推动基层行政合法性审查水平提升
——以开化县为例
………………………………………………………… 朱建元

重大行政决策

67 浙江省重大行政决策合法性审查进展、问题及对策
——以目录化管理为切入口
.... 何健勇　钟丽丹

83 重大行政决策目录化管理的制度困境及对策
——以宁波市重大行政决策目录化管理为切入口
.... 林坚东　沈锦涛　李　光　翟彬斌

97 关于基层重大行政决策社会稳定风险评估的问题思考与对策建议
——以新昌县为例
.... 梁安琪　吴　凡　吴晓华

行政协议

105 行政机关合同合法性审查进展、问题及对策
.... 李越明　王琴允

114 浅析国有土地使用权出让合同法律属性
——从土地开竣工违约金出发
.... 任婉歆

129 行政协议合法性审查重点问题研究
.... 方一斐

139 乡镇（街道）合法性审查有效覆盖与数字化改革
——以舟山市行政机关合同管理为例
.... 叶琼燕

重大执法决定

151 重大行政执法决定法制审核制度执行现状、问题及对策
　　　　　　　　　　　　　　　　　　　　　　　　　孙书玲

161 "大综合一体化"背景下基层重大执法决定法制审核的路径探索
　　——以行政执法内部规范控制为视角
　　　　　　　　　　　　　　　　　　　　　沈　丽　徐建苗

173 "大综合一体化"行政执法改革乡镇（街道）综合行政执法事项法制审核路径研究
　　——以江山市为例
　　　　　　　　　　　　　　　　　　　　　　　　　陈　敏

182 综合行政执法改革背景下行政执法事项的划转研究
　　　　　　　　　　　　　　　　　　　　　　　　　杜冬战

其　他

193 深入推进涉企法治服务"一件事"改革
　　——塑造法治化营商环境新优势的浙江实践
　　　　　　　　　　　　　　　　　　　　　何健勇　陆佳佳

206 多元解纷背景下激活行政裁决效能的探索与思考
　　——以浙江省行政裁决工作为视角
　　　　　　　　　　　　　　　　　　　　　　　　　冯娇雯

219 自然资源领域权属争议行政裁决制度研究
　　——以杭州市示范化建设为例
　　　　　　　　　　　　　　　　　　　　　王双钢　谢　雯

230 我国行政裁决制度改革研究
.... 郭燕妮

245 行政裁决的性质定位与机制完善研究
.... 汪江连　汪湖泉　项先权　曹中设

264 "政府法律顾问+"制度研究
　　——以温州实践为样本
.... 刘贤平　林志数　郑加琦

277 论我国公职管理人面临的困境及应对
　　——以温州、深圳两地实践为切入点
.... 周智发　胡海珍　王哲丽

299 推进乡镇（街道）合法性审查全覆盖进展、问题和探索
　　——以衢江区为例
.... 徐琴锋

307 遵守法律法规强制性规定与保障村民自治权的衡平
　　——丽水市景宁畲族自治县司法局村规民约合法性审查调研
.... 雷澜珺

行政规范性文件

行政规范性文件法治化与高质量建设的浙江实践及思考

浙江省司法厅　何健勇　范　瑞

行政合法性审查是政府内部的控制机制、管理机制和风险防范机制，目的在于防患于未然，防止纠纷的发生和公权力的滥用，推动将权力关进制度的笼子。长期以来，我国高度重视行政规范性文件的法治化，特别是《法治中国建设规划（2020—2025年）》《法治政府建设实施纲要（2021—2025年）》都明确提出了行政规范性文件法治化的目标，并就行政规范性文件如何法治化明确了实施路径和基本要求。近年来，浙江锚定更高水平法治浙江目标，高站位、高标准推进法治浙江、法治政府建设，全力推进行政规范性文件法治化，取得了一定成效。

一、浙江省推进行政规范性文件法治化与高质量建设概况

浙江省行政规范性文件管理实践始于20世纪90年代初，大体经历了初步创立、逐步发展、规范提升和高质量建设的过程（详见表1）。从发展历程来看，浙江省各地各部门经过多年的探索实践，已经形成了不少好的做法和经验，推动行政规范性文件制定、监督和管理

制度日臻完善，为推进行政规范性文件法治化与高质量建设奠定了良好基础。

（一）加强顶层设计，完善高质量建设制度机制

浙江省是较早开展行政规范性文件制度建设与法治化探索的地区之一。早在2000年5月，省政府就以规章形式出台了《浙江省行政规范性文件备案审查规定》，专门针对备案审查工作作出了较为具体的规范。2010年，省政府以规章形式颁布《浙江省行政规范性文件管理办法》，建立起包括合法性审查和备案审查在内的行政规范性文件全面管理制度。2016年10月，浙江省出台《浙江省行政程序办法》，专章对政府规章、行政规范性文件制定和重大行政决策程序作出规定。2018年，全面修订《浙江省行政规范性文件管理办法》。2023年，浙江省认真贯彻落实"抓前端、治未病"的要求，出台了《浙江省行政合法性审查工作规定》，系全国首部规范行政合法性审查工作的创制性规章，首创构建起"4+X"工作体系，将行政合法性审查从行政规范性文件拓展至重大行政决策、重大执法决定、行政协议等4个领域，以及其他重大涉法事务领域（即"X"），使浙江成为行政合法性审查适用范围和规范对象最广的省份之一。一系列的顶层设计获得了良好的反响，据浙江省本级合法性审查情况统计，行政合法性审查数量呈逐年增长态势，尤其是在2018年机构改革以后，由于审查范围不断拓展，行政合法性审查任务日趋繁重。

表1　浙江省行政规范性文件管理实践

阶　段	年　份	标志性事件
初步创立阶段（1990—1999年）	1994	浙江省政府发布《浙江省行政执法监督办法》，首次以省政府规章形式，将行政规范性文件备案作为行政执法监督的主要方式之一，在制度层面纳入了行政监督体系。

续表

阶　段	年　份	标志性事件
逐步发展阶段 （2000—2009年）	2000	浙江省政府以规章形式发布《浙江省行政规范性文件备案审查规定》，浙江省人大常委会通过《浙江省县级以上人民政府行政执法监督条例》，为在全省范围内开展备案审查工作提供了有效的制度规范。
规范提升阶段 （2010—2019年）	2010	浙江省政府以规章形式颁布实施《浙江省行政规范性文件管理办法》，率先建立起包括合法性审查和备案审查在内的行政规范性文件管理制度。
	2012	在全省范围内建立行政规范性文件"三统一"制度，对推动行政规范性文件管理发挥了重要作用。
	2016	被原国务院法制办确定为全国完善规范性文件合法性审查机制试点单位。
	2017	与浙江省高级人民法院联合印发《关于建立健全行政规范性文件合法性审查"府院衔接"工作机制的指导意见》，在全国率先建立合法性审查"府院衔接"机制。
	2018	全面修订《浙江省行政规范性文件管理办法》，并以浙江省政府第372号令颁布实施。
	2019	发布了行政规范性文件制定主体清单，修订了统一编号规则，并在司法部召开的会议上作典型交流。
高质量建设阶段 （2020年至今）	2020	"乡镇（街道）合法性审查全覆盖工作"获得第六届"法治政府奖"，台州市路桥区乡镇（街道）合法性审查全覆盖项目入选第二批全国法治政府建设示范项目。
	2021	在司法部组织下，与上海市、江苏省、安徽省共同推进长三角区域行政规范性文件合法性审核机制一体化建设。
	2021	在"行政规范性文件统一立法"研讨会上介绍浙江做法和经验。
	2022	司法部与浙江省签订《共同推进浙江高质量发展建设共同富裕示范区合作框架协议》，支持浙江省推进行政规范性文件法治化建设。
	2023	首创出台《浙江省行政合法性审查工作规定》，以规章形式确立"4+X"工作体系，被评为浙江省优化提升法治化营商环境"最佳实践案例"。
	2023	在首届全国"行政规范性文件法治化和高质量建设"研讨会上介绍浙江实践和经验。

（二）推进体系重塑，提供高质量建设法治保障

创新推动行政合法性审查体系重塑，是推进行政规范性文件法治化与高质量建设的重要保障。浙江省重点在以下方面作了创新深化：一是成立法治审查委员会，切实强化组织领导。省司法厅专门成立由厅长担任主任、分管副厅长担任副主任的法治审查委员会，健全完善协审会审联审机制，强化对疑难复杂事项的集体审查，从源头上加强把关防控。省司法厅厅长全程列席省政府常务会议，所有提交审议的议题，均由法治审查委员会先行审查把关。二是优化调整机构内部设置，推行"统分结合"模式。设置法治一处、法治二处2个法治处室，并建立沟通会商、协同联络等9个方面统筹协调机制，推动合法性审查高效协同运行。三是推进制定和监督管理方式重塑，主动融入中心大局。前端将行政合法性审查关口前移，对省委、省政府拟出台的重大政策文件采取提前介入方式开展预审，切实提升审查工作质效。中端开通助企纾困政策审查"绿色通道"，全力投入稳进提质法治保障行动，努力提供良好法治服务。后端严格开展备案审查监督，坚决做到"有件必备、有备必审、有错必纠"，有力地保障了宪法和法律法规的实施，维护了国家法治统一。

（三）强化要素保障，完善合法性审查实施体系

大力推进合法性审查要素保障，是推进行政规范性文件法治化与高质量建设的重要支撑。一是定标准，出台配套文件。与《浙江省行政合法性审查工作规定》相配套，浙江省在探索出台重大行政决策目录编制指引的基础上，研究制定行政规范性文件、重大行政执法决定、行政协议合法性审查指引，形成具有浙江特色和辨识度的制度机制成果。以"一规定四指引"为依据，有力地推动了全省各级行政机关合法性审查事项清单化管理。二是强创新，强化组织保障。为推动

构建职责清晰、机构明确、力量匹配的合法性审查工作体系，浙江省大力推进县级合法性审查中心建设，确保事有人干、责有人担，为合法性审查工作提供组织保障。全省90个县（市、区）均已由属地编办批复成立县级合法性审查中心，新增编制224名。探索建立县乡法审员管理机制，推动完善法审员任命、备案和动态调整机制，着力打造人员稳定、工作有力的县乡法审员队伍。三是重示范，打造最佳实践。紧扣省委、省政府中心任务，创新实施揭榜挂帅机制，以"基层首创＋集成创新"方式，推动各地聚力改革攻坚。聚焦法治建设领域重点难点问题，鼓励基层首创，大力开展合法性审查"最佳实践"培育试点工作。深入推进重大行政决策源头治理专项行动，以"点上突破＋面上推进"方式，推进8个方面25项重点任务落地落实。组织开展"烦企扰民"规定专项清理，着力清除妨碍发展的各类制度规定，被评为"我为群众办实事、我为企业解难题、我为基层减负担"专题实践活动最佳实践案例。四是谋变革，推进数字赋能。迭代升级备案审查智能应用，推进合法性审查协同应用建设。依托"一地创新、全省推广"，着力构建预防性行政监督应用系统。"合同钉"等一批审查应用入选浙江省数字化改革"最佳应用"。

（四）夯实基层根基，打通"最后一公里"难点堵点

夯实行政合法性审查基层根基，是推进行政规范性文件法治化与高质量建设的重要基础。2020年6月，浙江省委全面依法治省委员会印发《关于推进乡镇（街道）合法性审查全覆盖工作的通知》，在全省全面部署推进。截至2020年年底，率先实现全省1365个乡镇（街道）合法性审查全覆盖。近年来，浙江省坚持以推进乡镇（街道）合法性审查全覆盖为抓手，全力夯实合法性审查基层根基，以"小切口"为牵引撬动法治政府建设"大场景"。2023年，浙江省部署开展基层合法性审查质效提升改革专项行动，制定实施"1＋4＋N"改革

试点方案①，着力打通基层依法治理"最后一公里"。基层合法性审查全覆盖等相关工作获第六届"法治政府奖"、第二批全国法治政府建设示范项目。据统计，2023年，全省乡镇（街道）经合法性审查的行政规范性文件1782件，较2022年同期上升72.5%（详见表2），涉乡镇（街道）行政争议发生率、败诉纠错率实现持续稳步下降，合法性审查贡献度达五成以上，为防范法律风险、保障依法行政、推动解决基层依法治理"最后一公里"问题提供了重要保障。

表2 2021—2023年浙江省乡镇规范性文件合法性审查情况

地 区	乡镇规范性文件合法性审查情况		
	2023年合法性审查数（件）	2022年合法性审查数（件）	2021年合法性审查数（件）
杭州市	74	127	116
宁波市	205	150	213
温州市	108	57	81
湖州市	315	73	58
嘉兴市	124	80	89
绍兴市	260	189	81
金华市	79	269	297
衢州市	208	4	4
舟山市	117	15	21

---

① "1"是明确一个审查运行机制。明确乡镇（街道）党委、政府为合法性审查工作的责任主体，落实党政办统筹，司法所、综合执法队、乡镇（街道）法治员和公职律师等法治力量参与的合法性审查体系。"4"是推动四大配套改革。一是事前建标准，创建乡镇（街道）合法性审查工作标准，编制合法性审查"一图一清单一指引"，为乡镇（街道）提供参考范本。二是事中重协同，健全完善合法性审查机制，推进乡镇合法性审查机构、审查人员、审查范围、审查机制四个100%覆盖，形成"纵向到底、横向到边"的合法性审查工作格局。三是事后强备案，在开展乡镇（街道）行政规范性文件备案审查的基础上，将重大行政决策、乡镇（街道）重大合同纳入备案范围，推动将乡镇（街道）各项工作纳入法治化轨道。四是数字作支撑，以"好用管用"为导向，统建全流程管理的合法性审查数字应用，切实提升审查质效。"N"是打造N个保障工程，重点建立合法性审查考核评价机制、法律顾问规范化管理机制和法治人才保障机制。

续表

地　区	乡镇规范性文件合法性审查情况		
	2023年合法性审查数（件）	2022年合法性审查数（件）	2021年合法性审查数（件）
台州市	79	36	61
丽水市	213	33	25
全省	1782	1033	1046

二、存在的问题及挑战

通过上述工作，浙江省行政规范性文件管理工作已走上制度化、法治化轨道，为全面推进行政规范性文件法治化与高质量建设提供了深厚的实践基础。但同时也要看到，当前浙江省行政规范性文件管理工作与上级的要求、人民群众的期待相比，仍有不小差距，存在着许多问题和短板，需要采取有力措施，下大力气加以解决。伴随中国式现代化的进程和法治政府建设的深入推进，行政规范性文件管理工作还面临着不少新情况、新问题。

（一）思想认识存在误区

一些地方和部门仍然对行政规范性文件管理工作不够重视。有的往往从地方和部门利益出发，在制定的文件中夹带不符合公平竞争要求的内容。有的将行政规范性文件"包装"成内部文件出台，绕开行政规范性文件管理约束。有的文件报备不及时，以2021年度为例，设区市及省本级的报备及时率为91.34%，仍存在部分文件迟延报备的情形。

（二）程序执行不够严格

一些地方和部门的文件制发程序依然不够规范。有的地方和部门为追求行政"效率"，往往搞"审查突袭"，不给合法性审查预留必要的时间；有的在没有履行合法性审查程序、不采纳合法性审查意见或合法性审查不通过的情况下，依旧对外公开发文，或者简化程序、忽略环节；有的审查材料报送不齐全，如文件批注版本未提供、批注内容不准确、集体审议材料缺失、涉企文件缺少公平竞争审查材料、涉众型重大行政决策缺少社会稳定风险评估等情况，导致行政规范性文件制定程序执行不严格、落实不到位。

（三）审查尺度有待统一

实践中，遇到部门规章与省政府规章规定不一致时，一些地方或部门往往按照有利自身原则采取"选择性"方式适用。同时，对于涉及改革、创新类事项的行政规范性文件，因上位法尚未调整或者没有直接的上位法依据，需要主动适应改革和经济社会发展需要、遵循法律的原则和精神提出合法性审查意见。此外，从省际的审查尺度而言，还需要持续落实好《关于长三角区域行政规范性文件合法性审核机制一体化建设的合作协议》的各项共识，推动审查机制一体化建设，进一步发挥好行政规范性文件对长三角地区更高质量一体化发展的法治引领和服务保障作用。

（四）能力水平亟须提升

一方面，合法性审查数量越来越多，领域越来越广，难度越来越大。2023年办理合法性审查944件，提出合法性审查意见2520件，分别为2012年的11.4倍、6.5倍。统计表明，近十多年来合法性审查办理数量整体呈稳步上升趋势。审查领域也越来越广，不同领域都有各自的专业性，审查要求也不尽相同，对审查人员的能力水平无疑提出了挑战。

另一方面，审查力量配置与审查任务要求之间普遍存在不适应。随着经济社会不断发展，社会治理要求不断提高，大量涉及面广、专业性强的行政规范性文件不断出台，要求审查人员既要熟悉专业领域背景知识，又要精通相关行业法律法规，这样既专又精的复合型人才十分欠缺，导致审查队伍建设滞后、力量薄弱、能力不足的状况长期得不到有效解决，成为不可回避的现实问题。据统计，目前县一级审查人员平均不到 2 人，且一人身兼数职现象还很普遍。越到基层乡镇，审查人员越显不足，能力"短板"问题也越突出。

三、建议与展望

行政规范性文件管理工作中存在问题的原因是多方面的，需要进一步解决认识问题、能力问题、机制问题、责任问题。要坚持问题导向、目标导向、结果导向，整合利用各方面力量，不断创新方式方法，加大监督考核力度，强化正向激励，努力增强工作的主动性、针对性和有效性。

（一）必须始终做到"三个坚持"

一是必须坚持党对法治建设的绝对领导。行政规范性文件管理具有很强的政治性、法治性和专业性，必须坚持以习近平新时代中国特色社会主义思想为指导，深入学习贯彻习近平法治思想，把坚持党的全面领导贯彻落实到行政规范性文件制定和监督管理的全过程各方面，以合法性审查和备案审查为主要方式和手段，确保行政规范性文件合法有效，确保党和国家的法律、政策得到全面贯彻和正确执行。

二是必须坚持维护社会主义法制的统一、尊严、权威。恪守不抵触的原则和底线，坚持一切行政规范性文件都不得同宪法相抵触，下位文件不得同上位文件和法律规范相抵触，同一位阶的行政规范性文件之间也不能不一致。严格纠正与上位法相抵触、不一致的行政规范性文件，对一切违反宪法、法律的行政规范性文件都必须坚决予以纠正和撤销。审查机构要严格依照法定权限和程序开展审查，视情做好提前介入、预审协调等工作，及时研究解决行政规范性文件制定中发现的重大分歧和合法性问题。

三是必须坚持围绕中心服务大局。要坚持法治与改革协同推进，使行政规范性文件管理工作更好地服务于中心大局、顺应时代要求、反映人民意愿。既要坚持法治引领，不断完善稳定公平透明可预期的政策制度环境，更好发挥法治固根本、稳预期、利长远的保障作用；又要坚持改革驱动，找准推动改革发展的切入点和突破口，提升依法解决企业和群众急难愁盼问题的能力和水平，为高质量发展提供坚实的法治保障。

（二）切实锚定"三个并举"

一是控增量与减存量并举。加强立项把关，实行"一个口子收文""一个口子认定"，在源头环节严控发文增量。要统一规范行政规范性文件宽限期制度、有效期制度和清理制度，完善行政规范性文件数据库，深化行政规范性文件常态化清理，坚决清除妨碍全国统一大市场、存在地方保护和市场分割问题的各类规定和做法。

二是严把关与促发展并举。既要从制度、标准、案例、清单、文本等方面积极探索创新对行政规范性文件的全链条管理，做到规范"红头文件"有法有据、合法守规；又要积极回应纷繁复杂的行政管理事务对行政规范性文件提出的需求，注重发挥其实施性、补充性、探索性的功能定位，通过反映立法原意和精神的推定或解释，避免片面、机械理解法律条文，聚力打造一流市场化、法治化、国际化营商环境。

三是提质量与强能力并举。一方面，要统一行政合法性审查标准，督促审查机构从制定主体、制定权限、制定程序和具体内容等方面从严把关，区分不同情形提出高质量的合法性审查意见，更好适应法治化与高质量建设的需要。另一方面，要推动审查机构重塑、队伍转型、流程再造，配齐配强审查人员力量，压紧压实基层工作责任，着力打造正规化、专业化、职业化审查队伍，为行政规范性文件法治化与高质量建设提供有力保障。

（三）正确处理"三对关系"

一是行政规范性文件与非行政规范性文件的关系。正确认识和处理好这一对关系，需要把握好行政规范性文件的应然边界和实然边界。首先要把握好应然边界。《中华人民共和国各级人民代表大会常务委员会监督法》规定的规范性文件不仅包含法规、规章，还包含人大及其常委会自身的决议、决定和一府两院的决定、命令，且随着《中国共产党党内法规制定条例》的出台，党的规范性文件、监察机关规范性文件等进一步丰富了规范性文件的内涵。行政规范性文件作为规范性文件的组成部分，应当将其置于整个规范性文件体系中去审视，才能更好理解、把握其概念的内涵和外延。其次要把握好实然边界。当前，合法性审查机关（机构）的职能角色定位，决定了其在合法性审查过程中存在一定的被动性，只要是政府批转审查的文件，均需按要求进行合法性审查，导致行政规范性文件与非行政规范性文件在实践中存在混淆。如能将区分界限作为程序规制的逻辑起点，则可明确行政规范性文件的法律性质和法律地位。

二是行政规范性文件内在界定要素与外在识别要素的关系。尽管行政规范性文件具有行政性、外部性、公开性、普遍约束性和反复适用性等内在特点，但由于其并没有像法律规范一样具有明确的外在识别要素，导致现实中行政规范性文件认定难、识别难问题始终得不到有效解决。为此，建议通过探索试点，明确行政规范性文件可以使用特定的公文种类予以发布，以增强其外在可识别性。实践中，国家有关部委统一采用公告的形式发布行政规范性文件，就是一个很好的实例，值得各地借鉴和推广。

三是行政规范性文件正式制定程序与非正式制定程序的关系。正式程序或称为普通程序，国务院有关文件对此作了统一规范。非正式程序也可称为特殊程序，如紧急状态、应急状态下或者为了满足行政权行使对于效率的追求，可以对正式程序予以适当简化。常态化下的文件制定并不适用于突发情形，或如果仅仅为了某种利益而突发制定，即使非常紧要也应遵循法定的简易程序要求。但在具体实践中，很多行政规范性文件需要赶在会议审议之前制定，若都归为紧急情况则会导致简易程序的滥用。另外，简化到何种程度，是时限上的缩减还是环节上的省略，这些都需要立法予以进一步明确。

四、结语

一直以来，浙江省高度重视行政规范性文件法治化建设，并从制度和机制建设上作了积极探索，取得了明显成效。针对当前工作中遇到的困难和问题，浙江省司法行政部门将在集智聚力干在实处上下功夫，在法治护航"两个先行"上下功夫，在走在前列、勇立潮头上下功夫，为全面推进行政规范性文件法治化与高质量建设、奋力谱写更高水平法治浙江新篇章而不懈努力。

公平竞争审查制度的现实困境与优化路径
——以地方政府产业政策为例

浙江省杭州市萧山区司法局 徐 箴

一、 公平竞争审查制度概览

公平竞争审查制度是中国政府深化经济体制改革的一项重大决策，是确立竞争政策基础地位的关键一步，是规范行政行为、维护公平竞争的制度创举，对全面深化改革，进一步厘清政府与市场边界，促进经济持续健康发展具有重大而深远的意义。

制度设计初衷和总体要求是确保政府相关行为符合公平竞争原则和相关法律法规，维护公平竞争秩序，保障各类市场主体平等使用生产要素、公平参与市场竞争、同等受到法律保护，从而激发市场主体活力和创造力，推动高质量发展。

我国公平竞争审查制度肇始于中共中央、国务院2015年出台的《关于深化体制机制改革，加快实施创新驱动发展战略的若干意见》，文件正式提出"探索实施公平竞争审查制度"。2016年，国务院颁布《关于在市场体系建设中建立公平竞争审查制度的意见》（国发〔2016〕34号），标志着该制度在我国初步建立。基于此，2017年市场监督管理总局等五部委联合出台《公平竞争审查制度实施细则（暂行）》，并于2021年修订出台《公平竞争审查制度实施细则》（下称《实施细则》）。2022年4月，中共中央、国务院出台《关于加快建设全国统一大市场的意见》，公平竞争原则成为贯穿文件始终的重要要求之一。2022年6月，"国家建立健全公平竞争审查制度"被写入《反垄断法》。由此可见，我国公平竞争审查制度在数年内迅速实现了从无到有、从探索到完善、从规范性文件层面到法律层面的跨越式发展。

二、 公平竞争审查实施现状

（一）省市机制建设

在党中央、国务院强有力的决策部署下，各省市地方在落实和探索完善公平竞争审查制度方面比学赶超，百花齐放。广东省组建粤港澳大湾区竞争政策委员会；海南省在全国率先出台《海南自由贸易港公平竞争审查制度实施办法（暂行）》；江苏省开展公平竞争审查制度落实情况第三方评估工作，发布《江苏省公平竞争审查白皮书》等。

2021年，浙江省深入开展清理、废止妨碍统一市场和公平竞争的各种规定和做法的行动，对浙江省政府现行有效的178件规章进行全面彻查，对不符合《优化营商环境条例》等的行政规范性文件开展清理，全省共清理1460件，已废止552件，修改50件。浙江省市场监督管理局颁布了《浙江省省域公平竞争政策先行先试改革实施方案》，提出探索建立推进公平竞争政策实施的统筹协调和智力支撑机制，探索建立以公平竞争政策为基础的政策协调机制和市场竞争规则，探索建立以数字化改革为突破口的反垄断监管效能提升机制，探索建立以提升审查质量为核心的公平竞争审查刚性约束机制，探索建立以防范垄断风险为重点的企业竞争合规机制。《杭州市公平竞争审查举报受理回应机制》《杭州市重大政策措施公平竞争审查会审制度（试行）》等文件也相继出台。萧山区结合地区实际，制定出台了《杭州市萧山区重大政策措施公平竞争审查会审制度（试行）》。

（二）当前主要问题

1. 自我审查主观意愿不强且客观能力不足。

目前，公平竞争审查以自我审查为主，政策起草单位为公平竞争审查主体。地方政府惯于通过产业扶持政策来保护、发展本地经济，因此，起草单位在自我审查方面缺乏足够的内生动力。同时，《实施细则》仅原则上规定未进行公平竞争审查或者违反审查标准出台政策措施的起草单位负有相应责任，缺乏刚性约束力，诸多因素导致起草单位怠于自我审查。当然，客观上我国公平竞争审查起步相对较晚，观念扭转不可能一蹴而就，同时起草单位缺乏专业的人才和经验、审查能力不足，这些也是自我审查机制无法充分发挥作用的重要因素。

2. 联席会议与第三方审查等作用有待发挥。

公平竞争审查联席会议制度目前已在各地普遍建立，如天津、吉林、上海、浙江、山东等地为公平竞争审查重大政策措施会审试点地区，在统筹协调方面发挥着积极作用，但当面对具体问题时，则缺乏主动作为和有效手段，监督力度有限。2021年修订后的《实施细则》新增建立联席会议办公室主动审查机制的内容，具体实践尚不多见。《杭州市钱塘区人民政府关于在市场体系建设中建立公平竞争审查制度的实施意见（征求意见稿）》规定联席会议办公室应当回复起草单位的书面咨询；对涉及重大公共利益等的政策措施，联席会议办公室可以主动向政策制定机关提出公平竞争审查意见。此外，第三方充任外部审查机构，将使审查具备足够客观性，可在一定程度上解决起草单位自我审查不充分的问题，但较之联席会议制度，第三方审查制度未能受到足够重视，《实施细则》中仅提出鼓励开展第三方审查评估，市场监管总局发布的《关于公平竞争审查第三方评估实施指南》也已过有效期限，因此一直以来，该制度发挥的作用有限。

3. 具体领域审查标准和流程尚不够细化。

《实施细则》虽然规定了市场准入和退出标准、商品和要素自由流动标准、影响生产经营成本标准及影响生产经营行为标准四大类违反公平竞争审查的类型及相应具体情形，然而不同起草单位在进行自我审查时面临的问题各有不同，导致各单位在适用《实施细则》时出现不知所措或者任意扩大解释的状况。目前审查的基本流程为"三步骤"，首先识别是否需要审查，判断是否涉及市场主体经济活动；其次判断是否违反审查标准，违反任何一项标准，详细说明分析情况；最后分析是否适用例外规定，可以适用则可以出台，并充分说明情况、逐年评估。遵循审查基本流程后，需履行征求意见程序，最终形成明确书面的审查结论。但涉及具体领域（如产业政策）的审查标准和流程需要进一步细化，例如出台《公平竞争审查操作指引（政府采购和招标投标）》等。应该严格执行征求意见环节，真正去征求公众意见，分析后对合理的利害关系人意见建议予以采纳。

（三）地方产业政策违反公平竞争典型案例

地方政府出于提升本地招商引资、产业发展效果等目的，将财政支出与特定经营者缴纳的税收或非税收入挂钩，或以企业注册地是否在本地进行差别化对待。2020年《全省妨碍统一市场和公平竞争政策措施清理（整改）情况"回头看"自查填报表》共汇集425种违反公平竞争的情形，其中近60种涉及补贴与税收挂钩。摘录部分案例如下：

案例一：某区县人民政府印发《关于进一步加大扶持建筑业做大

做强的实施意见》，积极扶持建筑业做大做强，强化建筑业招商引资，积极吸引外来企业。区外特级建筑企业、总承包一级企业、一级专业承包企业（限住建部颁发资质）将工商、税务及建筑业企业资质注册登记迁入该区的，自企业注册年度起5年内，年产值不足20亿元，可根据企业实际情况，每年参照当年缴纳的增值税、企业所得税区级实得部分给予最高不超过50%的产业扶持；年产值达到20亿元（含）到50亿元（不含）的，每年参照当年缴纳的增值税、企业所得税区级实得部分的50%给予企业产业扶持……

调查处理结论：该条款违反《实施细则》"影响生产经营成本标准"中（二）安排财政支出一般不得与特定经营者缴纳的税收或非税收入挂钩，具体指，根据特定经营者缴纳的税收或者非税收入情况，起草机关采取列收列支或者违法违规采取先征后返、即征即退等形式，对特定经营者进行返还，或者给予特定经营者财政奖励或补贴、减免土地等自然资源有偿使用收入等优惠政策。

案例二：某开发区管委会起草的、由市政府出台的《关于印发进一步规范某某市总部经济商务区开发建设实施意见的通知》规定"凡申请参与开发建设总部大楼的企业必须是在本市工商登记注册、具有独立法人资格、实行统一核算、税务征管关系及统计关系在本市的企业；凡申请入驻总部大楼办公的企业必须是在本市工商登记注册、具有独立法人资格、实行统一核算、税务征管关系及统计关系在本市的企业"。

调查处理结论：在没有相关法律依据的情况下，该条款将参与开发建设和申请入驻总部大楼的企业限制为在该市登记注册且具有独立法人资格的企业，排除在该市依法生产经营并具备条件的市外企业以及市内非独立法人资格的企业，该条款属于《实施细则》第13条市场准入和退出标准中第1款第2项"对不同所有制、地区、组织形式的经营者实施不合理的差别化待遇"的情形。

三、完善公平竞争审查制度的建议

（一）落实主体责任，提升审查能力和意识

1. 增强责任意识，加快理念转变。

《实施细则》规定政策制定机关应当建立健全公平竞争内部审查机制，自我审查是公平竞争审查的基石。上级主管部门和相关机构应积极开展宣讲和培训等活动，不断加强起草单位主体意识、责任意识，各地政府机关须认识到封闭本地小市场以保护本地企业，由此促进本地经济发展的方式与理念的落后性，亦须认识到公平竞争的市场环境是社会主义市场经济的基础，是深入优化法治化营商环境的重要内容，是地方招商引资时最硬的名片，"在选择企业落户地点时，比起政府政策上的'特殊照顾'，公平竞争的市场环境更具有吸引力"。

2. 细化审查标准，提升审查能力。

有关部门出台涉及市场主体经济活动的文件不仅数量较多，而且审查难度大，相应审查部门应在《实施细则》基础上细化审查标准、完善审查流程。对自我审查中出现的疑难问题，审查部门应及时报送本级联席会议办公室等相关单位，同时咨询法律及经济专家，制定部门标准，由联席会议统筹协调，形成市域、省域的统一标准。起草单位及联席会议应开展公平竞争审查业务培训班，提升审查能力。

（二）建立保障机制，提高审查质量和效率

1. 完善与集体讨论程序的衔接。

对涉及市场主体经济活动的规范性文件和重大行政决策，目前杭州市、区（县）两级政府法制机构在合法性审查时已经建立通过向公平竞争联席会议办公室发函、组织联席会议等方式对公平竞争问题的

共商机制。但仅仅依靠政府法制机构重视公平竞争审查与起草单位自我审查是不够的,有的不属于行政规范性文件、重大决策、行政协议范围的其他涉及市场主体经济活动的政策措施仍然有可能在集体讨论或出台前未经过公平竞争审查。所以关键是在集体讨论前将公平竞争审查程序列为必经环节,未通过公平竞争审查不得集体讨论,虽然这在《实施细则》中未明确规定,但在实践中可以在各级政府或各部门集体讨论的会议制度中列明。

2. 完善第三方审查和评估机制。

《实施细则》第20条所规定的评估对象包括本地有关政策措施和公平竞争审查制度总体实施情况等。首先,《实施细则》仅规定政策制定机关在拟适用例外规定时,以及被多个单位或者个人反映或者举报涉嫌违反公平竞争审查标准,这两种情形,应当引入第三方评估,其他情形为鼓励引入第三方评估。建议扩大应当引入第三方评估的范围,以更充分发挥这一制度的功能,如社会舆论普遍关注、对社会公共利益影响重大的事项,再如存在较大争议、部门意见难以协调一致的事项。其次,要适时组织开展杭州市域公平竞争政策实施情况的第三方评估,全面总结各区县的成效和不足,以取得可复制、可推广的经验做法。再次,应重视和充分发挥政府法律顾问等专业力量的作用,为审查提供法律支持。

(三)增强刚性约束,加强违规监督和追责

将公平竞争审查成效纳入领导干部政绩考核指标、地方营商环境建设指标、法治政府建设指标等,重点考核是否应审尽审、是否及时纠正问题,是否有因审查不到位造成负面影响的情况,是否有创新的工作方法等。对于排名靠前的区县及部门,应落实表彰等激励方式,加强宣传;对于考核排名靠后的,应当在辖区内进行通报,如情形严重的,应进行提醒约谈,完善追责机制。

◇ ◇ ◇

专家点评

2016年,国务院发布《关于在市场体系建设中建立公平竞争审查制度的意见》(国发〔2016〕34号),要求建立公平竞争审查制度,以规范政府有关行为,防止出台排除、限制竞争的政策措施,逐步清理、废除妨碍全国统一市场和公平竞争的规定和做法。因此,建立公平竞争审查制度是深化经济体制改革的一项重大决策,是确立竞争政策基础地位的关键,是规范行政行为、维护公平竞争的制度创举。本文以地方政府产业政策为例,研究了公平竞争审查制度的现实困境与优化路径等相关问题。总体而言,本文对公平竞争审查实施现状分析比较深入、全面,揭示的问题也比较客观,尤其是通过具体案例加以说明的方法,更加增强了说服力。在完善公平竞争审查制度的建议中,也不是泛泛而谈,而是有具体的方法,具有较强的可操作性。本文对于完善公平竞争审查制度具有较高的理论指导价值。

行政规范性文件制定中公众参与机制的实践与探索
——以浙江省嘉兴市为例

浙江省嘉兴市司法局　白鑫雅

一、概述

本文中的公众参与,主要是指在行政规范性文件的制定过程中,公众通过行政机关设定的多种渠道获取相关信息,就其中内容提出自己的意见和见解,从而参与行政机关决策的一系列行为。实践中行政机关通常以公开征求意见、座谈会、听证会等形式为公众提供参与渠道。

近年来,国家对行政规范性文件制定中的公众参与不断提出新要求,国家和浙江省均出台了相关的规定来监督公众参与机制的落实。总体来讲,主要对行政规范性文件的公众参与提出了以下要求。

(一)面向全社会公开征求意见

行政规范性文件以政府官方门户网站等群众较为了解的方式面向社会公众公开征求意见是比较简单直接、受众面也比较广的公众参与方式。所有人均可通过这种方式来表达诉求、陈述观点。国家要求对涉及群众切身利益或者对公民、法人和其他组织权利义务有重大影响的行政规范性文件要面向社会公众公开征求意见。浙江省在国家规定的基础上对公开征求意见作出了更为严格的规定，要求所有的行政规范性文件都必须履行这一程序，①同时，公开征求意见的时间不得少于7个工作日。

（二）深入调查研究，多方听取意见建议

除面向社会公众公开征求意见外，行政规范性文件还需面向利益相关方等特定群体进行专门的意见征集工作。相较于在网络上面向全体社会公众征求意见，这种意见征集主要以座谈会、实地走访等面对面的形式展开，更具深入性、直接性和针对性。

通常情况下，对涉及群众重大利益调整的行政规范性文件，起草单位需要深入调查研究，听取各方面的意见，特别是利益相关方的意见。②浙江省在国家规定的基础上，要求存在重大意见分歧，对公民、法人或者其他组织权利义务有较大影响、公众普遍关注的行政规范性文件，也需要采取座谈会、听证会等形式直接听取行政管理相对人和有关基层单位的意见。同时，为营造良好的营商环境，促进经济发展，国家还特别规定，在制定与企业生产经营活动密切相关的行政规范性文件过程中，要充分听取企业和行业协会商会的意见，以保障企业合法权益。

（三）意见沟通协商反馈

行政机关权力来源于人民，所有的民众都有权"影响"行政机关

---

① 依法应当保密或者为了保障公共安全、社会稳定和其他重大公共利益或者执行上级机关的紧急命令需要即时制定的除外。
② 依法应当保密或者为了保障公共安全、社会稳定和其他重大公共利益或者执行上级机关的紧急命令需要即时制定的除外。

的决策，而行政机关对此必须回应。公众参与不仅仅指公众单方面提出意见，更多的是公众与行政机关之间双向互动的一个过程，在公众发表意见后，行政机关需要及时作出回应，对公众参与行政决策形成闭环管理，这样才能真正达到公众参与的目的。为此，国家要求行政机关对行政规范性文件建立意见沟通协商反馈机制，对相对集中的意见建议不予采纳的，公布时要说明理由。浙江省也对此作出了类似的规定，要求以适当方式反馈并说明理由。

以上三种形式即是国家和浙江省目前对行政规范性文件制定过程中的公众参与作出的主要规定，除此之外，专家论证、行政规范性文件的公布等也是公众参与的方式。

二、 行政规范性文件制定中公众参与的意义

我国行政规范性文件的存在有合理的法律基础。法律法规作为行政机关依法行政的重要依据，比较原则，不够具体，所以目前我们选择采用政策性规定来对法律法规予以细化。行政规范性文件往往是国家政策的具体化，以行政规范性文件作为行政管理的依据，具有积极意义。行政规范性文件的重要作用，决定了其不仅是行政机关开展工作必不可少的依据，而且也和公众的生产生活有着密切的联系，基于此，行政规范性文件制定领域的公众参与具有非常现实和深远的意义。

（一）监督权力运行，促进决策的科学民主

行政机关的一切权力都来自人民，权力的行使应该受到人民的监督。行政规范性文件的制定是行政机关行使行政权力的一种具体表现形式，而公众参与则是对其实行民主监督的重要方式。民众通过多种渠道参与决策过程，可以对权力运行起到一定的监督作用。

公众参与有利于促进行政机关科学决策、民主决策、依法决策。较长的一段时间内,行政规范性文件在起草环节主要以征求行政机关各部门意见为修改文件的主要依据,这在一定程度上导致了行政规范性文件制定过程只体现了部门利益,缺乏社会公众的参与。在事关群众切身利益的决策中,行政机关通常属于"俯瞰者",而普通民众则属于"平视者",行政规范性文件公众参与机制的落实可以使社会公众参与到决策过程中来,为决策者提供看待事物不同的视角和思路,这样一方面可以提高决策质量,推进决策的科学化、民主化;另一方面,可以使决策拥有广泛的群众基础,从而增强决策的公信力,有利于决策的贯彻实施。

(二)提高民众参政议政能力,维护民众合法权益

人民是国家的主人,对国家的决策有提出意见建议的权利和义务。但是,目前我国决策的作出仍以行政机关为主导,普通民众主动参政议政的意识和能力还比较弱。参与行政规范性文件的制定过程可以让公众切身体会到国家决策的过程,不断提升其参与决策的主动性和能力。

行政规范性文件作为政策的载体,相较于法律法规,具有更强的可操作性,涉及公众的权利义务,对公众的生活会产生较大的影响。公众参与行政规范性文件制定过程,可以充分表达自己的观点,对其中不合法、不合理的部分提出修改意见,能较好地维护自己的权利。

三、行政规范性文件公众参与机制的落实情况

为探究行政规范性文件公众参与机制的落实情况,笔者特选取浙江省嘉兴市以市政府和市政府办公室名义公布的行政规范性文件为研究对象,主要包括浙江省嘉兴市2021年7月1日—2022年6月30日这

一年内发布并向浙江省司法厅备案的20件[①]行政规范性文件，对其制定过程中的公众参与机制落实情况进行基础的数据统计和情况分析（见表1）。[②]

（一）公众参与机制落实情况简述

表1　嘉兴市2021年7月1日—2022年6月30日行政规范性文件公众参与机制落实情况

文件	是否公开征求意见	征求意见平台	征求意见时长	是否收到反馈意见	是否公布采纳情况	是否涉企	其他公众参与形式
文件1	是	市政府门户网站	7个工作日	否	/	否	
文件2	是	市政府门户网站	7个工作日	否	/	否	
文件3	是	市政府门户网站	30日	否	/	否	座谈会（新居民代表和社区干部）
文件4	是	市政府门户网站	7个工作日	否	/	否	
文件5	未检索到	/	/	/	/	否	听证会（市人大、政协、居民代表、企业代表）
文件6	是	起草单位门户网站	10个工作日	否	/	是	
文件7	是	市政府门户网站	7个工作日	否	/	否	
文件8	是	市政府门户网站	7个工作日	否	/	否	
文件9	是	市政府门户网站	8个工作日	否	/	否	

---

① 2021.7.1-2022.6.30，浙江省嘉兴市以市政府和市政府办公室名义发布并向浙江省司法厅备案行政规范性文件25件，其中4件属于行政规范性文件的修改，1件属于行政规范性文件清理结果的公布，考虑到修改的过程与制定可能存在部分差异，所以只选取20件新制定行政规范性文件为研究对象，以确保研究结论的准确性。

② 文件统计数据主要来源于嘉兴市政府官方网站及各部门起草说明。

续表

文件	是否公开征求意见	征求意见平台	征求意见时长	是否收到反馈意见	是否公布采纳情况	是否涉企	其他公众参与形式
文件10	是	市政府门户网站	7个工作日	否	/	否	座谈会（企业代表）
文件11	是	市政府门户网站	30日	否	/	否	座谈会（市人大代表、政协委员、社区干部、市民代表、媒体代表、律师代表和物业及停车场或停车库管理方代表）
文件12	是	市政府门户网站	7个工作日	否	/	否	
文件13	是	市政府门户网站	7个工作日	否	/	是	
文件14	是	市政府门户网站	7个工作日	否	/	否	
文件15	是	起草单位门户网站	30日	否	/	否	
文件16	是	市政府门户网站	8个工作日	否	/	否	
文件17	是	市政府门户网站	7个工作日	否	/	是	座谈会（企业）
文件18	是	市政府门户网站	7个工作日	否	/	是	
文件19	是	市政府门户网站	7个工作日	是	否	否	座谈会（市本级街道、社区代表、人大代表、政协委员代表）
文件20	是	市政府门户网站	7个工作日	是	否	否	

20件行政规范性文件中，有17件可以在"嘉兴市政府官方网站—互动交流—意见征集—【专题】行政规范性文件意见征集"栏目中搜索到有效的公开征求意见网站及反馈网址；2件在起草单位门户网站上进行了公开意见征集，征求意见时长均达到7个工作日的要

求，社会公众对2件行政规范性文件提出了意见；未进行公开意见征集的1个文件以听证会的形式听取了公众意见。

共有6个文件采用了座谈会、听证会等形式进行了进一步的意见征集，其中，3次邀请了企业代表参加，并在座谈会结束后根据会上意见进行了相应修改。

从以上数据可以看出，嘉兴市对公众参与机制在程序上的整体落实较为规范，20个样本均以不同形式开展了意见征求工作并在征求意见结束后进行了反馈。

（二）公众参与机制落实情况存在的不足

从落实公众参与的程序来看，嘉兴市行政规范性文件制定过程中的公众参与机制整体落实情况良好，但从以上统计数据中，仍能发现存在诸多不足之处，主要包括公众参与意愿不高、未严格落实国务院关于征求企业和行业协会意见的相关要求、深入调查研究情况不足和意见沟通协商反馈机制不健全等。

公众参与意愿不高。19个样本面向社会公众进行了意见征集，但只有2个行政规范性文件收到了公众反馈的意见，反馈率过低。公众参与度低，是公众参与机制在我国行政管理领域开展以来较为突出的问题，主要源于公众参与意愿不高，往往使得公开征求意见成为形式，这既不符合我国公众参与机制设立的初衷，也不利于行政机关科学民主决策。

未严格落实国务院关于征求企业和行业协会意见的相关要求。样本中多个文件与企业生产经营密切相关，但现有资料显示仅有部分文件在制定过程中专门征求了企业代表的意见，其余文件未检索到征求企业及行业协会意见的相关情况。行政机关在制定与企业生产经营密切相关的行政规范性文件时，征求企业及行业协会意见是必须且必要的，不能单纯从政策制定者的角度凭空想象企业需要什么，而要认真倾听企业代表的声音，补其所需，才能保证政策发挥应有的作用。

深入调查研究情况不足。20件样本中，共6个文件召开了座谈会、听证会，开展了深入调查研究，部分与公众生活息息相关的行政规范性文件则仅采用了公开征求意见的公众参与形式，民众意见反馈不充分，有可能导致政策出台后不符合当地实际情况，出现无法推进的局面。

意见沟通协商反馈机制不健全。公众对2件行政规范性文件提出了自己的意见，行政机关在征求意见反馈时仅明确收到了多少反馈意见，并未将公众意见附后，也未在文件正式公布时对意见采纳情况予以说明，意见沟通协商反馈机制仍不健全。

四、探究公众参与机制问题产生的原因——以文件19为例

根据上文中对20个样本公众参与机制落实情况基础数据的统计和简单分析，可以看出，未征求企业意见等在程序上未严格落实的问题在未来实践中是较容易改进的，但公众参与度普遍不高的问题则值得深入探究，以促进公众参与机制更好地落到实处。研究对象中共有2个行政规范性文件收到了公众的反馈意见，本文选取其中一个作为代表性文件，进行深入分析，以求找到值得借鉴和改进之处。总的来说，公众参与度不高可能出于三种原因，即与"我"无关、不知道该如何参与、自身水平不足导致无能为力。

（一）参政议政意识不强——与"我"无关

公众参政议政意识不强是主客观因素相互影响导致的结果。主观上，民众认为行政规范性文件制定与自己无关，无须参加。一方面，很多人认为行政管理是国家的事情，与普通民众没有关系；另一方

面，很多人认为决策中的具体事项不涉及自己的切身利益，所以没有参与的动力。

从客观上说，公众参与意识不强与行政机关决策特定模式有关。从行政规范性文件起草说明中可以看出，公开征求意见部分的内容，大部分起草单位都以行政机关内部征求意见为主，部门征求意见采纳情况也会附在起草说明后，但没有一个起草单位将公众反馈意见采纳情况附后供市政府常务会议决策时参考，这反映了起草单位对公众意见不重视。同时，起草单位也未对公众意见进行反馈，这进一步削弱了公众的参与感，让他们产生了参与也没有实质意义的感受，从而降低了参与意愿。

（二）无法及时了解信息——如何参与

公众只有在决策过程中能够获得足够的信息，才能够参与决策。从程序上来看，公众需要知道参与的方式和途径，但通常大多数公众并不知道在哪个平台的什么栏目内查看此类信息，所以无法参与其中；从实质上来看，民众需要获得决策的相关背景信息，以更好地帮助自己理解决策的内容，提出建议，但起草单位并未按照要求在公开征求意见时附上简单的起草说明等。

信息获取是个体进行策略选择的重要依据，利益主体在决策过程中信息收集与分析的能力决定了其在决策博弈中的话语权。目前，我国行政管理领域的公众参与还有一定局限。

（三）自身知识水平受限——无能为力

据笔者统计，行政规范性文件面向社会公开征求意见主要采用书面信函等方式反馈，这意味着，民众想要提出自己的意见建议要会使用电子邮件等工具，并且花费时间精力来起草书面的意见，这一要求使得部分公众望而却步。另外，部分行政规范性文件专业性较强，很多普通公众现有知识水平不足以对决策提出意见。

文件19在公开征求意见阶段共收到18份信函邮件，综合以上分析，可能有以下原因：所涉事项被列为市政府民生工程，涉及诸多老旧小区民众的切身利益，贴近群众生活，受到了普通民众的普遍关注；文件19在起草过程中不仅在市政府官方网站上进行了公开意见征集，还邀请了街道、社区代表召开了座谈会，街道、社区代表作为基层管理者，直接接触群众，对基层事务熟悉，可以更好地反映民众需求，向民众传达政策也较为便利；文件19所涉事项事关民生，专业性不强，门槛较低，普通民众都能对此提出自己的看法。

五、行政规范性文件公众参与机制的探索

公众通过公众参与机制行使知情权、表达权、参与权、监督权，至少可以在程序上获得平等地影响决策过程和结果的机会，这使他们更容易接受决策的结果。但是，从我国目前行政规范性文件领域公众参与的落实情况来看，让公民积极广泛参与文件的制定，对参与人和行政机关来说都有一定的障碍和操作难度。基于此，笔者建议分情况推进公众参与机制在行政规范性文件制定领域的落实，根据个案情况来制订公众参与计划。

（一）允许部分行政规范性文件不面向所有社会公众公开征求意见

从制度设定上来看，国家仅要求对涉及群众切身利益或者对公民、法人和其他组织权利义务有重大影响的行政规范性文件面向社会公众公开征求意见，未将范围限定在所有行政规范性文件。从实际操作上来看，部分行政规范性文件所涉事项与公众关系不大或较为专业，行政机关并不需要从公众那里获取信息，公众不愿也无法实质性

地参与其中，此种状况下，向社会公众公开征求意见仅是完成省里规定的要求，对于决策的推进没有实质意义。本文20个研究样本公开征求意见的反馈情况也充分体现了这一特点。

公众参与机制的落实，公众与行政机关双方都要付出较多的精力和时间，在实践中，部分公众对政策缺乏了解，提出的意见不符合政策整体规划和相关规定，行政机关也很难作出具体合理的解释和反馈，最终还可能影响决策推进的进度。

行政规范性文件与立法不同，没有法律法规依据，不得减损公民、法人和其他组织的合法权益或者增加其义务，这也是合法性审核阶段审查的重点。对于与公众关系不大或者专业性太强的行政规范性文件，是否可以考虑不面向所有公众公开征求意见，用专家论证等更恰当的形式来推进科学民主决策。

（二）加强深入调查研究，推进公众的实质性参与

对于与公众生活密切相关，有必要引入公众参与的行政规范性文件，需要严格落实公众参与机制。根据上文中关于落实情况的分析，公众参与机制的广度已基本达到，目前的推进重点应放在参与的深度上，主要包括从征求意见具体方式上改进，加强深入调查研究，落实对企业、行业协会征求意见的要求等。

深入基层和特定利益群体，与公众面对面交流，能激发公众参与的热情，更好地听取公众的意见。具体表现为，除面向社会公众的泛化征求意见外，视情况举办高质量的座谈会、听证会等，涉及人数较多时也可采用问卷调查等形式。高质量的座谈会、听证会需要具备以下条件：合适的参与者、一定的激励机制和方便的举办场所。

座谈会参与者的选择是件非常复杂的事情，要确保所有的利益相关方均有代表出席，例如涉及企业生产经营的要征求企业和行业协会的意见，邀请的企业代表不能仅仅局限于大型企业负责人，中小微企

业也要有代表；公众参与决策制定需要花费时间和精力，为鼓励他们积极参与，可以建立一定的激励机制，增强公众参与的主动性、积极性；同时，要选择方便公众参与的场所，例如涉及企业较多的可以在行业协会，主要涉及基层群众的可以在街道、社区等，要尽最大努力减少公众参与需要克服的困难，以进一步提高公众参与的积极性。

（三）建立健全意见沟通协商反馈机制

建立意见沟通协商反馈机制是国家层面和浙江省级层面都明确提出的要求，但关于如何沟通反馈却没有具体的要求和统一的做法。首先，与公众沟通的前提是告知公众参与的途径，可以在普法宣传中加入行政规范性文件宣传，让公众知道如何参与；其次，要把所有行政规范性文件的相关征求意见信息归纳到统一专栏，以方便公众查找；最后，对公众提出的意见要有反馈。在实践中，如果对行政规范性文件分类管理后，只有部分文件需要履行程序，对于这一部分，行政机关就需要认真做好意见收集和反馈工作，这样既不会过分加重行政机关的负担，影响决策的推进，也能让公众有实实在在参与的感觉，从而提高公众参与的积极性，实现公众和行政机关的良性互动。

（四）探索发挥立法联系点的作用

为推进科学民主立法，浙江省各设区的市均设置了立法联系点，基层立法联系点多为乡镇（街道）司法所等，但每年行政立法的数量有限，立法联系点的作用没有得到充分发挥。行政规范性文件若涉及与基层群众利益相关的事项，可以通过立法联系点开展意见征集工作。基层立法联系点工作人员常年扎根基层，对于基层情况非常了解，也与基层群众有着密切的联系，倾听他们的意见，可以使决策更接地气，通过他们与公众进行协商沟通，也更容易让公众接受，从而推进决策的顺利实施。

◇ ◇ ◇

专家点评

规范性文件在行政执法中具有重要地位，是法律法规以及国家政策得以落实的重要载体。公众参与，是规范性文件制定过程中的法定程序。这一法定程序具有三个方面的重要意义：一是体现行政活动的民主性；二是保障公民、法人或其他组织的合法权益；三是提高规范性文件的社会接受度。在实践中，较为普遍地存在社会公众参与热情不高、公众参与能力有限以及作为前提的相关信息披露不充分等问题，由此导致公众参与的有效性不足。本文对规范性文件制定过程中公众参与的意义、问题及其原因的剖析较为全面、准确。其中，对公众参与有效性不足原因的分析，以向司法厅备案的20件规范性文件的公众参与情况为实证材料，保证了结论的可靠性。在此基础上，作者全面提出了完善公众参与机制的具体方案。其中，"要确保所有的利益相关方均有代表出席""行政机关需要认真做好意见收集和反馈工作"等建议，对提高社会公众参与的有效性，保障行政行为的合法性，提升规范性文件的质量，都具有重要的指导意义。

整合重塑：合法性审查与公平竞争审查协同演进路径研究

浙江省绍兴市司法局　李仲辉　黄　园

《国务院关于在市场体系建设中建立公平竞争审查制度的意见》（国发〔2016〕34号）将"建立公平竞争审查制度"定位为"健全行政机关内部决策合法性审查机制"，但自国家发展改革委等五部门《公平竞争审查制度实施细则（暂行）》（发改价监〔2017〕1849号）出台始，公平竞争审查"试图以行政规制思维解决反垄断执法机制不足的，实际上单独建构了一个独立的行政审查体系"。两类审查基于不同的维度展开，在现实运作中相互交织又自成体系。2021年7月，浙江省人民政府办公厅印发《关于进一步完善行政规范性文件合法性审核机制的实施意见》（浙政办发〔2021〕44号），规定"对没有进行公平竞争审查或经审查不符合公平竞争规定的行政规范性文件，不得提交合法性审核"，更是进一步将公平竞争审查明确定位为行政规范性文件合法性审查的"独立前置程序"。

在上述上位文件构建的审查背景下，审查人员普遍存在着共性的困惑：公平竞争审查前置情形下，合法性审查是否有权对"公平竞争审查"内容进行"复核"，"复核"适用实质性审查，还是适用"程序履行与否"的形式审查？如果实质复核权成立，则公平竞争审查程序的独立意义又何在；如果不成立，如何划分"合法性审查内容"和

"公平竞争审查内容"之间的界限,如何明晰各自的审查责任;两类审查之间在具体事务中能否又如何共享审查路径、解决权限冲突、实现制度性协调衔接……这些疑问都有待解答。

一、 合法性审查和公平竞争审查的交织现状

2017年国家发展和改革委员会等五部门出台了《公平竞争审查制度实施细则(暂行)》(发改价监〔2017〕1849号)(以下简称《实施细则(暂行)》),在合法性审查制度之外单独构建了一个独立的审查体系,试图通过内部前置审查,规范行政机关行为,防止出台排除、限制竞争的政策措施。但在实践中,两类看似并驾齐驱的审查机制,因为审查对象、审查机构、审查程序、评估清理手段的交叉和重合,相互间的关联性和依附性日益凸显。

1. **审查对象范围的高重合度**。

本文探讨的合法性审查不限于预防性的事前合法性审核,也包括事后的备案审查。依据《重大行政决策程序暂行条例》《浙江省行政规范性文件管理办法》等法律法规规章以及上位文件规定,现行的合法性审查范围包括行政规范性文件、重大行政决策、重大行政执法决定和行政机关合同等。

依据《公平竞争审查制度实施细则》(国市监反垄规〔2021〕2号,以下简称《实施细则》),公平竞争审查适用范围包括涉及市场主体经济活动的规章、规范性文件、其他政策性文件以及"一事一议"形式的具体政策措施。可见,两者审查对象虽然不完全重合,但在文件、合同领域存在绝对的交叉。

2. **审查机构职能的高粘连度**。

根据《实施细则》第5条"建立健全公平竞争内部审查机制"的规定,政策制定机关内部分工可为三种模式:一是由具体业务机构审

查；二是特定机构统一审查；三是具体业务机构初审后提交特定机构复核。对15个市级部门公平竞争审查制度进行抽样调查：1个部门（市建设局）采取法规处统一审查模式；2个部门（市科技局、卫健委）确立起草处室初审、法制机构实质复审模式；其余12个部门均采取起草处室实质审查、法制机构在合法性审查阶段进行程序性形式审查模式。

可见，制定机关基本秉承起草处室"自我审查"原则进行内部公平竞争审查责任的分派。但是，合法性审查机构并不能"独善其身"，由于本单位政策起草处室的轮动性和不确定性，具体涉及公平竞争审查的相关事务性工作包括年度自查工作、参与培训、参加会议等，还是直接关联法制机构或者法制人员并由其承担。

3. 监督纠错的高助力度。

从实施效果看，公平竞争自我审查难以有效阻止限制妨碍竞争政策文件的出台。公平竞争审查"在实践中暴露出审查主体分散且定位不准确、权力制衡机制不健全、长效机制缺乏、审查主体能力不强等问题，由此导致自我审查流于形式、审查效果大打折扣"。而相对《实施细则》确立的抽查监督机制，文件备案审查制度关于文件印发后15日内报送备案的事后监督要求，显然监督时效性、纠错力度、监督广度都更强。

查阅浙江省司法厅、绍兴市司法局2019—2021年度行政规范性文件备案审查情况可见，经过公平竞争审查的一些文件中，仍难以避免地存在一些问题（见表1）。

表1　2019—2021年省、市本级备案审查情况统计表

纠正情况	年度	2019年	2020年	2021年
省本级	纠正文件数（件）	33	17	12
	涉公平竞争数（件）	0	3	8

续表

纠正情况 \ 年度		2019年	2020年	2021年
市本级	纠正文件数（件）	6	12	18
	涉公平竞争数（件）	4	6	8

二、 合法性审查和公平竞争审查的比较分析考证

合法性审查和公平竞争审查作为各自独立的审查工作体系，在规范政府行为的实践中却"如胶似漆"，这样的关联度通过选取功能定位、审查标准依据、审查方式三个点位来进行梳理、分析和比较，以期明晰两类审查的制度脉络和演进趋势。

（一）功能定位考证

合法性审查作为行政决策法治化的重要保障，以国家法制统一、政令统一为制度设计原则，通过事前的合法性审核和事后的备案审查，推动依法行政体系建设，确保以抽象行政行为为主体的执法依据符合法律法规和国家政策要求，推动国家决策部署在地方上顺利落地，维护行政相对人的合法权益。由此可见，合法性审查的规范落脚点在于合法合规。

公平是法治的基本要义，竞争是社会进步的重要动力。公平竞争原则作为我国市场经济发展和竞争法治演进的规律把握和制度共识，内生于我国改革开放、经济体制转型和竞争法治的发展，其价值目标要求政府秉持竞争中立、维护公平竞争，并将其作为政府干预市场最核心的理念和最基本的操守。公平竞争审查力图从源头上纠察政府对市场主体的不公平待遇行为，维护自由、有序、公平的市场竞争，从而实现资源优化配置和经济可持续高质量发展。

综上，两类审查制度都具有规制行政权力的功能效果，但合法性

审查的终极目的在于法律法规的正确实施，防止相关政策措施违反上位规定，而公平竞争审查的落脚点在于维护公平竞争市场体系，防止相关政策措施排除、限制市场竞争。

（二）审查标准依据考证

合法性审查的审查标准相对成熟，主要包括：是否符合法定权限，是否履行相关法定程序，内容是否符合法律法规规章和国家政策规定。具体审查实务中，上级规范性文件包括部委制定的文件如《实施细则》，亦属于审查的上位依据范畴。备案审查则另将适当性、合理性纳入审查的范围。

公平竞争审查的审查标准发展经历了一个漫长的过程，直到现在还在实践中不断丰富。2007年《反垄断法》施行，通过竞争思维的实务运用，个案经验积累逐渐向成熟的审查标准转化和发展，结合2017年版《实施细则（暂行）》的实操基础，公平竞争审查标准固化为目前适用的《实施细则》。其中"第3章审查标准"用专章四个标准十八小项对公平竞争审查的标准进行了细化。结合现有的研究资料和进一步核查整理，大多数公平竞争审查标准都是法律法规规章或者上位文件的直接表述或是细化，另增加了实践案例的总结。

表2 公平竞争审查标准依据考证表

细则条款		审查标准	法律法规规章或政策依据
第13条市场准入和退出标准	第（一）款	设置不合理或歧视性的准入退出条件	《优化营商环境条例》第39、64条
	第（二）款	未经公平竞争授予特许经营权	《基础设施和公用事业特许经营管理办法》第3、15、37条
	第（三）款	限定经营、购买、使用的特定经营者提供的商品和服务	《反垄断法》第39条 《招标投标法》第6、18条 《招标投标法实施条例》第32条第2款第（2）（5）（6）项

续表

细则条款		审查标准	法律法规规章或政策依据
第13条市场准入和退出标准	第（四）款	设置无法律、行政法规或者国务院规定依据的审批和事前备案程序	《行政许可法》第15至17条
	第（五）款	在市场准入负面清单外增设审批程序	《国务院关于实行市场准入负面清单制度的意见》（国发〔2015〕55号）
第14条商品和要素自由流动标准	第（一）款	对外地和进口商品、服务实行歧视性价格和歧视性补贴政策	《反垄断法》第41条第（1）项
	第（二）款	限制阻碍外地商品服务的输入、输出	《反垄断法》第41条第（2）至（5）项
	第（三）款	排斥或限制外地经营者参与本地招投标	《反垄断法》第42条 《招标投标法实施条例》第32条第2款第（1）至（4）项
	第（四）款	排斥、限制或强制外地经营者在本地投资或者设立分支机构	《反垄断法》第43条
	第（五）款	歧视性对待外地经营者在本地设分支机构	《反垄断法》第43条
第15条影响生产经营成本标准	第（一）款	违法给予特定优惠者优惠	《优化营商环境条例》第12条
	第（二）款	安排财政支出与特定经营者缴纳的税收或非税收入挂钩	《国务院关于清理规范税收等优惠政策的通知》（国发〔2014〕62号）
	第（三）款	违法违规减免或者缓征特定经营者社保费用	《社会保险法》第60条
	第（四）款	在法律规定之外要求经营者提供或扣留保证金	《优化营商环境条例》第25条 《招标投标法实施条例》第31条 《国务院办公厅关于清理规范工程建设领域保证金的通知》（国办发〔2016〕49号） 《政府采购货物和服务招标投标管理办法》第29、38条 《工业和信息化部、财政部关于开展涉企保证金清理规范工作的通知》（工信部联运行〔2016〕355号）

续表

细则条款		审查标准	法律法规规章或政策依据
第16条影响生产经营行为标准	第（一）款	强制经营者从事《反垄断法》禁止的垄断行为	《反垄断法》第44条 《禁止垄断协议暂行规定》第14条
	第（二）款	违法披露或者违法要求经营者披露生产经营敏感信息	无
	第（三）款	超越定价权限进行政府定价	《价格法》第20、45条
	第（四）款	违法干预实行市场调节价的商品和服务的价格水平	《价格法》第6条

从表2可见，十八项审查标准中仅一项未能查找到相应的上位依据，其余内容因存在法律法规规章或上位政策文件依据，与合法性审查的内容审查标准存在绝对的重合。具体分析，从2017年《实施细则（暂行）》印发，到2019年《优化营商环境条例》出台，2022年《实施细则》《反垄断法》修订，随着竞争理论研究的深入和公平竞争审查的实践，原本基于大数据和社会调查"因势制宜"制定的覆盖常见行政垄断行为的审查标准，不仅个别已上升固化为行政法规《优化营商环境条例》，还直接推进了反垄断法律的自身完善。因此，与2017年版《实施细则（暂行）》相比，两类审查标准依据的重合范围因近几年大批量法律法规规章的"立改废"以及立法对于社会管理、公平竞争审查实践的回应，呈现为动态扩大、趋向重合的态势。

（三）审查方式考证

合法性审查遵循合法性原则，从法律角度分析相关政策措施是否与上位规定存在矛盾、抵触等不相符问题，具体操作涉及"行政行为定性""梳理上位依据""确定审查路径""形成审查意见"四个步骤：首先按照法律法规规定和法理分类，对拟审查对象属于行政许可或行政处罚或行政强制等进行分类定性；其次按照对象定性查找相关上位规定，确定规范依据、程序要求、审查侧重点；最后以规范依据为指引，对照审查主体、权限、程序、内容是否符合规范要求，并提出审查意见。

公平竞争审查则坚持合法性与效果性评价并重原则，依照《实施细则》规定，公平竞争审查关键在于"评估对市场竞争的影响，防止排除、限制市场竞争"，即评估政策措施对竞争的影响，深入评判负面影响的合理性，并对其不当限制竞争方面的规定提出替代方案，最终促进经济的健康持续发展。而具有充分的法律法规政策依据在实务中是通过审查毋庸置疑的最佳"豁免事由"实现的。

竞争效果性评价是一项专业性审查，要求审查人员具有公共政策、经济学和竞争法学等领域的专业知识，能够运用实证分析方法汇总收集相关信息，运用定量分析、比较分析和成本收益分析等方法对拟出台政策措施的利弊进行权衡，对行业发展、创新激励、竞争状况等市场客观情况作出综合考察。《实施细则》十八项审查标准每一项在列举表述中都规定"包括但不限于"字样，无限扩大了审查标准外延，这也是基于效果性判断考量。

可见，公平竞争审查竞争效果性评价方式不等同于合法性审查，其外延无法为合法性审查所涵盖。以合法性审查代替公平竞争审查，易使公平竞争审查偏离正确的轨道，限缩公平竞争审查的发展，损害公平竞争审查的制度价值。

三、 整合重塑：合法性审查和公平竞争审查制度的协同演进

任何制度创新都是契合于制度演进逻辑的自我完善，而非对制度演进历史的断然割裂，公平竞争审查与合法性审查制度体系的有机整合与有效衔接是保障两类审查制度完整性、功能有效性及法律体系内在统一性的关键。公平竞争审查标准所包含的合法合规性和效果性评

价并举的评价体系，使其与合法性审查之间存在既重叠交叉又各自独立的关系。基于上文之分析，公平竞争审查目前尚处于制度发展初级阶段，建议可以与合法性审查机制建立衔接合作但又相对独立的整合机制。

（一）共享路径建立区分审查模式

《实施细则》明确了具体业务机构、内部特定机构统一审查、具体业务机构初审后提交特定机构复核等三种审查机制，对此，笔者认为，结合公平竞争审查工作的专业性、效率性以及审查经验的累积度、延续性等多方面因素，可在借鉴合法性审查路径基础上将制定机关的审查模式具体区分为两个序列。

1. 县级以上政府实行独立二元主体审查模式。

针对县级以上政府制定出台的政策措施，基于"分权制衡"，起草部门不再进行公平竞争"自我审查"，由司法行政部门和市场监管部门分别承担合法性审查和公平竞争审查工作。此类模式设置有以下优点：一是审查实效性上，抓住县级以上政府这一"关键主体"，确保本行政区域内涉及面广、影响较大的政策措施的合法合规性和公平性；二是审查专业度上，同级司法行政部门和市场监管部门能够分别从两个维度提供专业有力的法制审查和竞争审查保障；三是审查操作性上，审查范围限定于政府出台的政策措施，其制发数量与政府工作部门的设置数量和政策措施制发量相比，能为本级市场监管部门所承受，具有可行性。

2022年，绍兴获批"重大政策措施公平竞争审查会审"国家级试点，8月出台了《绍兴市公平竞争审查工作联席会议办公室关于印发绍兴市公平竞争审查会审试点工作方案的通知》（绍市公竞办〔2022〕4号），将包括绍兴市人民政府或者以市政府办公室名义出台的重大政策措施在内的事项纳入"强制会审"范围。

2. 其他机关实行一元主体审查模式。

针对县级以上政府部门、乡镇政府、街道办事处以及法律法规授权的组织出台的相关政策措施，基于目前《实施细则》所确立的审查标准和合法合规性评价大比例重合的客观事实，转变原来由起草处室各自分散、轮动的审查模式，借助现有的合法性审查路径，由法制机构或者承担相应职能的法制人员一并承担合法性审查和公平竞争审查工作。

考虑到机关内设机构的设置现状，依托相对成熟的法制机构和法制人员配备，将合法性审查和公平竞争审查在机构承接职能和人员配备上进行有机统一，在审核过程和审核结论中，对于应当进行公平竞争审查的内容，由审核人员按照审查流程要求分别出具合法性审查意见和公平竞争审查表，这样一方面便于提高公平竞争审查的审查质效，另一方面可以提升审查人员的合法性审查能力，拓宽其视野。

（二）建立前置审查联动和后续监督配合机制

两类审查应致力于平等合作、共同规制的推进模式，建立自觉、稳定、可持续的回应型工作机制，在兼容协同中强化良性互动和常态化会商，避免实践中因具体认定偏差带来的相互间冲击。重视政策措施前置审查联动，无论是市场监管部门在公平竞争审查过程中遇到的法律难题，还是司法行政部门在后续合法性审查中遇到的涉及公平竞争规定的疑问，另一方均可以会商等形式参与、积极配合开展调研论证，及时回应地方关切，互相提供法律、竞争理论支持，共同推动两类审查工作的不断深入。

深化备案审查和公平竞争抽查的衔接配合机制，强化监督合力。司法行政部门在行使行政规范性文件备案审查职能时，涉及违反公平竞争规定的，备案审查意见书一并抄送市场监管部门，共同督促整改。对被抽查单位未及时按照市场监管部门抽查意见整改或者拒不整改的，市场监管部门可以适用会商机制启动司法行政部门主导的备案审查程序，增强《实施细则》中市场监管部门"提出整改建议"和"抽查结果及时反馈被抽查单位"的监督刚性，形成行政规范性文件纠错合力。

（三）建立政策措施清理评估衔接机制

贯通行政规范性文件清理、后评估制度与公平竞争审查第三方评估制度的有效衔接。制定机关应当将是否违反公平竞争规定作为行政规范性文件评估清理的必要内容，通过定期、不定期开展行政规范性文件全面、专项评估清理，逐步清理废除妨碍统一市场和公平竞争的规定，并将清理结果及时抄送同级司法行政、市场监管部门。司法行政、市场监督管理部门同步建立行政规范性文件备案信息共享机制，将年度报备文件作为公平竞争审查增量文件评估和清理的重要依据。

四、结语

对政府和市场关系的认识存在一个不断深化的过程，政府和市场并非简单的此消彼长关系，而应当形成互补共生的关系。而在此过程中，公平竞争审查制度的探索和发展应当合理借鉴并统筹协调合法性审查机制的审查标准、审查程序及方法路径，其有效开展和自我完善有赖于与现行合法性审查体系机制的协调整合，从而提高行政效率、节省行政成本，减少职能交叉和权限冲突，推动合法性审查和公平竞争审查制度的健康协同演进。

◇◇◇

专家点评

在规范性文件制定过程中，依法应当进行公平竞争审查和合法性审查，公平竞争审查往往是作为合法性审查的前置程序。对此，作者敏锐捕捉到合法性审查与公平竞争审查在审查范围、审查机构以及监督纠错功能等方面的高度重合关系，提出实践中应如何区分和处理两者关系的问题。对这一问题，作者从功能定位、审查标准、审查方式三个角度，作了细致深入的剖析，证成公平竞争审查的独立性，合法性审查无法完全吸收或替代公平竞争审查。但是，由于公平竞争审查包含合法性审查内容，与合法性审查之间的重叠也不可完全否认，所以，合法性审查内容的重叠问题仍然一定程度上存在。基于公平竞争审查的专业性、效率性，作者提出了县级以上政府的独立二元主体审查和政府部门、乡镇街道实行一元主体审查两种模式。此外，还提出建立前置审查联动与后续监督配合机制、建立政策措施清理评估衔接机制等建议。作者对公平竞争审查区别于合法性审查的独立性分析全面、充分，其所提出的两种审查模式和两类配合衔接机制，有助于提高合法性审查和公平竞争审查的效率与效果。作者的分析与论证过程，充分结合了市本级规范性文件备案审查实践材料，结论具有可信度，对规范性文件审查工作实践有重要的指导意义。

嵊州市构建"234"合法性审查工作体系的实践与探索

浙江省绍兴市嵊州市司法局　赵少杰　何柯薇

为持续优化法治化营商环境，促进依法行政，嵊州市司法局以省级"最佳实践"培育试点工作为契机，抓深化，补短板，强示范，探索构建"234"合法性审查工作体系，不断加强行政规范性文件管理，行政规范性文件质量有效提升，积极推动了我市法治政府建设向纵深发展。

一、"234"合法性审查工作体系的缘起

行政规范性文件，俗称"红头文件"，2018年5月，国务院办公厅发布《关于加强行政规范性文件制定和监督管理工作的通知》（国办发〔2018〕37号，以下简称《通知》），对行政规范性文件作出明确界定：行政规范性文件是除国务院的行政法规、决定、命令以及部门规章和地方政府规章外，由行政机关或者经法律、法规授权的具有管理公共事务职能的组织依照法定权限、程序制定并公开发布，涉及公民、法人和其他组织权利义务，具有普遍约束力，在一定期限内反复适用的公文。对规范性文件概念予以明确，统一了称谓。但是，行政规范性文件在制发过程中仍然存在"不规范性"，比如一些行政规

范性文件的内容存在擅自增设许可条件，违法设定行政许可、行政处罚，违法增加公民义务、限制公民权利等问题；程序不规范，不依法定程序随意发文；引用上级依据不足、用语不规范……以上问题制约了行政规范性文件的"规范性"。

嵊州市在全市行政规范性文件全覆盖工作推进过程和制度落实方面，较前些年已逐步规范，但仍然存在短板：合法性审查人员配备不足，专业素养不够；合法性审查方式比较单一；合法性审查的内容不全面；合法性审查的程序不规范等。嵊州市司法局借助省级"最佳实践"培育试点工作的契机，专门部署、重点推进、补齐短板，探索构建"234"合法性审查工作体系。

二、"234"合法性审查工作体系的实践和做法

1. 出台"2份指南"，推动文件制发规范化。

一是健全"清单化"制度。2020年制发了《嵊州市行政规范性文件管理办法》，统一了规范性文件识别的标准，确立了合法性审查的标准和范围，明确了合法性审查的内容和主体，明确了各方主体责任，从源头上为依法行政提供了保障。2022年编发了《嵊州市合法性审查指导手册》，根据前期试点工作开展中发现的问题精准编写指引，具体包括上级制定的法律法规规章，以及梳理了行政规范性文件负面清单、认定方法、合法性审查事项清单等，将行政规范性文件、重大行政决策、乡镇合法性审查全覆盖等"5＋N"项内容纳入审查事项目录，切实把好政府决策的"第一道关口"，以提高行政规范性文件制发质量。二是编制"流程化"模式。制作市镇两级审查工作流程，规范"提拟发文""调查研究""形成初稿""征求意见""前置审查""发文备案"6步流程，细化申请立项、征求意见等13个具体环节，明确各环节的时间节点、材料清单及注意要点，突出针对性、便

捷度和闭环管理，通过层层防线，全流程教科书式指导行政规范性文件合法性审查工作。

2. 建立"3项机制"，推动文件审查精准化。

一是部门联合审。市级层面，联合人大、市场监管等部门开展备案审查、公平竞争审查等联合审查，对是否符合法律法规规章和上级文件规定，是否违法设立行政许可、行政处罚、行政强制等事项，是否存在没有法律法规依据减损行政相对人的合法权益或者增加其义务等情形，是否在涉及市场主体经济活动的政策措施时排除、限制市场竞争等内容进行合法性审查。乡镇层面，2020年嵊州市委全面依法治市委员会和市委依法治市办分别出台了《关于推进乡镇（街道）合法性审查全覆盖工作的实施意见》和《关于推进乡镇（街道）合法性审查全覆盖工作的指导意见》，要求全市乡镇（街道）合法性审查力量、审查范围、审查机制全覆盖，乡镇（街道）党的规范性文件、行政规范性文件、重大行政决策、行政机关合同和重大行政执法决定列入合法性审查范围。根据我市实际，明确乡镇（街道）党政办为合法性审查机构，探索形成"1+3+X"的合法性审查力量队伍。"1"即确定党政办为合法性审查机构；"3"即建立"党政办+司法所+法律顾问"三联审的审查模式；"X"即通过设立法制员、配强公职律师力量、政府购买法律服务等方式进行补充。同时，对党的规范性文件、行政规范性文件、重大行政决策、行政机关合同和重大行政执法决定的审查内容的审查流程进行规范。目前，全市15个乡镇（街道）均已建立合法性审查工作小组，同时通过设立法制员、配强公职律师力量、政府购买法律服务等方式进行补充，形成"1+3+X"的联合审查队伍，形成了"纵向到底、横向到边"的合法性审查工作格局。二是专家协助审。统筹法治监督员、公职律师和市政府法律顾问等专业资源，成立由81人组成的规范性文件制定咨询专家库，为文件起草单位进行咨询提供便利。出台了《关于扶持律师业发展的若干政策意见》，通过现金奖励等方式激励党政机关、人民团体在编人员参加法律职业资格考试，并担任公职律师，为本单位合法性审查提供有力支撑，形成合法性审核"双保险"，目前全市共有公职律师32人。三是会议常驻审。积极履行市政府首席法律顾问、参谋助手职责，明确未经审查议题不上常务会，未经审查文件不得发文，未经审查协议不得签订。司法局主要负责人常驻市政府常务会议并全程列席逐一表态，对议题内容进行精准把关。

3. 强化"4大抓手"，助力审查水平快速提升。

一是提供多样式"大培训"。制定《嵊州市"一月一法"学习活动实施方案》，开辟"新法速递""节点普法"和"常规普法"三个模块，通过"线上＋线下"的培训方式，助力领导干部、行政执法及社会治理人员准确掌握法治建设法律法规和政策内涵，强化法治工作能力。在市政府常务会议上为全市领导干部作依法行政专题讲座，陆续开展部门和乡镇（街道）合法性审查要点业务培训，力争实现业务培训全覆盖，使合法性审查队伍建设正规化、专业化、职业化。二是开展日常式"大巡察"。以备案审查为切入点，开展"线下审查"，动态加强对部门的监督、指导，提升部门规范性文件审查率和报备率。将全市行政规范性文件制定主体全部纳入浙江省行政规范性文件管理系统开展"线上审查"，实现审查过程网上记录留痕。三是组织地毯式"大清理"。对行政规范性文件"三统一"制度（2013年）实施以来的市政府及市政府办公室发布的340件行政规范性文件进行全面清理，对涉及"烦企扰民"、《行政处罚法》内容的行政规范性文件等开展专项清理，截至目前，继续有效的行政规范性文件共249件，停止执行的84件，修改7件，宣布失效的26件。四是实现标准式"大案卷"。编制出台《行政规范性文件案例选编》，通过发布格式统一、标准统一、内容规范的合法性审查典型案例，提高行文质量，推动保障每件规范性文件合法有效，共计入选10个案例，编制成册100余份。

同时，建立合法性审核档案管理制度，结合"三统一"制度，统一全市审核文书样式，做到各个环节资料完备，一件一档，确保规范性文件审核全过程记录，规范化管理。

三、对"234"合法性审查工作体系的思考和探索

"234"合法性审查工作体系虽初见成效，但对标上级的要求及当前形势，还任重道远，还需我们不断深化推进、克服困难、优化提升，以实现行政规范性文件制发"规范性"目标。

1. **以队伍建设为抓手，提高合法性审查队伍专业素质。**

目前，审查机构人手紧缺的情况普遍存在，尤其是乡镇的规范性文件审查人员偏少，大部门中虽然设有专门的机构，但是工作人员既要负责日常法制工作，又要承担规范性文件的管理工作，且缺乏熟悉合法性审查工作的业务骨干，目前工作人员的专业素质和业务水平较低，出具的合法性审查意见质量有待提高。所以，一方面要明确合法性审查机构的法律地位，设立合法性审查的专门岗位，建立合法性审查队伍。另一方面乡镇（街道）每年公务员招录中要招录大学法学本科及以上的专业人才，提升合法性审查人员的法律素质，并形成较为稳定的专业人才队伍。

2. **以审查方式多样性为支撑，打造多元合法性审查方式。**

目前规范性文件合法性审查方式较为简单，主要以书面审查为主，审查机构对起草文件的送审稿进行合法性审查，对文件的内容、程序等的合法性、合理性进行审核，必要时进行公平竞争审查。审查机构根据审查的情况，出具合法性审查意见书。我市行政规范性文件数量多，合法性审查工作量大，尤其是涉及住建、国土等专业领域的规范性文件，审查的专业性要求高，现有单一的审查方式会影响合法性审查质量。所以，需要探索采用多种方式对行政规范性文件进行合

法性审查，例如书面审查、现场调查、专家论证、主动审查等相结合的审查方式，以提高审查的质量和工作效率。对于情况复杂、专业性强、涉及重大民生问题的行政规范性文件，探索通过召开座谈会、听证会等，邀请专业领域的专业人士和法律专家参与，广泛听取各方意见。同时，利用"数字法治"的平台优势，建立信息共享机制和合法性审查台账，推动信息互联互通，提高审查实效。

3. 以拓宽合法性审查内容为保障，实现审查内容实质、形式"两手硬"。

目前，规范性文件在审查过程中，虽然对文件的合法性和合理性问题均进行了审查，但是受到专业和知识储备的限制，仍会存在审查内容不全面的问题。例如，《嵊州市2022年松材线虫病防治方案》（嵊政办〔2021〕113号）中，"疫木回收运送报备"规定，涉嫌增设审批或者具有行政审批性质的事前备案程序；"枯死松木回收定价"的规定，违反《价格法》第6条，不当干预市场价格。均由于知识储备的局限性，在绍兴市备案审查中发现，未审查出文件内容与法律法规相抵触情形。所以，要加大对行政规范性文件内容的审查力度，重视文件合法性、合理性、规范性问题。对存在严重的合法性、合理性问题的，要指出并提出修改意见；对行政规范性文件实施后可能存在的法律风险，要提出风险防控的建设性意见；对送审文件的错误用语、含糊语义、歧义表达等文字使用不规范的情形，要提出修改意见；对没有发文必要、照搬照抄上级文件等内容的送审稿，要提出不予制发的意见。

4. 以规范合法性审查程序为目标，促进规范性文件制发严格规范。

行政规范性文件在提请本级市政府常务会议审议前，应当由起草单位合法性审查机构进行合法性审查，并出具审查意见。但是目前大部分起草单位对送审稿出具的审查意见较为简单，不够具体，审查人员不能发现文件中明显存在的问题，不能为市政府合法性审查机构提供专业领域的意见。另外，前几年甚至存在以政府名义发文的行政规范性文件未进行合法性审查就直接发文的现象，从而存在规范性文件漏备案情况。严格的制发程序能保障最终出台的行政规范性文件的质量，所以行政规范性文件草案未经合法性审查，不能签发。探索确立了"行政规范性文件草案制定程序未到位不审查、未经合法性审查不上会、未经市政府常务会议集体讨论通过不制发"的准则，规范审查程序，实现合法性审查前置，从根源上确保行政规范性文件的合法性。

5. 以备案审查为兜底，强化规范性文件闭环管理。

我国建立了行政机关及人大的备案制度，属于事后监督、个案审查、形式审查，但个别问题仍然存在，比如规范性文件制发流程不规范，导致存在规范性文件漏备案现象；部分审查人员的法律意识和责任心不强，对行政机关未认真履行合法性审查义务；等等。嵊州市司法局充分利用浙江省行政规范性文件管理系统，加强线上审查能力，推动行政规范性文件合法性审查数字化。但是备案审查工作任重而道远，建议将规范性文件合法性审查纳入法治政府评价指标体系中，建立情况通报制度，坚持有错必纠的审查原则，及时检测和纠正存在的问题，实现行政规范性文件管理闭环。

◇◇◇

专家点评

加强行政合法性审查工作，对于保护公民、法人和其他组织的合法权益，推进法治政府建设具有重要意义，本文以合法性审查工作体系为题进行实践梳理和探索性思考，具有一定的实践价值。文章总结了清单化、流程化的两份清单，部门联合审、专家协助审、会议常驻审的三项机制,"多样式"大培训、"日常式"大巡察、"地毯式"大清理、"标准式"大案卷的四大抓手,并将其提炼为"234"合法性审查工作体系,具有一定的新颖性。在此基础上,文章结合实际对审查队伍力量、审查方式、审查内容、审查程序等问题提出了思考和建议,特别是提出探索采用书面审查、现场调查、专家论证、主动审查、座谈会、听证会等多种审查方式,对行政规范性文件实施后可能存在的法律风险进行分析并提出风险防控的建设性意见,这些具有一定的针对性。总体上看,本文的总结提炼性强,对实际工作有重要的指导意义。

在法治轨道上推动基层行政合法性审查水平提升
——以开化县为例

浙江省衢州市开化县司法局　朱建元

行政合法性审查在我国相关法律法规中并没有成套工作体系，狭义上行政合法性审查主要针对行政规范性文件、行政机关合同、重大行政决策等，广义上也包括重大执法决定审核、涉法事务审查等。对于行政合法性审查之规定多存在于行政法规、行政规范性文件中，如《重大行政决策程序暂行条例》（国务院令第713号）、《国务院办公厅关于全面推行行政规范性文件合法性审核机制的指导意见》（国办发〔2018〕115号）等，作为一项系统性工程，"政出多门"现象存在已久。

一、合法性审查在基层法治建设过程中的困境

行政合法性审查的必要性首先来自行政权力的特性。行政权力是政府履行法定职责的重要载体，无论是政府作出的具体行政行为还是抽象行政行为，都是国家赋予政府的行政权力的体现。一方面，作为乡镇治理者，基层政府亦需要行使相关的行政权力来履行政府管理的职能；另一方面，如何把行政权力装进制度的笼子是亘古不变的重要

问题。随着经济和科技的迅速发展，政府在基层治理过程中（行政权力使用过程中）扮演着重要角色，在这种背景下如何制约行政权力就显得尤为重要。目前，人民群众法治观念在开化县不断增强，但相比于其他经济发达地区，仍略显不足。基层政府作为政府管理的一线主体，如果发生行政行为违法，会导致政府公信力不断减弱，薄弱的法治建设基础将受严重影响。近些年来，随着依法行政、依法治国的不断推进，尽管我国基层政府在依法行政方面取得了一定进展，但与建设法治政府的要求相比仍有不小的差距。主要困境有以下三点：

（一）基层政府在合法性审查体系中的角色

乡镇（街道）处在行政管理的最前线，也直接影响着人民群众的根本利益，众多国家、省市政策执行依然大部分依托基层政府。基层政府对依法行政的把握，会影响到群众合法权益的保障与公平正义的社会环境，关系到依法治国总方略的实施，关系到市场经济秩序、经济宏观调控、社会保障体系建设等政府职能的实现，关系到党和政府在人民心目中的形象和威信。近年来，浙江省高度重视合法性审查工作，2020年7月，中共浙江省委全面依法治省委员会出台了《关于推进乡镇（街道）合法性审查全覆盖工作的通知》，提出了要加快解决基层依法治理"最后一公里"的问题，加快建设更高水平的法治浙江，在法治建设领域展示"重要窗口"形象。以开化县为例，2021年底开化县划转15个领域499项行政处罚事项至华埠镇，划转14个领域481项行政处罚事项至马金镇、池淮镇、音坑乡，基层政府行政事项剧增。因此，基层政府行政能力的强弱、执法水平的高低，其作出的行政行为是否合法，不仅直接关系到政府在人民群众中的形象，而且还是广大基层人民群众合法权益能否得到保障的重要参照物。为了提高基层政府依法行政的水平，必须以一定的制度机制实现对基层政府行政行为的监督，以最大限度地保证其合法性。因此，审查基层政府行政行为合法性的必要性就显而易见。

（二）从基层政府执法人员的整体素质看

作为法律、法规的执行者和基层行政管理的决策者，基层行政执法人员水平、人员素质的高低直接关系到法律法规及行政法规的落实和实施，关系到党和国家路线、方针、政策的贯彻执行和现代化建设事业的成败。但从我县实际情况看，我县基层政府机关工作人员的整体素质与依法行政的要求还有一定的距离。例如，一些领导依法行政水平不高、法治意识不强，只侧重经济发展，特别是在招商引资和重点工作中这类现象尤为严重；又如2022年开化县司法局在开展行政执法监督活动中发现，某镇人民政府在办理宅基地超面积建设的行政案件中，存在执法人员不具备执法证的情况。以开化县为例，在开化县所辖乡镇中，行政规范性文件、重大行政决策、行政机关合同管理尚未完全到位，部分乡镇虽然签订了行政合同或制发了行政规范性文件，但完全未按照相关法定程序予以制定、备案。同时，也存在核查、检查困难的情形，开化县司法局通过核查发文目录、党政联席会会议纪要等形式开展督查，但收效甚微。

（三）从基层政府行政执法的实际情况看

当前，随着我国经济社会的快速发展，基层政府所面临的经济发展和改革推进的任务也越来越重。基层政府既要面对现实复杂的矛盾冲突和问题交织的局面，又要克服自身行政能力长期偏弱的缺陷，责任与压力都是巨大的。尽管随着我国依法治国、依法行政进程的推进，我国县乡政府在依法行政方面取得了较大进展，但距离建设法治政府的目标还相去甚远，主要体现在，一些基层政府职能转变不到位，仍有强烈的"管理政府"的观念，热衷于充当"万能政府"；有法不依、执法不严、违法不究的问题仍比较突出，侵害人民群众合法权益的行为时有发生；一些地方和领域重复执法、交叉执法、多头执法、执法组织不合作，执法扰民与执法缺位并存；推进依法行政工作进展不平衡，工作力度呈自上而下明显递减的趋势。

二、开化县在依法行政推进中作出的探索

（一）在推进合法性审查全覆盖方面

开化县加快推进基层法治建设数字化建设，依托"合法性审查OA系统"，打造乡镇（街道）合法性审查线上审查体系，构建全流程闭环，推进合法性审查实质性全覆盖，有效破解了"有件不审"的难题。按照"先行先试、全面推广"的思路，2021年12月在省级法治化改革综合试点乡镇池淮镇投入使用，池淮镇的审查效率大幅度提升，同时实现了流程的可追溯和可监督，有效降低和规避了行政争议的风险。

1. 打造线上审查体系，构建全流程闭环。

一是明确审查环节。基于浙政钉办公系统构架，在开化县智慧办公平台上线合法性审查专题模块，设置办件申请、材料初审、合法性审查、意见反馈、材料归档等主要环节，实现线上合法性审查全流程管控。二是细化审查责任。各环节节点均明确责任人及责任范围并形成审查责任清单，审查事项第一时间在浙政钉同步推送，切实推动审查事项流转高效、责任到人。三是强化规范制定。在智慧办公平台上增加规范性文件"三统一"编号内容，负责发文的责任人员需对文件性质进行研判，行政规范性文件未按规定领取编号不得制定印发，将合法性审查纳入法治建设"主跑道"。

2. 注重流程重塑升级，实现全业务覆盖。

一是事项全面覆盖。细化乡镇法制机构审核内容，建立党的规范

性文件、行政规范性文件、行政合同、重大行政决策、村规民约等7大类事项板块，切实推动乡镇合法性审查应审尽审，实现合法性审查"一站式"服务。二是严格法定程序。OA系统涵盖公开征求意见、合法性审查意见、集体决策等必经程序，未经过法定程序的事项无法提交审核或进入决策环节，有效提高了乡镇程序意识。截至目前，在所有审查办件中执行程序实现100%到位。三是审查便捷高效。深化合法性审查OA系统与浙政钉业务衔接，在浙政钉上架合法性审查入口，组织架构内人员经过审批后均可对各类事项提起合法性审查。据统计，乡镇合法性审查办件流转周期平均缩短超过50%。

3. 构筑多元审查体系，引导全力量参与。

一是强化法制审核队伍建设。开设依法行政专题培训班，对全县100余名法制审核人员开展专题培训，提高审查人员综合业务能力和水平；汇总各类制度文件25份，编制《开化县法治政府工作手册》，为法制审查人员提供有效指引。二是发挥法律顾问作用。联合县大数据中心健全完善OA系统，将法律顾问纳入审查体系，完善法律顾问工作规则，明确法律顾问工作职责，有效落实法制机构与法律顾问联审工作机制，将法律顾问纳入OA系统，未经过法律顾问审核的无法出具合法性审查意见。三是完善考评督促机制。利用OA系统动态监督乡镇部门合法性审查工作情况，通过实时监督和定期检查方式，对发现的问题及时督促整改，不断提升合法性审查质效；将合法性审查工作情况纳入2022年度法治开化（法治政府）工作考核，对发现未严格落实主体责任，使用覆盖率不高或被通报等情形的，在考核中予以相应扣分。

（二）在行政争议化解方面

1. 向下延伸行政争议触角，加大"事前"争议化解力度。

变被动应对为主动出击，变事后处置为事前预防，多种途径预判行政争议"提前量",做到早发现、早落实、早处置。一是巧用法治观察前沿"哨兵"。深化行政争议社会治理模式,依托全县各村社设立266个"法治观测点",充分发挥网格员、执业律师、法律援助端口作用,组建超过500人的"法治观察员"队伍,提前发现行政争议纠纷并第一时间上报,组织专人分析研判,对涉及行政机关不作为、乱作为、程序不当和有败诉纠错风险的提前介入矛盾化解。二是善用矛调中心中枢"阵地"。依托社会矛盾纠纷调处化解中心,联合公安、法院、检察院、信访、司法行政等职能部门,建立行政争议共享机制,打通数据壁垒,对涉及的行政争议事项及时纳入行政争议化解中心分析研判,提前化解行政争议。三是活用调解队伍核心"武器"。组建行政争议专业化调解队伍,成立行政争议化解人员库,对发现重大或有群体事件风险的行政争议,提前邀请机关业务骨干、专职律师、有经验的调解员等参与争议化解,使矛盾端口逐步向"村、社区"前移,确保纠纷化解"既快又实还好"。

2. 系统重塑争议化解机制,提高"事中"争议处置实效。

总结提升败诉治理工作经验,创立行政争议化解"433"工作机制。一是四部门协作机制。充分发挥行政争议调解中心主导作用,建立"法院、检察、信访、司法行政+涉案机关"行政争议化解模式,对疑难案件、群体性案件及涉及公共利益案件,邀请四部门全过程参与,充分发挥检察机关、信访部门监督化解的职能,有力破解"行政机关不敢调、老百姓不愿调、行政争议没人调"的"三难"局面。二是三维度跟踪机制。强化源头管控、过程督促、结果整改,建立事前报备、事中约谈、事后通报机制,通过案件风险预警、主要领导约谈、主要责任人追责问责,有效增强行政争议化解主动性。三是三张清单落实机制。针对败诉案件、败诉风险案件定期复盘研判分析,建立共性清单,督促行政机关对标对表、查漏补缺。定期梳理"三书"(三书,指司法建议书、检察建议书、行政执法监督通知书)存在的典型问题和常见问题，编制问题清单，定期定人整改落实。对符合追责条件的列明追责清单，明确行政执法中"能为"与"不能为"的问题。

3. 精准提升依法行政能力，强化"事后"溯源对症下药。

紧扣问题瓶颈，注重复盘提升、问题整改，有力提升依法行政工作水平。一是深化分析总结。创设"红黄蓝"三色清单管理机制，将重大行政争议列入"红色"清单，实行专人负责、专人联系，跟踪行政争议化解实效，确保"案结事了"；将未过复议、诉讼期限的列入"黄色"清单，实行定期回访、结果反馈，确保行政争议实质化解；将已经解决或已过复议、诉讼期限的列入"蓝色"清单，实行定期分析、总结复盘，明晰法治建设工作中薄弱领域的难点痛点。二是加强考核通报。建立法治开化专报制度，定期梳理行政争议化解情况并向县委、县政府主要领导报告。将行政争议化解工作纳入法治开化（法治政府）年度考核，细化考核指标，败诉案件计件扣分，有效增强行政争议化解积极性。建立健全季度通报制度，将行政诉讼发案量、败诉率、行政争议化解率纳入重点工作指标。三是提升执法水平。创新打造线上合法性审查系统，将行政规范性文件、行政合同、重大执法决定等纳入线上审查范围，有效提升乡镇部门程序意识。

三、对策与建议

（一）牢固树立依法行政理念

"法律提供了社会生活得以发生的普遍架构。它是一个指导行为、解决纠纷的体系，并且主张具有干预任何种类的活动的最高权威。它也有规律地支持或者限制其他规范在该社会中的创设和实践。"基层政府应当树立"法无授权不可为"的理念，制定行政规范性文件，严格贯彻禁止制定具有立法性质的规范性文件的要求，不得突破地方行政管理权限。坚持问题导向，基层人民政府在制定行政规范性文件过程中要严格限制制定的范围、数量等，实现科学立法。

（二）明确专门的合法性审查机构

推进合法性审查队伍的正规化、专业化、职业化，在司法所建立专业化队伍，配齐专门编制，出台队伍建设制度规范、专业化建设规划、进行工作交流、进行实践业务研讨等。要明确专门机构，行政机关应当设立专门负责规范性文件合法性审查的工作机构，完善法律等各领域专家协助合法性审查机制，通过各种方式请政府法律顾问、公职律师和有关专家参与研究论证，并出具审查意见。

（三）完善合法性审查标准

完善顶层设计，由省级或国家层面对合法性审查作出统一规定，明确审查标准，进一步明确各种负面情形，将存在争议的问题纳入规定调整的范围。对于存在与法律冲突的问题，且起草部门持有异议、不予修改的内容，建议对相关内容提出修改建议，建立上下联动机制。

◇◇◇

专家点评

合法性审查是建立法治政府、促进依法行政的一项重要制度性安排。乡镇（街道）处在行政管理的第一线，是基层依法治理的"最后一公里"，与人民群众的利益息息相关，直接关乎人民群众对公平、正义的期盼，关乎政府的权威以及在人民心目中的形象。《在法治轨道上推动基层行政合法性审查水平提升》一文，以开化县基层政府行政管理和行政执法中存在的问题为导向，特别是针对基层政府机关人员整体素质与依法行政存在的差距，基层政府机关治理面临的发展和改革任务繁重、能力偏弱，以及行政执法不规范等问题，提出了基层政府行政行为合法性审查的现实必要性。文章重点介绍了开化县在推进合法性审查全覆盖方面的做法，并提出了进一步提升合法性审查科学性，明确专门的合法性审核机构，完善合法性审核标准的建议。

文章的亮点在于，介绍了开化县池淮镇试点使用的"合法性审查OA系统"情况，以及在开化县智慧办公平台上线合法性审查专题模块，实现线上合法性审查全流程管控。实践中，尤其是乡镇街道层面，探索实现线上全流程管控对于提升合法性审核的全覆盖、全留痕、全控制，提升合法性审查的实时性、实效性具有重要实践价值。

线上合法性审查作为政府治理数字化和数字化改革应用的方向，是政府治理能力现代化的重要抓手，值得研究、推广。文章介绍的开化县的做法为我们提供了有益的启示和借鉴。

重大行政决策

浙江省重大行政决策合法性审查进展、问题及对策

——以目录化管理为切入口

浙江省司法厅　何健勇　钟丽丹

　　重大行政决策合法性审查，是指通过健全和完善重大行政决策机制和程序，对政府重大行政决策行为从合法性角度进行审查把关，从而维护公共利益和社会秩序，保障公民、法人和其他组织的合法权益，促进依法行政。重大行政决策合法性审查是重大行政决策科学化、民主化、法治化的关键，也是法治政府建设的核心环节。党中央、国务院高度重视重大行政决策工作。党的十八届四中全会提出，健全依法决策机制，把公众参与、专家论证、风险评估、合法性审查、集体讨论决定确定为重大行政决策的法定程序。2015年12月，中共中央、国务院印发《法治政府建设实施纲要（2015—2020年）》，提出了推进行政决策科学化、民主化、法治化的具体目标和措施。2019年2月，中央全面依法治国委员会第二次会议审议通过了《重大行政决策程序暂行条例》（以下简称《条例》），我国第一部从中央层面加强顶层设计、规范重大决策的专门法规正式出台，标志着重大决策法治化迈出了坚实步伐。

一、浙江省开展重大行政决策合法性审查的背景

浙江省认真贯彻党中央、国务院的决策部署，从一开始就将重大行政决策纳入制度化轨道，较好地发挥了地方立法的引领作用，有力地推动和保障了重大行政决策制度的实施。回顾浙江省重大行政决策合法性审查工作历程，可分为以下三个阶段。

（一）立法先行阶段

为贯彻落实党的十八届四中全会《关于全面推进依法治国重大问题的决定》，2015年，浙江省政府以规章形式出台了《浙江省重大行政决策程序规定》（省政府令第337号），自2015年10月1日起施行。该规章明确了县级以上人民政府及其工作部门的重大行政决策事项，并对公众参与、专家论证、风险评估、合法性审查、集体讨论程序以及决策严重失误的责任追究等作了规定，同时规定决策机关根据实际需要，可以制订决策事项目录，并向社会公布。此后，浙江省政府又于2016年出台了《浙江省行政程序办法》（省政府令第348号），对重大行政决策程序作出专门规定。通过率先启动地方立法来规范重大行政决策活动，既促进了省域治理方式转变和治理能力提升，也为推进重大行政决策目录化管理和合法性审查奠定了良好的制度基础。

（二）精心部署阶段

2018年4月，浙江省政府出台了《政府"两强三提高"建设行动计划（2018—2022年）》，将"大力实施行政决策能力提升工程"作为"强谋划，强执行，提高行政质量、效率和公信力"的主要任务之一，要求"建立科学谋划体系；充分发挥高端智库决策咨询作用；健全行政决策机制，开展重大行政决策目录化管理，研究制定重大行政

决策出台前向本级人大报告制度；建立第三方评估制度，制定重大行政决策执行情况第三方评估实施办法"。同年7月，浙江省人大常委会修订公布《浙江省各级人民代表大会常务委员会讨论决定重大事项的规定》。此后，按照"大力实施行政决策能力提升工程"要求，浙江省政府相继制定出台了《浙江省人民政府重大决策出台前向省人大常委会报告制度》《浙江省人民政府重大行政决策执行情况第三方评估实施办法（试行）》和《关于加强市县政府重大行政决策目录化管理和合法性审查工作的指导意见》等配套文件。象山、桐庐等不少地方开展了积极的探索，推进了重大行政决策目录化管理和合法性审查工作在全省的实施进程。

（三）统筹实施阶段

2019年4月，国务院颁布《条例》，自2019年9月1日起实施。为推动《条例》的贯彻实施，吸取某些决策错误事件的教训，机构改革后的浙江省司法厅立即组织实施了两个专项行动，统筹推进重大行政决策制度的实施。一是组织实施《重大行政决策能力提升专项行动（2019年）》。在提升法治意识、健全制度机制、强化社会参与和加强监督促进等方面设置了10个专项行动内容，涵盖包括重大行政决策在内的立法、执法、普法、政府法律事务、公共法律服务等各个方面的工作内容。二是组织实施《重大行政决策目录化管理专项行动（2020年）》。要求各地、各部门在2020年7月底前，编制完成2020年度重大行政决策事项目录清单，推动各地、各部门重大行政决策目录化管理全覆盖，同时将重大行政决策目录化管理工作纳入年度法治政府考核、领导干部实绩考核和年终述法内容。浙江省司法厅还提请浙江省政府办公厅印发《浙江省重大行政决策事项目录编制指引（试行）》，为决策机关制订重大行政决策事项目录提供操作指南，对于推动解决《条例》实施过程中遇到的难点问题，具有重要的示范作用。浙江省司法厅还制定出台了《关于贯彻实施〈浙江省重大行政决策事项目录编制指引（试行）〉的通知》，进一步推进重大行政决策目录化管理和合法性审查全覆盖。

二、浙江省开展重大行政决策合法性审查情况

（一）以重大行政决策目录化管理为切入口

自2019年《条例》实施以来，尤其是《重大行政决策能力提升专项行动（2019年）》和《重大行政决策目录化管理专项行动（2020年）》开展以来，浙江省各设区市政府认真落实专项行动方案，依据《条例》《浙江省重大行政决策程序规定》规定，按照突出针对性、具备可行性、保留灵活性、提高透明度原则，结合当地实际，将制定重大公共政策和措施、制定经济和社会发展方面的重要规划、决定重大公共建设项目以及对经济社会发展有重大影响、涉及重大公共利益或者社会公众切身利益的重大事项，列入本机关重大行政决策事项目录范围（见表1、表2）。

表1 2019年浙江省各设区市重大行政决策实施情况

设区市	市级重大行政决策草案数量	县级重大行政决策草案数量	乡级重大行政决策草案数量	是否履行合法性审查程序	是否履行法定程序
杭州市	7	85	203	是	是
宁波市	5	66	43	是	是
温州市	4	41	34	是	是
湖州市	8	14	22	是	是
嘉兴市	3	44	3	是	是
绍兴市	3	25	0	是	是
金华市	4	64	2	是	是
衢州市	6	16	16	是	是
舟山市	6	16	3	是	是

续表

设区市	市级重大行政决策草案数量	县级重大行政决策草案数量	乡级重大行政决策草案数量	是否履行合法性审查程序	是否履行法定程序
台州市	2	44	15	是	是
丽水市	5	24	5	是	是

表2　2020年浙江省各设区市重大行政决策实施情况

设区市	市级重大行政决策草案数量	县级重大行政决策草案数量	乡级重大行政决策草案数量	是否履行合法性审查程序	是否履行法定程序
杭州市	4	75	170	是	是
宁波市	3	79	55	是	是
温州市	5	36	79	是	是
湖州市	4	14	28	是	是
嘉兴市	2	31	8	是	是
绍兴市	9	24	50	是	是
金华市	6	62	28	是	是
衢州市	3	14	62	是	是
舟山市	3	18	17	是	是
台州市	1	34	38	是	是
丽水市	4	15	114	是	是

从表1、表2可以看出，各设区市、县（市、区）政府均编制了年度重大行政决策事项目录清单（包括重大行政决策事项名称、重大行政决策主体、承办部门等），除依法不予公开的议题事项外，均通过门户网站等向社会公布。列入目录清单的重大行政决策事项，均严格履行合法性审查等相关法定程序，由决策机关领导班子集体讨论决定并向同级党委报告。

此外，市、县两级政府的主要行政执法部门和较多乡镇（街道）也同步开展了重大行政决策目录化管理工作，公布了年度重大行政决策事项目录。各地、各部门以目录化管理为抓手，切实解决重大行政决策认识模糊、范围认定随意、程序不规范等问题，形成了一批推进重大行政决策规范化、法治化建设的"最佳实践"和标志性成果，推动了浙江省重大行政决策目录化管理工作实现良好开局。

（二）推行重大行政决策合法性审查全覆盖

从整体推进情况看，浙江省重大行政决策合法性审查工作进展良好，主要表现在：

1. 市、县两级政府重大行政决策草案数量总体上保持稳定，但乡镇（街道）一级的决策草案数量有明显增长。2019年，浙江省设区市政府重大行政决策草案数量为53件，县（市、区）政府重大行政决策草案数量为439件，乡镇（街道）重大行政决策草案数量为346件。2020年，浙江省设区市政府重大行政决策草案数量为44件，县（市、区）政府重大行政决策草案数量为402件，乡镇（街道）重大行政决策草案数量为649件。设区市政府、县（市、区）政府重大行政决策草案数量基本持平，但乡镇（街道）重大行政决策草案数量明显上升，同比增长87.6%（见图1）。

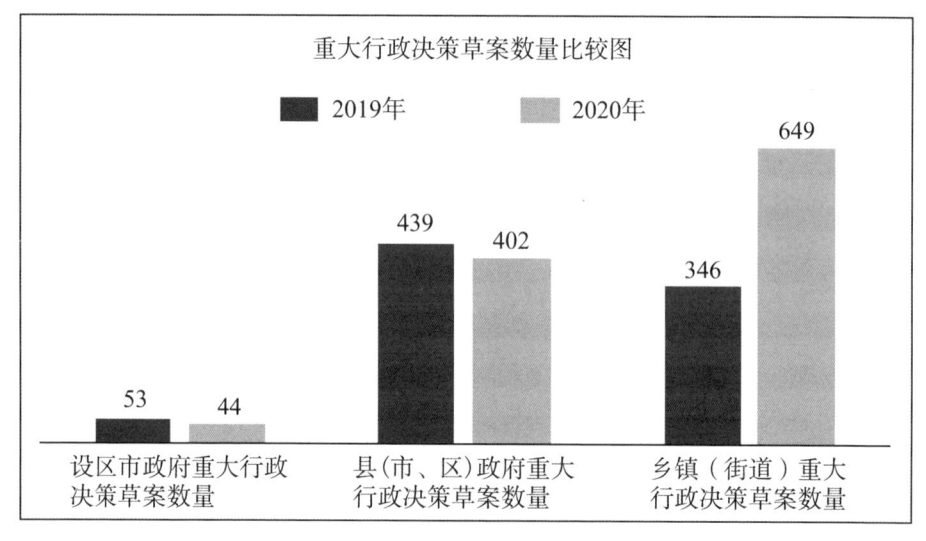

图1 重大行政决策草案数量比较图

2. 市、县两级政府重大行政决策合法性审查提出的意见数较为稳定，但乡镇（街道）重大行政决策合法性审查提出的意见数明显上升。据统计，2019年，设区市政府重大行政决策合法性审查提出意见193条，县（市、区）政府重大行政决策合法性审查提出意见1052条，乡镇（街道）重大行政决策合法性审查提出意见641条。2020年，设区市政府重大行政决策合法性审查提出意见209条，县（市、区）政府重大行政决策合法性审查提出意见874条，乡镇（街道）重大行政决策合法性审查提出意见1004条，同比增长56.6%（见图2）。

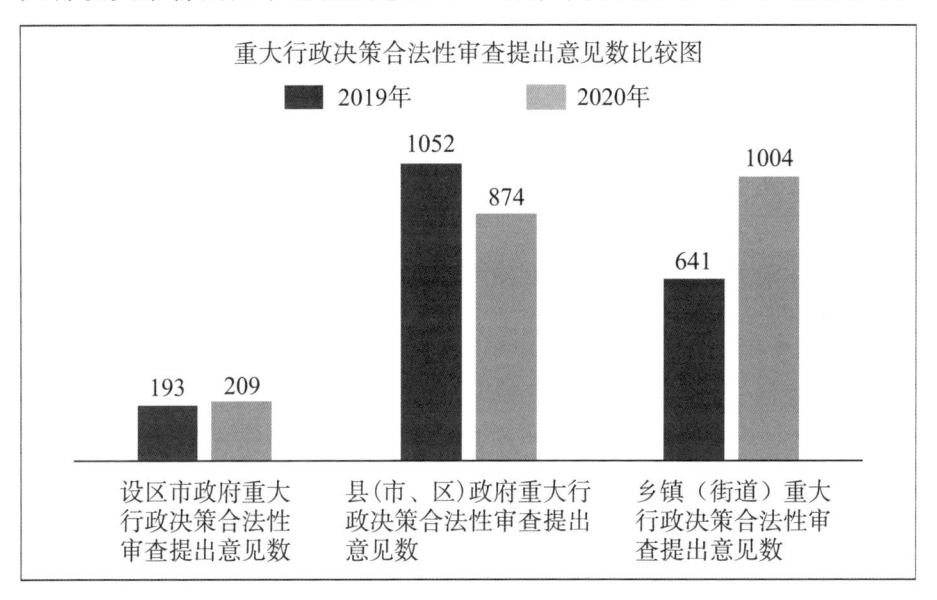

图2 重大行政决策合法性审查提出意见数比较图

3. 市级重大行政决策草案合法性审查意见采纳率明显高于县级和乡镇，县级意见采纳率最低。市级重大行政决策合法性审查意见采纳情况好，2019年共提出合法性审查意见193条，市政府采纳意见数为193条，重大行政决策合法性审查意见采纳率为100%；2020年共提出合法性审查意见209条，市政府采纳意见208条，除丽水市32条意见中有1条未被丽水市政府采纳外，其他设区市重大行政决策合法性审查意见采纳率为100%。从县级重大行政决策合法性审查意见采纳情况看，2019年共提出合法性审查意见1052条，县（市、区）级政府采纳意见数为978条,县(市、区)级政府采纳率为92.97%;2020年共提出合法性审查意见874条,县(市、区)级政府采纳意见数为818条,县(市、区)级政府采纳率为93.59%(见图3)。

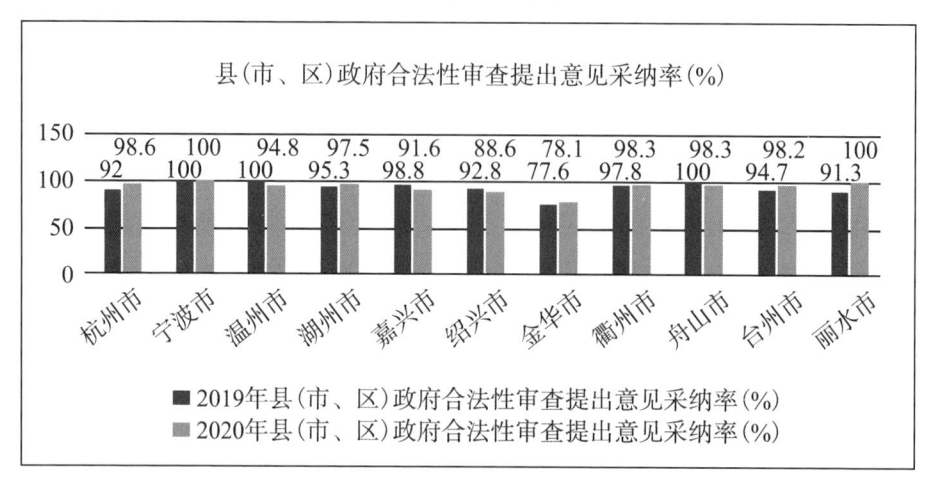

图3 重大行政决策草案县(市、区)政府合法性审查提出意见采纳率

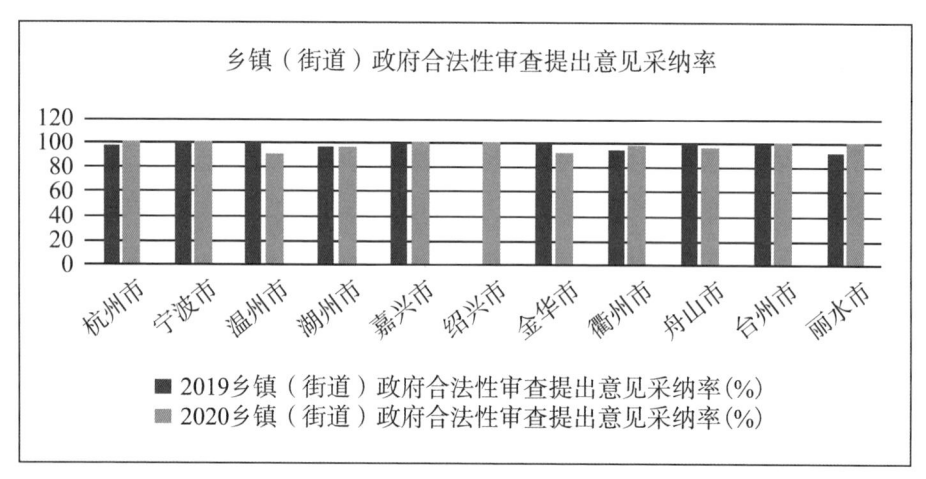

图4 重大行政决策草案乡镇(街道)政府合法性审查提出意见采纳率

从乡镇一级重大行政决策合法性审查意见采纳情况看,2019年共提出合法性审查意见641条,乡镇(街道)政府采纳意见数为627条,乡镇(街道)重大行政决策合法性审查意见采纳率为97.8%;

2020年共提出合法性审查意见1004条，乡镇（街道）政府采纳意见数为978条，乡镇（街道）重大行政决策合法性审查意见采纳率为97.4%（见图4）。

4. 市、县、乡三级政府重大行政决策草案合法性审查所需时限均保持在5至7个工作日。2019年，市级重大行政决策合法性审查所需工作日为6.1天，县级重大行政决策合法性审查所需工作日为6.6天，乡镇级重大行政决策合法性审查所需工作日为5.7天；2020年，市级重大行政决策合法性审查所需工作日为6.9天，县级重大行政决策合法性审查所需工作日为6.7天，乡镇级重大行政决策合法性审查所需工作日为6.3天。

三、 浙江省重大行政决策合法性审查工作实施成效

浙江省以目录化管理为切入口，大力实施"重大行政决策能力提升工程"和专项行动，为推进重大行政决策法治化奠定了良好的制度基础和实践基础。主要成效有：

一是坚持问题导向，厘清事项边界。虽然浙江省政府通过制定《浙江省重大行政决策程序规定》和《浙江省行政程序办法》，并先后出台了一系列配套机制，将重大行政决策纳入法治化轨道，但在实践层面，对于以目录化管理为切入口能否推进重大行政决策规范化管理依然存在困惑。同时，由于各地对重大行政决策目录化管理认识尚未完全统一，对重大行政决策事项边界、外延难以作出清晰界定，涉及政府决策事项与部门决策事项之间的关系也较难准确把握。针对这些问题，2020年，浙江省司法厅专门委托第三方机构组成课题组，就重大行政决策事项目录化管理问题展开专题研究，完成了《重大行政决策事项目录化管理研究报告》，为推行目录化管理提供理论支撑。2020年6月至9月，浙江省司法厅又组织调研组，赴各地深入调研，

形成了《浙江省重大行政决策目录化管理实施情况及完善建议》的调研成果。在此基础上，为规范重大行政决策事项目录化管理工作，浙江省司法厅组织起草并提请省政府办公厅印发了《浙江省重大行政决策事项目录编制指引（试行）》（以下简称《指引》）。该《指引》明确了重大行政决策事项目录的概念、编制原则、编制主体和决策承办单位的职责；明晰了重大行政决策事项范围；细化了目录编制程序，确立了目录动态管理机制和分类管理机制，同时还提供了目录征集模板、公布模板及编制流程图。《指引》充分吸纳理论研究成果，及时回应实践关切，为重大行政决策目录化管理工作的顺利开展提供了操作指南，有效提高了各地、各部门解决重大行政决策管理实践中难点、痛点问题的能力。

二是总结实践经验，提升行动能力。浙江省大力实施行政决策能力提升工程，并由浙江省司法厅先后组织实施《重大行政决策能力提升专项行动（2019年）》《重大行政决策目录化管理专项行动（2020年）》两个专项行动，全面提升了各级政府依法决策能力（见图5）。

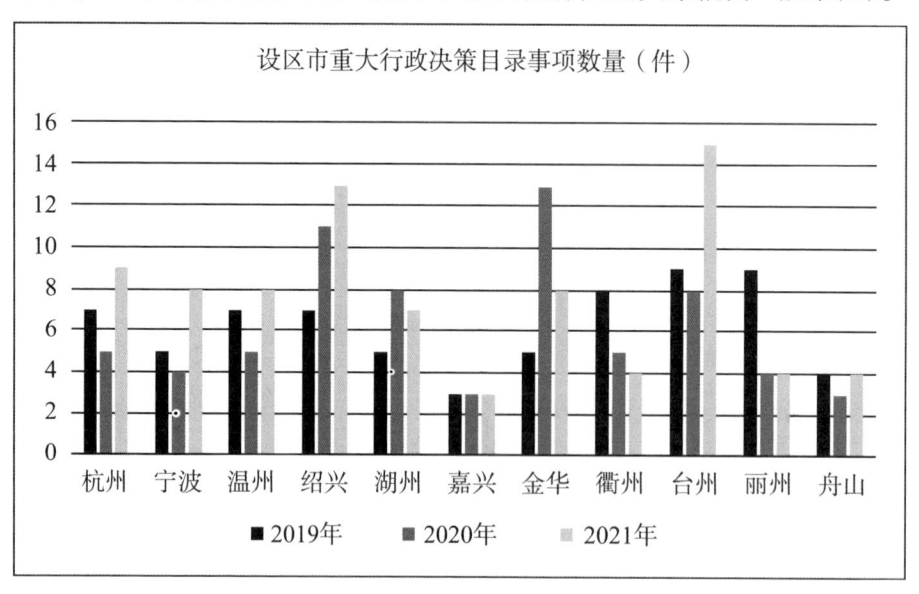

图5 设区市重大行政决策目录事项数量（件）

2020年12月，浙江省被征地农民参加基本养老保险政策需要调整执行，省政府主要领导作出指示，要求除适用重大行政决策法定的基本程序外，由省司法厅牵头组织，就被征地农民参加基本养老保险政策调整执行过程中可能出现的涉诉风险问题进行攻防演练，取得了良好的社会效果，确保了政策调整的平稳过渡。

三是夯实审查基础，提高审查质效。在重大行政决策合法性审查主体上，市、县两级政府及其部门的审查力量以司法行政机关（部门法制机构）人员力量为主，注重发挥公职律师、外聘法律顾问、专家和第三方评估机构在重大行政决策中的作用。市、县政府和主要执法部门原则上由司法行政机关或内设法制机构负责审查，非主要执法部门或未设置政策法规处（科）室的部门确定专职人员或借助外聘法律顾问等人员力量进行审查。浙江省委全面依法治省委员会制定出台了《关于推进乡镇（街道）合法性审查工作全覆盖的通知》，在乡镇（街道）一级推进合法性审查工作全覆盖，打通基层依法治理"最后一公里"。

四是严格审查标准，杜绝审查流于形式。首先，程序审查注重"严"字当头。以决策类行政规范性文件为例，在内容上其属于重大行政决策，但其载体、形式仍为行政规范性文件，因此在合法性审查中要兼顾重大行政决策和行政规范性文件两方面程序要求。如审查决策项目公开征求意见期限，要求达到30日而不是普通行政规范性文件的7个工作日标准。同时，要求审查项目实际履行的决策程序必须符合已公布的年度重大行政决策事项目录清单中列明的决策程序，防止"偷工减料"，擅自放宽程序要求。其次，内容审查注重宽度和广度。重大行政决策涉及面广、成本投入大，对公共利益或者行政相对人权利义务影响深刻，在审查内容上不仅要关注决策主体权限、是否符合上位法规定等合法性问题，也要重视决策的合理性、必要性和可行性等问题，在审查的宽度和广度上下功夫，严防决策风险。再次，工作流程上注重主动尽责。坚持"服务主动、工作高效、质量为先"原则，合理确定司法行政机关（部门法制机构）的审查介入时点，细化审查岗位职责分工，严把审查关口，做到应审尽审、全程把控，提交集体审议决定前审查与发文前审查相结合，集体审议前审查和审议后有重大修改的与再次审查相结合，发文前合法性审查与发文后备案审查相结合，努力形成全流程、全环节的合法性审查闭环。

五是强化数字赋能，优化审查流程。按照完善自上而下的顶层设计与自下而上的改革创新相结合的数字化改革推进机制要求，浙江省司法厅通过完善标准统一的行政规范性文件管理系统，不断优化系统功能，形成省、市、县、乡一体化管理平台和行政规范性文件数据库，确保数据内容准确、更新及时、查询方便；同时结合"互联网＋"和机关内部"最多跑一次"改革，依托机关OA办公自动化系统，运用技术手段规范审查工作流程，积极打造合法性审核系统协同和多跨场景应用，鼓励开发应用重大行政决策数字化管理系统，确保审查环节可溯和审查流程可控，提升重大行政决策管理和政府效能管理质量。

四、浙江省重大行政决策合法性审查存在的困难与问题

重大行政决策的合法与否，决定着政府行政行为的实施方式与执行效果，影响着社会公共利益和社会公众的切身权益，从而也关系到法治政府建设的质量。在决策程序"形式"就位的当下，浙江省面临着如何确保决策程序"实质"就位的难题。

（一）审查时限保障缺乏

目前全省重大行政决策目录化管理全覆盖工作正在稳步推进中，

但从近年专项督查情况看,虽然各地、各部门的行政机关对于重大行政决策制度以及合法性审查等"必经程序"已经有一定的认知,但对于其作为重大行政决策"过滤器"和"防火墙"的重要性认识还不到位、不充分,如集体决策程序前的"突击送审"现象仍时有发生。审查意见作为提交集体决策的"前置要件",在审查时间得不到有效保障的情形下,可能兼顾了效率却影响了质量,也往往使审查机构陷入"火上烤"的尴尬局面。

(二)审查能力存在不足

随着法治政府建设的不断推进,许多涉及范围广、内容复杂、专业性强、利益交织的重大行政决策事项不断涌现。县级审查机构尤其是乡级审查机构普遍存在着人员力量不足、知识结构单一、专业性欠缺等现状,仅靠法制机构现有力量来承担合法性审查工作显得捉襟见肘。同时,决策审查人员在审查规划类、工程类决策时,专业能力不够,虽然可借助政府法律顾问、公职律师、专家学者等"外脑"协审,但实践中启动协审机制需要付出不少时间、财力、行政成本,而且审查环节时限的高要求、财务制度的严格规范性、工作经费的有限性都成为协审机制大比例运用的客观障碍。合法性审查缺乏多方面、多角度外部力量的介入和推动,这在一定程度上影响了审查结论的中立性、充分性和权威性。

(三)审查衔接尚不顺畅

重大行政决策程序的运行包含"公众参与—风险评估—专家论证—合法性审查—集体讨论决定"五个决策流程,其中风险评估报告内含合法合规性评估、公众参与和专家论证意见,亦能为审查重点提供针对性方向。但目前合法性审查环节同决策程序其他环节之间各自独立,尚未进行有效的互动衔接。此外,按照《条例》规定,决策事项目录、标准应经同级党委同意后向社会公布，重大行政决策出台前应当按照规定向同级党委请示报告，同时还规定了重大行政决策依法接受本级人民代表大会及其常务委员会的监督。但在实际工作中，政府与党委、人大之间就重大行政决策事项报告的衔接机制仍有待加强，政府办公机构与司法行政部门在决策管理工作衔接上也有待进一步理顺。

五、深入推进重大行政决策合法性审查工作对策

下一步，按照党中央、国务院和司法部的统一部署，需要进一步深化重大行政决策目录化管理，规范重大行政决策程序，在提高合法性审查工作质效上下大功夫，并应着重抓好以下几方面工作。

（一）强化行政机关第一责任人合法性审查职责

推动落实行政机关主要负责人履行推进法治建设第一责任人的职责，将实施"重大行政决策能力提升工程"、推进重大行政决策合法性审查摆到工作全局的重要位置。对不认真履行第一责任人职责，造成决策严重失误，或者依法应当及时作出决策而久拖不决，造成重大损失、恶劣影响的，要依纪依法追究主要负责人的责任。根据建设法治政府的目标和要求，将推进重大行政决策合法性审查作为衡量工作好坏的重要标准，进一步完善依法行政考核制度，科学设定考核指标，健全考核评价体系和责任约束机制，发挥好考核评价的指挥棒作用。严格执行《法治政府建设与责任落实督察工作规定》，强化对重大行政决策法定程序执行情况的督察，推动各地、各部门主体责任的落实。

（二）严格落实重大行政决策目录化管理要求

目录化编制程序是决策启动的基本程序。从当前看，执行目录化编制程序，推行重大行政决策目录化管理，有助于降低重大行政决策的识别成本，提高概念外延的可视化程度，解决重大行政决策边界不清等问题。从长远看，通过决策机关制定目录、标准，有利于其在实践中逐渐凝聚共识，以点带面推进科学民主依法决策。要督促、指导各地、各部门落实《重大行政决策事项目录编制指引》，及时编制年度重大行政决策事项目录清单，进一步完善事项征集、立项论证、领导报批、人大衔接、集体审议、党委报告、社会公布、备案等编制程序，确保目录编制的科学性、民主性和严肃性。工作中要把握好政府决策和部门决策的关系、重大决策与一般决策的关系、重大行政决策与行政规范性文件之间的关系，从决策程序的入口端加强把关，避免重大行政决策程序启动过于随意，防止"病从源头起"，杜绝"拍脑袋决策"。

（三）不断创新目录化管理和合法性审查机制

重大行政决策目录化管理工作属于探索性改革事项。实践中要坚持以问题为导向，善于从"小切口"入手解决大问题，推动这项工作不断取得新的成效。在管理机制上，要对分类管理机制、动态调整机制、编制时限规定以及重大行政决策事项标准等内容进行规范。要探索实行委托第三方评估机制和引入专家评审机制，保持目录的动态化管理。坚持将合法性审查作为重大行政决策的前置必经程序，严防合法性审查走形式、走过场。所有重大行政决策必须经过合法性审查，未经合法性审查或者经审查不合法的，不得提交决策机关讨论；对国家尚无明确规定的探索性改革决策事项，可以明示法律风险，提交决策机关讨论。同时，要推进重大行政决策公众参与机制建设，探索实行民意调查制度，鼓励有条件的地方积极推行重大行政决策全过程记录、立卷归档、卷宗评查等机制，健全完善决策咨询论证机制，推行行政决策后评估制度和责任追究制度，健全程序完备、权责一致、相互衔接、运行高效的重大行政决策规范化管理机制，坚持将权力关进制度的笼子，推动法治政府建设走深走实。

（四）全面推进重大行政决策合法性审查全覆盖

进一步加强重大行政决策目录化管理和合法性审查配套制度建设，通过"顶层设计"和系统谋划，明确职责分工，形成各司其职、各负其责、示范引领、协调推进的工作机制，确保推进工作领导有力、衔接紧密、运行缜密，有效提升重大行政决策的规范化、法治化水平。继续深入实施重大行政决策能力提升工程和专项行动，以提升法治意识、健全制度机制、强化社会参与和加强监督促进等方面为重点，督促各地、各部门严格落实《条例》《浙江省重大行政程序规定》，以"小切口、大牵引"的方式，推进目录编制标准化、程序执行规范化。有针对性地选择部分有条件的地方和部门开展示范建设，完善重大行政决策合法性审查机制，鼓励探索制定社会风险评估技术规范和合法性审查技术指南等，形成重大行政决策合法性审查的"最佳实践"。推动各地、各部门配齐配强合法性审查机构和人员力量，尤其要加强县、乡两级专业力量的配备，通过培训、交流等方式，提升合法性审查队伍素质和专业水平，为推进重大行政决策规范化、法治化提供有力的组织保障，不断提升合法性审查带来的治理变革效应。

重大行政决策目录化管理的制度困境及对策
——以宁波市重大行政决策目录化管理为切入口

浙江省宁波市司法局　林坚东　沈锦涛　李　光　翟彬斌

一、问题缘起

宁波是国内较早探索重大行政决策程序规范化、制度化的城市。2004年3月国务院发布《全面推进依法行政实施纲要》对行政决策及其程序作出了具体要求后，宁波即开始以合法性审查作为切入口对决策事项开展管理。2008年5月国务院发布《关于加强市县政府依法行政的决定》（国发〔2008〕17号），强调要完善市县政府行政决策机制后，慈溪市于2008年12月出台《慈溪市重大行政决策程序暂行规定》，随后，各区（县、市）相继出台文件。2011年11月，《宁波市人民政府重大行政程序决策程序规定》发布，规定八类事项为重大行政决策事项，涉及经济发展、社会管理、环境保护、重要公共产品、公共服务和政府自身建设等方面。2015年，象山县开始对辖区内的重大行政决策事项实行目录化管理，这是省内首个探索实行重大行政决策目录化管理的地区。目录化管理相关做法被2015年10月1日起施行的《浙江省重大行政决策程序规定》所吸收，该办法在第2条第

2款中规定，决策机关根据实际需要，可以制订决策事项目录，向社会公布。2016年开始，我市各区（县、市）逐步探索以目录化形式对重大行政决策工作开展管理。

2019年9月1日，国务院《重大行政决策程序暂行条例》施行，目录化管理制度在行政法规中予以明确。浙江省司法厅在2020年6月以浙江省建设法治政府（依法行政）工作联席会议办公室的名义下发《重大行政决策目录化管理专项行动实施方案（2020年）》，要求在全省各地各部门在2020年7月底前都要编制完成重大行政决策事项目录清单，实现重大行政决策目录编制工作全覆盖。至此，宁波市的重大行政决策目录编制工作从逐步探索进入全面有序阶段。

本文拟将2021年、2022年宁波市的重大行政决策目录编制情况作为样本，浅析目录化管理中面临的制度困境并提出相应对策。

二、宁波市的重大行政决策目录编制情况分析

宁波市属于法治化工作开展较好的城市，2020年获评全国法治政府典范城市，2020年、2021年两年在全省法治政府考核中名列第一。重大行政决策工作是法治政府工作的一项重要内容，宁波市的目录编制工作起步较早，具有较好的工作基础，2021年和2022年两年的重大行政决策目录编制工作已实现编制主体全覆盖，但具体工作开展中仍存在四方面的问题。

（一）各级决策机关重大行政决策目录编制完成情况差异显著，体现在确定有决策事项单位数量、编制事项数量差异明显

从相关数据看，2022年度宁波市重大行政决策目录编制工作体现了"重者恒重、轻者恒轻"的基本格局，市下辖鄞州区、慈溪市、宁海县、象山县是长期以来较为重视重大行政决策工作的区（县、

市），反映在单位数、事项数方面也多于其他地方，尤其是数量上最多的区（县、市）与最少的区（县、市）在量上呈很大差异，这种区域间的高度不平衡现象值得重视（见图1、图2、表1）。

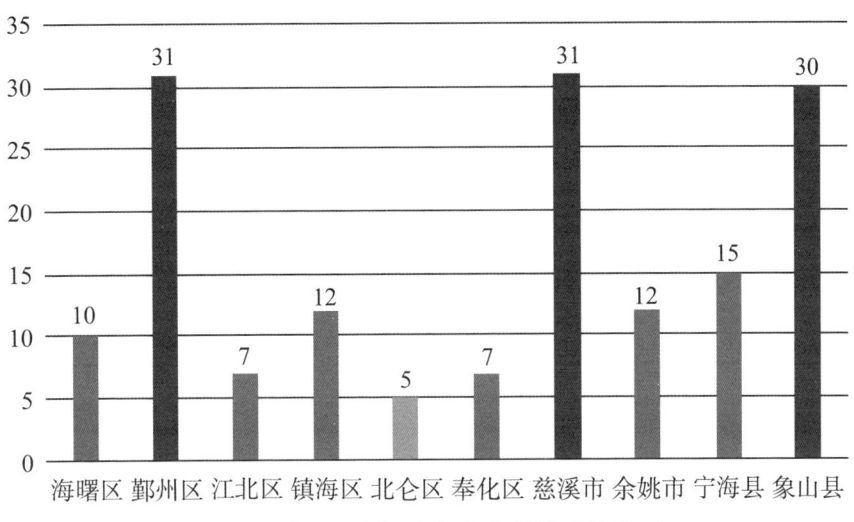

图1 区（县、市）确定有事项的单位数(家)

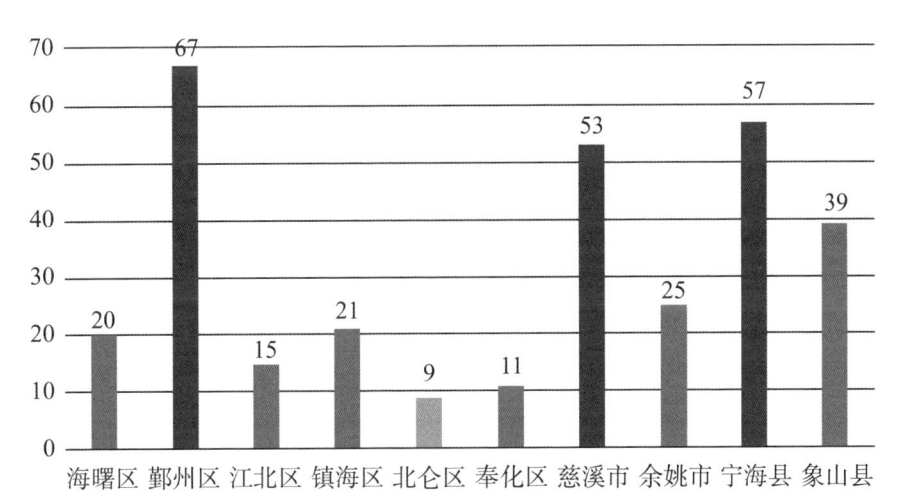

海曙区	鄞州区	江北区	镇海区	北仑区	奉化区	慈溪市	余姚市	宁海县	象山县
10	31	7	12	5	7	31	12	15	30

图2 区（县、市）(含镇、乡、街道)决策事项数量(件)

海曙区	鄞州区	江北区	镇海区	北仑区	奉化区	慈溪市	余姚市	宁海县	象山县
20	67	15	21	9	11	53	25	57	39

表1　2022年度与2021年度各区（县、市）（含镇乡街道）情况比较
（截至8月底）

	2022年度	2021年度
目录编制单位数	397家	429家
确定有事项单位数	160家（40%）	167家（39%）
事项数量	317件	205件

（二）编入清单的决策事项类型单一

根据《重大行政决策程序暂行条例》第3条规定，重大行政决策事项分为五类[①]。但是从各级主体确定的重大行政决策事项来看，在宁波市各区（县、市）政府层面的决策事项中，2021年、2022年的决策事项中，第一类（制定有关公共服务、市场监管、社会管理、环境保护等方面的重大公共政策和措施）和第二类（制定经济和社会发展等方面的重要规划）占比很大，两类决策事项合计占比超过75%；再以宁波市象山县为例，县下辖镇（乡）街道的2021年、2022年的决策事项中，第四类（决定在本行政区域实施的重大公共建设项目）占比较大，每年比重超过80%，而县级政府部门2021年、2022年的决策事项中，也是呈现第一类、第二类决策事项占比过大的现象。虽然基于不同层级、不同类别决策机关本身业务职能的差异性，在确定重大行政决策事项时确实会有"比例失衡"的现象，但如果失衡达到不合理的程度，从侧面反映出决策机关对相关领域业务的重视程度、

[①] 重大行政决策事项依据《重大行政决策程序暂行条例》第3条规定分为五类：
第一类：制定有关公共服务、市场监管、社会管理、环境保护等方面的重大公共政策和措施；
第二类：制定经济和社会发展等方面的重要规划；
第三类：制定开发利用、保护重要自然资源和文化资源的重大公共政策和措施；
第四类：决定在本行政区域实施的重大公共建设项目；
第五类：决定对经济社会发展有重大影响、涉及重大公共利益或者社会公众切身利益的其他重大事项。

对制度本身的熟悉程度还有所欠缺。

（三）重大行政决策目录编制程序不规范

浙江省政府办公厅于2021年1月发布了《浙江省重大行政决策事项目录编制指引（试行）》，对重大行政决策事项目录编制的程序作了规定，即要求履行事项征集、立项论证、审核报批、人大衔接、集体审议、党委同意、社会公布、备案等八大环节，但在实践中，不少决策主体在目录编制过程中未严格履行相关程序，尤其在事项征集环节如何提高目录编制的透明度、体现目录编制的民主性和科学性等方面仍存在较大提升空间。

（四）重大行政决策标准过于宽泛，不利于目录编制工作的开展

重大行政决策标准是编制目录清单的源头。国务院的《重大行政决策程序暂行条例》第3条第1款对属于重大行政决策的事项作了列举式的规定，但何为"重大"，仍是一个难以统一量化的概念，各地区发展不平衡，各级政府决策的影响面和侧重点也各不相同，由国家立法统一确定重大行政决策事项的具体标准并不现实。为此，需要由决策机关根据职责及地方实际，通过对决策事项具体类型、资金投入、影响人数、建设规模、实施期限等因素进行细化量化，制定本机关的重大行政决策事项具体标准。但从本市各机关制定的重大行政决策事项标准看，仍多为通用式列举，较少对相关事项进行细化量化（以下选取宁波市市级部门标准、区级部门标准各一例作为论据，见表2、表3）。

表2 宁波市财政局重大行政决策事项标准

宁波市财政局重大行政决策事项标准	
财政发展重要规划	五年和五年以上财政发展专项规划及其他重大专项规划。
重大财政政策和改革措施	财政预算管理改革、税收制度改革、政府采购制度改革及其他财政管理方面的重大事项。
对经济社会发展有重大影响、涉及重大公共利益或者社会公众切身利益的其他重大事项	重大国有资产处置事项；提交市人大、市政府的财政地方性法规、规章草案以及其他重大事项。

表3 宁波市海曙区医保局重大行政决策事项标准

宁波市海曙区医保局重大行政决策事项标准
根据《重大行政决策程序暂行条例》《宁波市重大行政决策程序实施规定（试行）》《宁波市海曙区医疗保障局重大行政决策事项标准和目录管理办法（试行）》等有关规定，制定本标准。 一、下列决策事项应纳入重大行政决策事项年度目录 （一）制定医疗保险、生育保险、医疗救助等医疗保障重大公共政策、重要法律法规和重要部署贯彻落实意见（方案）、重大工作措施； （二）制定全区医疗保障事业中长期发展规划和相关规范性文件； （三）制定医疗保障基金监督管理实施办法； （四）决定涉及重大公共利益或者社会公众切身利益的其他事项。
二、下列行政决策事项不纳入重大行政决策事项年度目录 （一）市场竞争机制能够有效调节的； （二）公民、法人或者其他组织能够自主决定的； （三）行业组织或者中介机构能够自律管理的； （四）基层群众组织能够自治管理的； （五）本部门应对突发事件应急处置决策； （六）本部门人事、财务、后勤管理以及内部工作流程等事项。

三、目录化管理中的制度困境

（一）重大行政决策目录编制行为属性不明，致使监督形式单一

重大行政决策目录编制行为属于内部行政行为还是外部行政行为，存在争议。虽然，重大行政决策目录从外在表现形式上仅仅是一张表单，仅确定了哪些事项作为当年的重大行政决策，并不直接为行政相对人创设新的权利与义务，但由于目录确定某一决策事项是否作为重大行政决策事项，决定了是否需要遵循重大行政决策程序的规定义务，即公众参与、专家论证、风险评估、合法性审查、集体讨论等法定程序。一定程度上，重大行政决策的目录编制主体可以直接决定某个事项是否需要适用国务院《重大行政决策程序暂行条例》。因此，虽然重大行政决策目录编制是一项内部行政行为，但产生了外化的法律效力。目前我省对重大行政决策目录编制行为的监督主要通过内部层级监督来实施，即编制主体目录编制完成后，按照规定向上级主管部门备案。从监督形式看，倾向于将目录编制行为视同内部行政行为。上级部门对目录清单的审查主要以形式审查为主，较难有效实施实质性审查。对于内部行政行为，社会公众较难通过诉讼、复议等渠道开展实质性监督。

（二）重大行政决策目录内事项类型单一，现有制度无法有效约束

国务院《重大行政决策程序暂行条例》第3条第1款规定了列入重大行政决策的五类事项范围，但第3款规定，决策机关可以根据本条第1款的规定，结合职责权限和本地实际，确定决策事项目录、标

准。这里的本地实际很可能演化成为变通适用的规定。它既有可能成为扩大目录决策事项的理由，也极有可能成为豁免目录范围的说辞。实践中，决策机关在确定决策事项是否纳入目录清单时，可以非常便利地找到某一事项不属于重大行政决策的理由。在实践中，这导致了两个后果：其一，被列入目录的决策事项数量偏少。在欠缺具体标准的情况下，行政机关不愿意给自己施加过重的程序义务；其二，即使被编入目录的，也都是那些被其他法律、法规规定必须履行正当程序的，目录只是对既有规定的重申与复写，根本没有体现其独特功能。比如，纳入目录的事项中，规划类、文件类的事项偏多，重大公共建设项目类的事项明显偏少。

（三）重大行政决策标准制定流于形式，无法有效发挥引领作用

决策机关编制重大行政决策目录以标准作为编制的主要依据，与目录每年的动态调整相对应，标准一旦制定，可以反复适用，但应结合本地经济社会发展水平的变化适时修订。标准制定的科学性、可操作性决定了目录的科学编制。因此，决策机关一般都应当编制标准。《宁波市重大行政决策程序实施规定》规定，决策机关应当根据《重大行政决策程序暂行条例》《浙江省重大行政决策程序规定》，制定符合本地本部门实际和职责权限的决策事项标准。对于标准编制的形式，该规章及其他的相关法规都未作规定。在本市市本级编制主体发布的标准中，采取行政规范性文件形式编制的只有14件，占比37.8%，绝大部分以编制主体内部文件发布，尚有不少标准编制的发布形式极不规范。与重大行政决策目录相比，由于标准具有反复适用的特点，且内容决定了是否将某事项作为重大行政决策事项，涉及公众的参与权，以行政规范性文件形式出台较为合适，以规范性文件形式发布，有利于在制度层面上将其纳入行政规范性文件制定程序予以

统一管理。

（四）重大行政决策目录编制程序缺乏较高层级的制度约束，致使编制程序较为随意，无法有效引入公众参与

对重大行政决策目录的编制程序作出具体的规定，有利于科学、规范地制定重大行政决策目录，将符合条件的决策事项尽可能纳入目录化管理。国务院《重大行政决策程序暂行条例》虽未对重大行政决策目录的编制程序作出规定，但该条例第10条中，对可以提起决策事项建议的主体作了规定，包括决策机关领导人员、决策机关所属部门或者下一级人民政府、人大代表、政协委员以及公民、法人或者其他组织。考虑到重大行政决策的目录是决策事项是否纳入重大行政决策管理的重要依据，因此，在重大行政决策目录的制定过程中，也应当充分履行公众参与程序。为了做好目录编制工作，《浙江省重大行政决策事项目录编制指引（试行）》将目录编制的程序作为编制目录应当遵循的依据，即需要落实公开征集、部门论证、集体审议、党委批准等程序，并对具体的八个程序步骤予以了细化。但由于该指引只是一个内部文件，不依据该指引编制目录的法律后果不明确，即未按照程序编制的目录是否为无效目录；对不按照相关要求编制目录的决策机关可否追究相关人员的责任等没有作出规定。

四、数字时代背景下目录化管理的对策建议

（一）制度层面强化对重大行政决策标准制定的规制

省政府或省司法厅可以适时对标准制定的形式、内容等作出要求，明确标准应当以行政规范性文件形式发布，且在制定的内容上，要符合《浙江省重大行政决策事项目录编制指引（试行）》的规定，

要结合决策机关的职责及本地实际，对决策具体类型、资金投入、影响人数、建设规模、实施期限等因素作出细化量化的规定。同时，应当加强对标准制定工作的层级监督，省一级的决策机关应当尽快制定本部门的重大行政决策标准，并参照行政处罚自由裁量基准制定模式，对本系统的部门重大行政决策标准确定量化细化的标准，限缩下级部门的自由裁量空间。上一级政府可以制定下一级政府重大行政决策标准的细化量化标准基准，乡镇人民政府（街道办事处）的细化量化标准基准可以由区（县、市）人民政府来制定。具有可操作性的标准制定，有利于重大行政决策目录工作的有序开展，避免在重大行政决策目录标准制定过程中将决策事项选择性纳入的情形，从而真正将权力关进制度的笼子。

（二）制度层面规范重大行政决策目录编制的程序

前面已经阐述目前重大行政决策目录编制的程序存在不够规范的问题，建议明确要求以行政规范性文件形式发布目录，将其编制程序纳入行政规范性文件的制定程序范畴。编制主体在编制时如缺少必要的程序，或者未将该纳入清单的决策事项纳入决策清单等，相对人可以在某一项决策事项侵害其个人利益提起诉讼时，一并将重大行政决策目录清单提起审查。通过法治化的途径，引入司法监督和公众外部监督，从而促使决策机关将目录的制定程序化、法定化。

（三）强化责任追究，有效约束目录编制行为

对于违反重大行政决策程序规定的行为，应主要依据《重大行政决策程序暂行条例》的相关规定追究法律责任。该条例法律责任条款共四条，分别对决策机关、决策承办单位、决策执行单位以及承担论证评估工作的决策相关单位、人员设置了法律责任，其中针对决策机关违反条例的行为，主要由上级行政机关实施。但由于条例对于编制

的具体程序以及目录应当具备的形式要件和实质要件并未具体涉及，因此，对于重大行政决策目录编制过程中的不作为、滥作为等情形，较难直接适用条例的相关法律责任条款。从实践操作看，可以配合相关目录编制的文件来合并实施。如《浙江省重大行政决策事项目录编制指引（试行）》中明确，未列入事项目录但符合本机关重大行政决策事项标准的，仍应当适用重大行政决策程序规定。从制度层面上明确了对于应纳入目录却未纳入目录的事项，如果决策机关未履行重大行政决策程序，可以依照《条例》第38条第2款规定追究法律责任，即决策机关违反规定造成决策严重失误，应当倒查责任，实行终身责任追究，对决策机关行政首长、负有责任的其他领导人员和直接责任人员依法追究责任。但《指引》这一条款在设置上仍存在较大的瑕疵，即过分信任了决策机关事项标准的权威性。实践中，不少决策机关的标准制定仅要求对符合决策机关重大行政决策事项标准的事项，适用重大行政决策程序规定，不足以规范决策机关的目录编制行为，所以，要将其决策事项应纳尽纳目录，以确保决策机关的重大行政决策都能履行五大法定程序。宁波市在制定《宁波市重大行政决策程序实施规定》时，对该条文内容作了调整，即对于符合决策事项标准但未编入目录的决策事项，决策机关仍应当履行重大行政决策程序。从文字表述上，对决策事项标准的理解更为宽泛，既包括了本机关的决策事项标准，也包括了广义的重大行政决策事项标准，即国务院《重大行政决策程序暂行条例》第3条所规定的要件，对决策机关设置了更为严格的义务性规定。

（四）多途径并举，加强目录化管理工作监管力度

现阶段目录化工作管理中，考核作为层级监督最显现的手段，是较为有效的方式。2019年以来，浙江省和宁波市都将重大行政决策目录编制工作纳入了法治政府考核事项，《宁波市重大行政决策程序

实施规定》在规章层面明确，重大行政决策程序执行情况纳入法治建设政绩考核指标体系和法治政府建设督察范围。这些制度一定程度上有效推进了目录化管理工作，确保了目录编制工作市、县、乡三级全覆盖。但目录编制工作中仍存在形式大于实质内容的现象，以宁波市本级为例，总共38家编制主体，有14家单位当年重大决策事项为0件，有10家编制主体当年的重大决策事项为1件，两项相加，占比达63.2%。有效发挥法治政府督察的作用，将目录编制的程序和内容作为法治政府督察的重要指标，将有利于目录化编制工作从有形全覆盖转变为有效全覆盖。以2022年我市镇海区的目录编制工作为例，第一次编制过程，全区共28家编制主体仅有4家单位共编制目录事项6件，后经区委主要领导批示，通过区委督查室督办后，第二次增补决策事项纳入目录，增补后新的目录中，共有12家单位编制目录事项21件，单位数占比提升28.6%，决策事项数占比提升250%。《广州市重大行政决策程序规定》（政府令第192号，于2022年10月1日起施行）专门设置章节规定决策监督内容，明确将重大行政决策事项纳入政府督查范围。同时规定，政府督查机构应当及时将重大行政决策督查结论反馈给督查对象，或者采用适当形式予以通报，并可以根据重大行政决策督查结论或者整改核查结果，提出对督查对象依法依规进行表扬、激励、批评等建议，经本级人民政府或者本级人民政府行政首长批准后组织实施。另外，在目录编制中可以引入免责制度，即对于纳入决策目录清单的事项，决策机关按照要求履行重大行政决策程序的，相关负责人员可以在一定程度上对其应当承担的法律责任予以减轻，这样可以反向激励决策主体主动将决策事项纳入决策目录清单。

（五）数字赋能提升重大行政决策目录化管理水平

现阶段重大行政决策目录化工作遇到的困境，与决策主体分散、决策事项类型多样、决策标准模糊等原因有关，要解决这一问题，可以将重大行政决策目录化工作与数字化改革紧密结合，推动治理方式发生根本性的改变。如，2022年4月发布的涉众型重大政策决策社会风险评估工作指引规定，凡属于社会风险评估范围、录入浙江省重大决策社会风险评估信息管理平台并向同级政法委报备的决策事项，都应当适用重大行政决策程序规定，并纳入年度重大行政决策事项目录清单。该条规定对需要纳入年度重大行政决策事项目录清单的事项作了反向规定。但在执行中，由于社会风险评估信息管理平台由政法委负责运行，与当地的司法行政部门的相关系统并未形成贯通，相关数据无法进行实时推送，司法行政部门无法有效实时掌握决策主体录入浙江省重大决策社会风险评估信息管理平台的决策事项，并与该决策主体编制的目录清单开展实时比对，从而对目录编制工作开展监督管理。再如，虽然决策事项类型多样，但其最终表现载体主要为规范性文件、规划、建设项目等类型，对于这些事项，都有相应的数字应用开展管理，如文件管理系统、建设项目立项申报系统等，建议通过统一的重大行政决策管理平台的建设，与相关部门的数字系统实现多跨应用，将符合要求的量化细化的重大行政决策事项标准预先录入，从技术层面上确保决策事项应纳尽纳。

◇ ◇ ◇

专家点评

重大行政决策是指行政机关为了达到预定的目标，根据一定的情况和条件，运用科学的理论和方法，系统地分析主客观条件，在掌握大量的有关信息的基础上，对所要解决的问题或处理的事务作出决定的过程。目录化管理是其中的一项重要制度。本文以宁波市重大行政决策目录化管理为切入口，重点研究了重大行政决策目录化管理的制度困境及对策。本文从问题缘起开始，对宁波市的重大行政决策目录编制情况进行了较为全面的分析，从"各级决策机关重大行政决策目录编制完成情况差异显著，体现在确定有决策事项单位数量、编制事项数量差异明显"等四个方面分析了宁波市重大行政决策目录编制存在的问题，并分析了"重大行政决策目录编制行为属性不明，致使监督形式单一"等几个方面的困境。在此基础上，基于数字时代背景提出了"制度层面强化对重大行政决策标准制定的规制"等目录化管理的对策建议。总体而言，本文切入重大行政决策制度中存在的主要问题较为准确。没有良好的重大行政决策的目录化管理制度，重大行政决策就没有了范围限定。对于目录化管理制度问题的分析，通过可视化的图表、数据，增加了说服力。提出的对策建议也比较具体可行，契合了当下重大行政决策目录化管理存在的问题，对于完善重大行政决策目录化管理制度具有较高的参考价值。

关于基层重大行政决策社会稳定风险评估的问题思考与对策建议
——以新昌县为例

浙江省绍兴市新昌县司法局　梁安琪　吴　凡　吴晓华

一、开展风险评估工作对于社会稳定发展的重要性

我国对风险治理高度重视。

（一）推进风险评估工作的政治需要

防范风险挑战事关国家政权安全、制度安全、意识形态安全，做好重大行政决策社会稳定风险评估工作是防范风险挑战的关键第一步，是坚持和发扬新时代"枫桥经验"，加强源头治理，不断提高风险隐患的发现率化解率，高质量推进社会矛盾纠纷化解工作的重要举措。浙江省第十五次党代会提出了"着力建设更高水平的平安浙江法治浙江——深化重大决策社会风险评估"的明确方向。新昌县委十五届三次全会提出"及时发现、有效解决各领域风险隐患""切实将问题解决在萌芽、矛盾化解在基层"的具体工作要求。作为党员干部，应该深刻认识到风险评估工作是一项必须肩负的重大政治任务。

（二）推进风险评估工作的现实需要

当前，新昌县要深入实施"14361"战略，打造精致花园城市、开发建设东门如城片区，稳定是前提，协作是基础，项目是根本。据统计，近年来新昌县土地征收、房屋拆迁等重大决策项目是行政诉讼败诉的高发地，如2020年行政诉讼败诉案件共19件，涉及10件，占比52.6%；2021年行政诉讼败诉案件共9件，涉及8件，占比88.8%；截至2022年8月1日，行政诉讼败诉案件共1件，涉及1件，占比100%，究其原因主要在于程序违法。可见，随着"14361"战略持续推进，重大项目不断落地，与群众利益联系更加紧密，更容易引发各种各样的矛盾纠纷，产生不利于项目开展和稳定发展的问题因素。对此，严格以法治思维、法治方式，推进风险评估工作、加强合法性审核，是顺利推进项目实施的必要手段，是预防化解行政诉讼败诉的重要前置关卡。

二、基层风险评估工作的主要问题

风险评估作为风险防控第一道关卡，当前在基层的现状就是还没有得到足够的重视，也没有建立完整的标准和专业的队伍。

（一）风险等级难认定，因没有明确标准，部分单位为省事而采用简易评估程序

《浙江省重大决策风险评估实施办法》作为浙江省风险评估工作指导性文件，在第2章第5条没有明确风险事项分类标准，仅以存在"一定风险""较大风险""重大风险"来表述，并只在附件中对各风险事项进行简略分类，各地参照执行也未进行细化，导致三类风险界限模糊。另外，三类风险有三套不同评估程序，难易程度各不相同。

部分乡镇（街道）在实际操作过程中往往为了省钱省事易操作，把所有重大决策均按三类风险事项标准进行简易评估，对比标准程序缺少全面分析论证等环节，容易忽略一些重要风险点，进而影响评估结果。如2020年以来，某镇6项风险评估项目均为简易程序，均只有3个相同风险点，存在风险点查找不充分，分析论证不全面的问题。

（二）评估程序不规范，因重视程度不够，部分单位的评估工作流于形式

没有认真开展风险评估，生搬硬套的现象十分突出。如某镇2019年水库项目和2021年片区公墓项目中5个风险点和5个化解措施完全一致且空泛，几乎没有评估效力。程序执行不到位、不科学。部分乡镇使用简易评估程序时，未按要求填写简易程序登记表；还有部分乡镇（街道）评估工作小组仅由乡镇（街道）分管领导、机关干部和村干部组成，没有专家参与论证。民意调查流于形式，部分乡镇（街道）不开展民意调查，或调查人数少，或未提供调查依据，没有充分运用民意调查结果，没有及时解决群众的问题诉求。如某镇仅有一个纸质样板，既没有调查问卷存根，又没有对民意调查进行汇总分析。

（三）评估力量较薄弱，不同单位有不同配置，专业水平差距明显

部分乡镇（街道）人员配置少，没有专职评估人员，没有时间精力完成风险评估整套标准流程。如新昌县12个乡镇（街道）共配备合法性专兼职审查人员66名，除各分管领导、党政办主任外，每个乡镇仅有不超过2名工作人员具体负责包括风险评估在内的整个合法性审查工作，且另有乡镇（街道）工作安排。缺少风险评估相关工作培训，专业水平低。目前，新昌审查人员中绝大部分都缺乏法学专业

素养，难以就风险评估的合法合规性给出专业审查意见。资源投入程度不同，导致评估效力不同。部分单位愿意投入资金、时间委托第三方机构进行评估，其专业程度及评估效果明显好于各单位自行组织的风险评估。如某街道 2021 年 7 项风险评估项目中有 4 项委托第三方机构并按照标准程序进行评估。

（四）评管结合不到位，缺少监督问责机制，导致风险化解停留在面上

第三方评估机构与属地管理单位工作脱节。第三方评估机构对属地管理情况不了解，也不邀请属地工作人员参与，而属地单位也不主动介入，导致"你评你的，我做我的"现象发生。对于评估形式化、程序不规范等问题没有建立责任追究制度；对于风险评估结论与社会风险事件发生的因果关系难认定，即认定为低风险结论的未必在实施过程中不会发生风险事件，风险事件发生也未必是风险评估不到位而导致的。

三、做好基层风险评估工作的对策建议

领导干部要坚持以人民为中心的理念，提高对风险评估工作的重视程度，规范评估流程，积极化解苗头性、倾向性问题。

（一）坚持目标导向，建立健全评估机制

一是制定评估分类标准。建议由县政府办、县委政法委牵头制定重大决策社会风险评估实施细则，重点制定三类风险事项和二类风险事项分类标准，明确分类界限，减少二类风险事项因人为主观因素而降为三类风险事项的可能，切实提高风险评估结论的准确性和应用性。二是建立监督考核机制。将风险评估纳入目标责任制考核，由县

委政法委牵头规范评估流程，统一编制评估表格，避免不同单位用不同表单；同时要严肃处理套抄等形式主义。三是提升风险评估专业性。由政法委牵头，各乡镇（街道）配合，充分发挥法律顾问作用，配强风险评估工作小组力量，不断增强对重大决策合法性、合规性的审查评估力度。

（二）坚持人民至上，抓实抓细民意调查

一是规范民意调查方法。重点从调查时间、问卷设计、参与群体、抽样方法等方面入手，制定相关体系标准，杜绝民意调查走过场、搞虚功，确保民意调查结果科学准确。二是强化民意调查结果运用。要加强民意调查资料管理，重点对持反对意见的群众进行分档归类，做到逐一"挂号销账"，努力把矛盾纠纷化解工作做在风险发生前头。三是把民意调查纳入简易评估程序。风险事件发生根本原因在于无法兼顾群众的利益诉求，通过民意调查可以快速找准不同群体的利益平衡点，把矛盾化解在萌芽中，这充分体现了党执政为民的理念。反之，脱离民意调查的风险分析论证在某种程度上就是脱离群众。

（三）坚持与时俱进，学深悟透评估工作

一是加强专业培训。由县委政法委牵头，每年制订风险评估工作专题培训计划，邀请省市专家来授课；建立风险评估工作交流群，及时分享关于风险评估工作的心得体会。二是加强评估队伍建设。加快组建风险评估专家库，认真做好风险评估报告的评审工作；加快培育公职律师队伍，努力提升乡镇（街道）合法性审查队伍公职律师配备率；积极推进公职律师担任法律顾问和赴乡镇（街道）挂职。三是加强与第三方机构的学习交流。各乡镇（街道）在委托第三方评估机构进行风险评估时，要主动加强与评估机构的交流，以此为契机多学多

看多思考，更好适应新时代风险评估工作；各乡镇（街道）在不人为干预评估结果的前提下，也应该积极提供更多的属地信息、风险隐患点等，确保评估结果全面客观。

◇◇◇

专家点评

开展重大行政决策社会风险评估，是健全科学、民主、依法决策机制，规范重大行政决策程序，提高决策质量和效率的重要机制，是推进国家治理体系和治理能力现代化的重要制度设计。国务院《重大行政决策程序暂行条例》对风险评估予以专门规定。本文立足基层、聚焦问题，对当前基层重大行政决策社会稳定风险评估存在的突出问题进行了调研、总结和分析，其所提炼的风险等级难认定、评估程序不规范、评估力量较薄弱、评估结合不到位等问题，均直击现实痛点，并有当地相关案例的佐证，具有说服力。在提炼问题的基础上，文章也提出了做好基层风险评估工作的对策建议，不少建议有启发性，如重视民意信息管理，加强评估过程中对反对意见的反馈机制建设并将矛盾化解在前端；积极为评估机构提供更多的属地信息、风险隐患点等。

行政协议

行政机关合同合法性审查进展、问题及对策

浙江省嘉兴市秀洲区司法局 李越明 王琴允

一、调查基本情况

（一）调查目的

法治政府建设是全面依法治国的重点任务和主体工程，是推进国家治理体系和治理能力现代化的重要支撑。根据"法助共富、法护平安"专项行动要求，对行政机关作出的行政规范性文件、重大决策、签订的合同等进行合法性审查，有助于防范决策的法律风险，促进依法行政，科学决策。行政机关合同的订立是政府实施具体行政行为，实施民主管理、柔性管理的重要方式。

通过调查王江泾镇合同审查现状，了解行政机关合同合法性审查是否必要，以及现有审查制度取得的成效、存在的问题，研究该从哪方面完善合同合法性审查制度，从而深入研究新发展阶段法治政府建设工作规律，为推动行政机关依法行政与法治政府建设助力。

（二）调查渠道

"政府法律事务合法性审查系统"是秀洲区及各级行政机关对合法性审查的一个平台。政府机关的合同协议、行政规范性文件、行政决策、信息公开、违法建筑查处等重大行政执法决定的合法性审查一般都通过该平台进行。因此，本次对王江泾镇行政机关合同合法性审查的现状调查以及笔者参与审查、审核文件等都将依赖于该平台。统计仅限于通过该平台进行的线上审查数据，线下合同的审查数据不包含在内。本次调查主要为了了解行政机关合同合法性审查的数量、方式、成效及问题等。

二、行政机关合同合法性审查现状

对行政机关合同合法性审查现状的调查主要从合同审查数量、合同审查范围、草拟的合同可能出现的问题以及审查方式等方面进行。

（一）行政机关合同审查数量

从秀洲区所有行政机关的文件审查情况来看，截至2022年8月16日，总计审查247件文件，其中235件是合同协议，对行政机关的合同协议的合法性审查占比高达95%。在审查的235份合同中，发现问题的有85份，占比36.2%。可见行政机关在日常的行政行为中经常以合同的形式来实现其行政管理的功能，对合同的审查需求很大，通过对合同的审查，可以发现大部分风险并予以防范。

从王江泾镇每月审查的合同数量来看，2022年6月审查29件，2022年7月审查26件，2022年8月审查26件。每月的合同审查数量基本相同，行政机关的合同合法性审查已经成为常态。

（二）行政机关合同审查范围

笔者参与审核的合同总计47份，其中工程施工类的合同有22份，占比46.8%；其次是电话、电信网络专线合同有7份，委托其他公司提供服务的合同有7份，各占比14.9%；政府与其他公司合作的合同有6份，占比12.8%；招标/采购类合同有2份，租赁合同有2份，劳务派遣合同有1份。提交审查申请的合同主要是工程类合同，其次是电信网络专线的合同。但劳务派遣合同、租赁合同、部分合作交易类的合同事实上是以行政机关作为一方主体的民事合同。因此，在实践中，行政机关合同的合法性审查范围包括：（1）以行政机关作为一方主体的民事合同；（2）行政协议。

（三）行政机关合同存在的问题

笔者参与审核的47份合同，审核通过的有36份，剩余11份合同需要退回修改，部分合同出现了2个及以上问题。在审查中，发现的合同问题主要体现在两方面：（1）程序性错误，即行政机关主体的职权权限及行政审批程序上的问题；（2）合同文本上的问题，包括合同内容上的不足及违约责任、管辖等条款形式上的问题。其中出现程序性错误的有3份，合同内容有问题的有5份，合同中违约责任或争议管辖等条款形式上有问题的有3份。

（四）行政机关合同审查方式

在该系统中，合法性审查方式分为四类：（1）区政府部门自行审查；（2）乡镇街道政府部门自行审查；（3）村规民约镇政府审查；（4）区司法局审查。

就实践来看，王江泾镇行政机关合同的合法性审查一般采用自行审查的方式。乡镇街道政府部门自行审查的流程：（1）起草文件（由起草部门进行文件起草，提交本单位分管领导审核）；（2）文件审查（由司法所负责人生成法律意见书，提交镇政府分管领导）；（3）合法性审定（镇政府领导进行审定）；（4）备案（乡镇党政办存档，区司法局备案存档）。

三、合法性审查取得的成效

从上述调研情况看，行政机关通过签订合同来实现行政目的或处理日常事务已经成为常态，行政机关合同是现代行政管理的重要方式，因其兼具行政性、合同性，行政机关通过合同的形式既可以保持行政特色，实现行政管理或者公共服务目标，又因其具有协商、合作的特质，有利于调动社会各方积极性。

搭建"政府法律事务合法性审查系统"，是行政机关合同信息化管理的一种体现，通过该平台，行政机关合同合法性审查工作能更规范化、简便化。

（一）规范了审查流程

将审查流程分为四种类型（前面已有介绍），对不同类型的审查，规定了相对应的审查流程。对合同的送审、审查职责分工、审查意见反馈等程序进行了规范，形成了部门领导审查、司法所/法制办审核、政府领导审签的规范化流程。同时编撰了《合法性审查规范指引汇编》，对合同合法性审查的步骤、要求作了进一步规范。

（二）丰富了审查方式

在信息化时代，行政管理电子化成为必然。行政机关合同在传统书面审查的基础上，增加网络电子审查，使合法性审查更为简便、高效。在合同数量增加，合同审查需求越来越多的情况下，电子审查，能让合同的审查更为及时。合法性审查作为行政机关签订合同的必经程序，能确保依法行政，依法决策，降低法律风险。

四、合法性审查存在的问题

（一）行政机关合同的范围与分类还不够明确

从调研来看，目前审查的范围是一方主体为行政机关的所有合同，包含了民事合同、行政协议、劳务派遣合同等，但并未对上述合同作分类审查。从秀洲区司法局编撰的《合法性审查规范指引汇编》中可以看出，合法性审查的范围包含了一方主体为行政机关的所有合同，在审查中应先对合同进行分类，根据不同类型的合同选择不同的审查标准。

但在实践中，工作人员并未先对合同进行明确分类，再审查合同具体内容是否合法、合理。先界定合同是否属于行政协议十分必要。民事合同与行政协议适用的法律不同。行政协议不仅适用《民法典》对于合同的规定，而且适用行政法及行政诉讼法的规定。行政协议审查中，应注意行政机关是否具有签订该协议的相应职权；其签订该协议是否符合比例原则、程序正当、合理行政、依法行政等行政原则；还要考虑是否应该将行政协议的先行行为纳入审查范围，例如，审查拆迁协议时是否应将拆迁征收的政策决定也纳入审查范围。

（二）审查内容的局限性

现行合法性审查对合同的审查更偏向于对合同文本本身的审查，而对合同履行可能产生的风险等都没有涉及。合同的合法性审查应涉及多方面的审查，例如主体的合法性，合同目的是否能达到，合同是否契合双方谈判结果等。但在该平台的审查过程中，审查人员因缺乏合同签订背景、目的等材料依托，也没有与起草人员实时沟通合同权利义务设计合法性等重大问题而无法进行进一步审查。这种情况，在一些较为简单的合同中可能不会有什么重大影响，但是涉及专业性强、法律关系复杂的合同时，简单的合法性审查并不能起到防范风险的作用。

（三）现行审查机制的局限性

从调研结果可见，虽然平台对审查流程及审查要求作了一定规范，但在实践中仍存在一定问题，例如在审查过程中，起草、审核、审查人员可能会是同一个人，由于没有相应的回避制度以及审查人员紧缺等原因，可能导致应该由不同人员分工负责审查的，最终却由同一个人完成了所有审查工作。这样的审查并不能起到规范行政机关合同管理，防范行政行为风险的作用。

部分审查反馈的意见过于简单或由于审查人员与起草人员的思维差异等，导致起草合同、提起审查的人员并不能很好地通过反馈意见来修改合同，结果合同被反复提交、提起审查，又被多次退回要求修改，从而导致合同审查效率大大降低，浪费了审查人员资源。

合同合法性审查缺乏整理、评估、反馈机制。目前的合同审查只在合同签订前，对合同进行合法性审查及备案，并没有后续在合同履行过程中的反馈以及履行后的评估、整理等。合同签订、履行及之后的审查、整理、反馈过程中不仅可以更全面地管理行政机关合同，防范风险，而且可以了解该类合同的风险点在哪里，实际履行过程中是否与合同文本有脱节等。将已经履行的合同中发现的问题反馈到平台，有利于了解同类型合同的风险点，形成同类型合同的基础模板，这样有利于之后的合同起草、审查中更好地避免风险。

五、 对策与改进方法

(一) 建立合同分类审查制度

将合同分类作为合同合法性审查的先行步骤。在确定行政机关合同审查范围是所有以行政机关为一方主体的合同的情况下，建立分类审查制度。合同审查首先应将合同分类，明确审查的合同类型是民事合同还是行政协议。

《最高人民法院关于审理行政协议案件若干问题的规定》第1条规定了行政协议内涵，行政机关为了实现行政管理或者公共服务目标，与公民、法人或者其他组织协商订立的具有行政法上权利义务内容的协议，属于行政诉讼法第12条第1款第11项规定的行政协议，并在第2条作了具体列举。

学界对行政协议的界定仍存在争议，比较认可的是从以下三要素界定行政协议：(1) 目的要素。行政协议区别于民事合同的目的在于实现公共利益或者行政管理目标，即行政协议是为了实现公法上的目的。(2) 主体要素。行政协议的主体是行政主体和行政相对人，且行政主体是主导方，其在行政协议中具有优益权。(3) 内容要素。内容要素指行政主体与行政相对人之间订立合同的内容是行政法上的权利义务（参考了梁凤云发表于2020年第5期《行政法学研究》的《行政协议的界定标准——以行政协议司法解释第1条规定为参照》）。

在审查中，可以结合法律、司法实践以及学界对行政协议的界定，制定统一的标准来明确行政协议的范围，对民事合同及行政协议进行分类。

（二）明确审查内容范围

对合同的合法性审查，可以分为合理性审查与合法性审查。起草部门可以对签订合同的目的，所指向的行政内容进行初步审查，法制科或司法所可以在法律层面进行着重审查。在合同较为复杂的情况下，提起审查的部门可以把合同附带的背景资料、先行行政行为材料等必要材料附带提交到审查平台，审查人员在了解制定背景、目的的情况下，能更好地对合同的整体框架、权利义务条款的设计进行合法性、合理性审查。

（三）建立审查后续追踪、反馈制度

在合同准备阶段进行合法性审查通过后，合同进入履行阶段，合同起草部门或者履行部门仍应对合同进行追踪，对合同履行情况进行评估并把相应问题反馈到平台。如果发生纠纷甚至进入诉讼阶段，更应该把情况反馈到平台，平台对该合同进行分析、评估，必要时，建立相应追责制度。行政机关合同是行政机关管理活动的重要痕迹，也是行政行为风险管理的主要载体，为此，在合同履行完毕后，要建立合同管理的后评估制度，还要对相同类型的合同进行整合，尽可能多地归纳该类型合同风险点及注意事项。

◇ ◇ ◇

专家点评

实践中，以行政机关为一方当事人签订的合同可以统称为行政合同，而行政机关的多重身份决定了行政合同的二元结构——既包括行政机关作为民事主体为参与经济活动签订的民事合同，也包括行政机关作为行政主体为实现行政目标签订的行政协议。近些年来，尤其是行政协议已经成长为行政管理的重要手段,在有的领域甚至成了支配性的手段。为确保行政合同的合法合规,对其开展合法性审查是行政机关的重要职责所在。本文作者从自身工作实际出发,以王江泾镇政府的合同合法性审查工作为切入口,介绍了行政机关合同合法性审查的现状,秉持实事求是的态度,阐释了已取得的成效和存在的问题,并提出了改进建议,认为应当建立合同分类审查制度,细化审查内容,并建立审查后续追踪、反馈制度。文章选题针对性强,有实践价值。作者收集了较多数据,论述由小见大,提出的建议具有可行性,对加强行政合同合法性审查具有启发意义。

浅析国有土地使用权出让合同法律属性
——从土地开竣工违约金出发

浙江省台州市三门县司法局　任婉歆

一、问题的提出

土地开竣工违约金是指作为受让人的土地使用人未按照国有土地使用权出让合同（以下简称《出让合同》）中约定的开（竣）工时间开工或竣工，从而导致受让方需要向作为出让方的土地行政主管部门承担的金钱给付义务。在一般民事合同中，以尊重双方当事人的意思自治为原则，实际是否承担违约责任可以由双方当事人协商一致后作出变更。但在出让合同中，因为土地行政主管部门兼具出让人和土地管理者的身份，土地开竣工违约金不仅是受让人需要承担的违约责任，更是土地行政主管部门行使行政管理职权的一种方式，因此在违约事实发生后，对开竣工违约金进行变更可能涉及国有资产的流失和部门的行政不作为，探讨土地开竣工违约金能否进行事后变更，其本质即是对国有土地使用权出让合同法律属性的探讨。

现有法律法规未对土地开竣工违约金作出明确的规定，浙江省人民政府在2014年和2015年印发《关于实施"空间换地"深化节约集约用地的意见》和《关于加强土地出让管理工作的通知》规定，对未按合同约定及时开（竣）工的受让人，应追究其违约责任，按照土地出让公告、文件合同约定及相关法律法规进行处理，并且不得享受相关优惠政策。开工逾期超过期限的根据《闲置土地处置办法》相关规定缴纳土地闲置费或由土地行政主管部门收回土地。上述规定为浙江省人民政府制发的行政规范性文件，且仅规定了出让人应当承担违约责任，但对违约金的比例、收取方式、能否由双方协商一致后变更等具体内容皆无明确规定，导致类似土地开竣工违约金等违约责任产生后如何处理缺少立法层面的指引。

但在实践中，土地开竣工违约金往往按照土地出让金的一定比例按日收取，当比例约定较高时，形成的开竣工违约金数额也较大，给企业造成较重负担，也给土地行政主管部门收取违约金工作造成极大困扰，因此在出让合同中如何约定开竣工违约金、参照何种比例收取更为合理、在违约发生后能否由双方协商一致进行变更在实践中产生了不一致的观点。土地开竣工违约金能否进行事后变更，其争议的焦点主要在于出让合同是否要以意思自治为首要原则，即出让合同属于民事合同还是行政合同、适用民事还是行政法律相关规定和程序。

国有土地使用权出让合同的法律属性在学术界也一直颇具争议，主要观点有两种：一种观点认为其属于民事合同，国家作为所有权人在国有土地上设立用益物权，在该法律关系中，国家属于民事主体，与土地受让人处于平等地位；另一种观点则认为国有土地使用权出让合同属于行政合同，政府出让土地是其行使行政管理权的一种方式，政府作为行政主体在合同履行过程中享受行政优益权。尽管相关法律法规未对出让合同的性质作出明确的规定，最高人民法院的司法解释之间、不同法院的裁判案例之间甚至存在完全相反的认识，但对出让合同法律属性的认定直接关乎开竣工违约金等违约责任发生后法律的适用、当事人权益救济途径的选择等，因此有必要对其进行更加深入的分析和探讨。

二、 土地使用权出让制度的历史沿革

在土地制度改革以前，土地使用权的取得方式只有划拨一种，即经县级以上人民政府依法批准后无偿或缴纳补偿安置等费用取得国有土地使用权的方式。通过划拨取得土地使用权的受让人，根据所取得土地的实际情况，无须支付土地出让金或仅需支付少量的补偿、安置费用即可获得使用土地的权利，通过这种方式取得的土地使用权没有时间限制，因此其适用范围也尤为严苛，仅限于国家机关、军事、城市基础设施、公益事业和国家重点扶持基础设施等用地。在该种取得方式下，仅极少数特定的对象、特定的用途才能够获得土地的使用权利，显然无法适应经济社会的发展，因此新的土地使用制度也随之产生。

1982年，土地使用制度开始改革。1987年，国务院正式批准在深圳、上海、广州、厦门、福州等城市开展土地使用制度的改革试点。1990年，《城镇国有土地使用权出让和转让暂行条例》（以下简称《出让和转让暂行条例》）开始施行，该条例中规定了土地使用权新的流转方式——出让，即国家将一定年限的土地使用权让渡给受让人，受让人支付相应土地使用权出让金并对该土地享有占有、收益等权利的行为。《出让和转让暂行条例》还明确了土地出让必须通过协议、招标、拍卖的方式，且应当签订出让合同，就土地出让金数额、出让期限、土地用途等事项达成一致意见，并严格遵守合同内容履行。

在土地供应市场完全被国家垄断的情况下，通过这样的方式，土地这一特殊"物"的所有权和使用权分离开来，归属于两个不同的主体，政府部门在其中既是合同的一方当事人，也是受让人履行出让合

同的监督者。基于这样一种制度，有限的土地资源得以更好地、最大程度地发挥其价值，国有土地使用权出让合同也由此产生。

三、属性认定的分歧

（一）法律规范的分歧

土地使用权出让合同的表述首次出现在1990年颁布的《城镇国有土地使用权出让与转让暂行条例》中，即"土地使用权出让是指国家以土地所有者的身份将土地使用权在一定年限内让与土地使用者，并由土地使用者向国家支付土地使用权出让金的行为。"土地使用权出让应当签订出让合同。

2007年颁布的《物权法》中，对国家所有的土地享有占有、使用和收益的权利被统一表述为"建设用地使用权[①]（即国有土地使用权，下同）"在用益物权中予以规定，"当事人采取招标、拍卖、协议等出让方式设立建设用地使用权"时以书面形式订立的合同——建设用地使用权出让合同，即国有土地使用权出让合同。2020年《民法典》正式施行，也对上述内容再一次进行了确认，建设用地使用权规定在物权编用益物权部分。部分学者从物权角度出发，认为既然国有建设用地使用权是用益物权的一种，属于物权，国家出让土地的行为理应视为参与民事法律关系的行为，基于国有建设用地使用权产生的法律关系也自然属于民事法律关系，在该法律关系中，国家与土地受让人始终处于平等的法律地位，建设用地使用权出让合同符合民事合同是"民事主体之间设立、变更、终止民事法律关系的协议"的定

[①] 本文中所称建设用地使用权即国有土地使用权、建设用地使用权出让合同即国有土地使用权出让合同，是基于对相关法律法规原文的尊重，不作含义上的区分。

义，在其发生争议时，应当适用民事实体法和程序法的相关规定。

但是，2015年《行政诉讼法》进行修改，行政诉讼的受案范围调整，其中明确规定行政相对人认为"行政机关不依法履行、未按照约定履行或者违法变更、解除政府特许经营协议、土地房屋征收补偿协议等协议的"，可以依法提起行政诉讼。在这次修改中，全国人民代表大会（以下简称"全国人大"）通过立法的方式明确了政府特许经营协议、土地房屋征收补偿协议属于行政协议的范畴，但对于国有土地使用权出让合同是否属于行政协议，即受让人能否就土地行政主管部门的违约行为提起行政诉讼的问题仍未予以明示。大多数学者认为，该条款属于未穷尽的列举，为司法实践留出一定空间，此处的"等协议"应理解为"等外等"，指政府特许经营协议、土地房屋征收补偿协议以外的其他具有行政法上权利义务内容的协议。

果不其然，最高人民法院《关于适用〈中华人民共和国行政诉讼法〉若干问题的解释》（法释〔2015〕9号）第11条将行政协议的范围扩大到其他行政协议的同时明确"行政机关为实现公共利益或者行政管理目标，在法定职责范围内，与公民、法人或者其他组织协商订立的具有行政法上权利义务内容的协议"均属于《行政诉讼法》所称之"行政协议"，行政协议的认定大大放宽。

（二）最高人民法院司法解释和规定的分歧

不仅法律规范间的规定未达成统一，最高人民法院作为我国的最高审判机关，在该问题上也未达成一致口径。

最高人民法院《关于审理涉及国有土地使用权合同纠纷案件适用法律问题的解释》（法释〔2005〕5号）提出"为正确审理国有土地使用权合同纠纷案件，……根据《中华人民共和国民法典》……结合民事审判实践，制定本解释"，该司法解释在2020年《民法典》出台后也同样进行了修订，但对该处表述未作出调整；最高人民法院印发的《民事案件案由规定》中，也一直将"建设用地使用权出让合同纠纷"作为民事案件的案由之一。从上述两个文件来看，最高法司法解释似乎更倾向于将出让合同认定为民事合同，在审理中也多结合民事审判实践经验来进行。

但是，最高人民法院在2010年针对《关于拍卖出让国有建设用地使用权的土地行政主管部门与竞得人签署成交确认书行为的性质问题请示的答复》中明确指出"土地行政主管部门通过拍卖出让国有建设用地使用权，与竞得人签署成交确认书的行为，属于具体行政行为。当事人不服提起行政诉讼的，人民法院应当依法受理"。

2019年，最高人民法院《关于审理行政协议案件若干问题的规定》（法释〔2019〕17号）除了重申最高人民法院2015年9号司法解释中对行政协议的定义之外，还列举了五类较为常见的行政协议，但是非常遗憾，该规定中仍未明确将出让合同是否属于行政协议直接列出。新增的三项行政协议分别为矿业权等国有自然资源使用权出让协议、政府投资的保障性住房的租赁、买卖等协议以及符合政府特许经营的政府与社会资本合作协议，该处矿业权与本文所论述的国有土地使用权同属于国有自然资源，具有高度相似性，因此该处的矿业权"等"显属"等外等"，并非指矿业权一种，应当包含国有土地使用权、海域使用权等国有自然资源使用权。

（三）学术界的分歧

当前，出让合同属于民事合同还是行政合同仍然存在不同观点，多数民法学者认为其为民事合同，而行政法学者则多认为其属于行政合同。

有学者认为出让合同属于民事合同，兼具民事和行政双重属性，是一种特殊的民事合同，但其民事性大于行政性，应属于民事合同范畴。从出让合同的内容来看，遵循平等、自愿、等价、有偿的原则，体现了民事合同公开、公平、公正的原则,且土地行政主管部门根据法律授权,代表国家与受让人就出让土地的面积、使用期限、出让金等事项进行协商,在达成一致的前提下签订出让合同,是当事人真实意思的表示,不存在行政命令和强迫的意思;从合同的签订来看,土地行政主管部门经法律授权,代替国家行使土地使用权出让行为,其作为土地所有权人时的法律地位是一个民事主体,作为双方当事人的土地行政主管部门和土地受让人是平等的民事主体,即使土地行政主管部门在后续出让合同履行过程中还承担着管理者的角色,如行使行政监督权、行政处罚权等,也不能因此否定其在民事关系中具有民事主体的属性;从出让的目的来看,国有土地使用权是由所有权派生出来的一种用益物权,行使土地使用权出让行为的根本目的,实际上是政府对其所有物进行财产创收的民事行为。

但同时也有行政法学者提出,出让合同由行政法律进行调整,纳入行政诉讼受案范围更为适宜。从属性上看,出让行为属于行政管理方式的一种,出让协议主要具有行政性。政府供地方式由原来的无偿划拨转向有偿出让,其行政性质未发生根本的改变,其目的仍然是实现土地资源使用管理,通过协议的方式而非行政行为进行并没有改变出让行为是行使土地行政管理职权的属性,不能因该权利属于所有权即否定出让合同的行政性;从内容的角度上看,出让合同对建筑容积率、建筑密度、特定设施的占地面积占受让宗地总面积的比例等方面均有强制性规定,这些规定都带有强烈的行政色彩,具有一定的"强制性",不能通过双方协商一致来改变。

综上所述,出让合同究竟属于民事合同还是行政合同、作为出让人的土地行政主管部门在签订合同时是否与受让人处于平等的法律地位、出让行为到底是民事行为还是行政行为抑或是兼具民事性和行政性的行为等问题,都暂未达成较为一致的意见。

（四）司法实践中的分歧

鉴于理论学界分歧，法律、司法解释规定不一或不明，对于国有土地使用权出让合同是否属于行政协议性质，在司法实践中存在大量结果完全冲突和相反的裁判案例，在此仅列举最高人民法院审理的三个申诉再审案例，以说明此类案件的裁判规则不统一现象。

鸿亿公司（简称）与辽宁省葫芦岛市自然资源局、市龙岗区人民政府土地出让行政协议纠纷一案，案号（2020）最高法行申11753号。最高人民法院经审理认定，当事人于2011年7月签订的《国有建设用地使用权出让合同》是行政协议，属于行政诉讼受案范围。葫芦岛市自然资源局关于本案为民事案件、不属于行政诉讼受案范围的再审主张不成立，裁定驳回其再审申请。

中日秦皇岛办事处（简称）与秦皇岛市自然资源和规划局国有建设用地使用权出让协议一案，案号（2020）最高法行申13827号。最高人民法院经审理认为，《关于审理行政协议案件若干问题的规定》第2条仅将矿业权等国有自然资源使用权出让协议纳入行政协议范围，并未将国有土地使用权出让合同包含在内。案涉《国有建设用地使用权出让合同》不属于行政协议，中日秦皇岛办事处提起行政诉讼，一审、二审法院裁定驳回起诉无不当，故裁定驳回中日青年交流中心秦皇岛办事处的再审申请。

易祥公司（简称）与河南汤阴县国土资源局建设用地使用权出让合同纠纷一案，案号（2018）最高法民申3890号。最高人民法院经审理认为，土地使用权出让合同究竟属于民事合同还是行政协议，该类合同纠纷应纳入民事诉讼受案范围还是行政诉讼受案范围，一直存有争议。本案《国有建设用地使用权出让合同》具有行政法上权利义务内容，符合行政协议之特征，但仍可适用《中华人民共和国合同法》等民事法律规范予以调整。汤阴县国土资源局虽提出《国有建设用地使用权出让合同》性质问题，但对实体处理结果未提出异议，因此本案不存在再审情形，裁定驳回汤阴县国土资源局的再审申请。

上述最高人民法院审理的三个再审案例中，既有将其认定为行政协议的，也有认定其不属于行政协议的，还有认定其为行政协议但同时适用民事法律规范的。最高人民法院在这个问题上的回避对各地法院处理国有土地使用权出让合同纠纷造成了极大的困扰。

（五）浙江省法院当前司法实践做法

在我省范围内，对出让合同作为民事合同还是行政合同这一点，基本已经达成一致意见。浙江省高级人民法院印发《关于房屋征迁纠纷等案件受理问题的通知》，其中明确：集体土地上房屋征迁协议及国有土地使用权出让合同属于行政协议，由此发生的纠纷作为行政案件受理。国有土地使用权出让合同属于行政协议，由此发生的纠纷作为行政案件受理。该通知在《行政诉讼法》修订之后作出，并自2015年5月1日起施行，对我省法院系统审理国有土地使用权出让合同纠纷无疑具有指导意义。

四、土地开竣工违约金调整的路径

2015年修改的《行政诉讼法》将行政协议纳入行政诉讼的受案范围，不仅解决了备受争议的行政协议的法律性质问题，也解决了其实践应用的某些混乱状况，行政协议的法律性质以及行政相对人的救济途径尘埃落定，但行政相对人违反行政协议约定时，行政机关如何选择司法救济路径仍是需要立法解决的空白点。2020年1月1日起施行的《最高人民法院关于审理行政协议案件若干问题的规定》弥补了适用行政诉讼程序的行政协议类型、法律适用以及行政机关的司法救济路径等痛点问题的部分立法缺失，明确了行政机关对违反行政协相对方作出行政决定并通过申请强制执行程序解决行政协议纠纷的司法救济路径。结合现行相关法律、司法解释规定和当前应用实践，针对相对方违反土地使用权出让合同约定行为，在当事人无法通过依法协商解决的情形下，解决纷争有三种路径、渠道可供选择。

（一）民事救济途径

主张通过民事诉讼途径解决纠纷主要是基于国有土地使用权出让合同的合同属性。出让合同是行政主体和相对人协商达成的一致意思表示，具有明显的合同属性，如果一方当事人违约，另一方当事人可以提起诉讼。换言之，行政机关违约的，行政相对人可以提起诉讼；行政相对人违约时，行政机关也可以提起诉讼，这也是当前民事救济途径相较行政救济途径最主要的优越性所在，即当受让人违约时，作为行政机关一方的土地行政主管部门也可以通过诉讼的手段维护自己的权利，与行政诉讼法仅支持"民告官"的传统相区别。

《最高人民法院关于审理涉及国有土地使用权合同纠纷案件适用法律问题的解释》[①]第3条、第5条、第6条分别对土地使用权协议出让金低于国家规定确定的最低价、改变土地用途的当事人调整出让金请求权、出让方合同解除权作了应予以支持的明确规定，其实隐含了行政机关有权启动诉讼程序内容，在司法实践中也有以民事诉讼处理

---

① 《最高人民法院关于审理涉及国有土地使用权合同纠纷案件适用法律问题的解释》
第3条 经市、县人民政府批准同意以协议方式出让的土地使用权，土地使用权出让金低于订立合同时当地政府按照国家规定确定的最低价的，应当认定土地使用权出让合同约定的价格条款无效。
第5条 受让方经出让方和市、县人民政府城市规划行政主管部门同意，改变土地使用权出让合同约定的土地用途，当事人请求按照起诉时同种用途的土地出让金标准调整土地出让金的，应予支持。
第6条 受让方擅自改变土地使用权出让合同约定的土地用途，出让方请求解除合同的，应予支持。

的判决。但是，该司法解释未涉及受让方未按土地使用权出让合同约定支付出让金、开工建设、竣工建设、造成土地闲置等情形如何处理的问题，没有为这些土地使用权出让合同纠纷提供明确的司法救济路径。

（二）非诉行政执行救济途径

随着政府职能从管理型向服务型转变，行政协议在行政管理中的运用体现了刚性行政向柔性行政发展的现代行政理念，促进了政府职能转变，在现行社会管理模式下起着不可替代的作用，已经被大量运用于社会行政活动的各个方面。行政协议既有契约性特点，又有行政性特点，行政协议的行政性特征决定了行政主体在行政合同的签订、履行过程中必然享有单方面的行政优益权，此项权利不能得到有效的控制和约束，必然会导致行政协议成为一种隐形的行政命令，不但会给行政相对人造成损害，也会使行政协议失去其存在的意义。同时，不论哪一方不履行行政协议，解决争议不应当通过行政诉讼和民事诉讼两类不同诉讼程序解决，双方司法程序适用以及法律适用的统一性尤其需要保证。因此，行政机关通过行使优益权作出行政处理决定，然后通过申请强制执行进入非诉行政执行程序，作为行政诉讼中"官告民"的一种补充方式，为行政机关解决行政协议纠纷提供了一种路径选择。出让合同履行过程中，受让方不履行、不完全履行出让合同的，土地行政主管部门不可以直接向法院申请强制执行，但基于自身的行政优益权，可以针对受让方违反合同作出对应的行政处罚、行政制裁处理，受让人在法定期限内既不提起行政诉讼也不履行行政处罚、行政制裁内容的，土地行政主管部门可向人民法院申请强制执行。

《最高人民法院关于审理行政协议案件若干问题的规定》第24条规定："公民、法人或者其他组织未按照行政协议约定履行义务，经催告后不履行，行政机关可以作出要求其履行协议的书面决定。公民、法人或者其他组织收到书面决定后在法定期限内未申请行政复议或者提起行政诉讼，且仍不履行，协议内容具有可执行性的，行政机关可以向人民法院申请强制执行。

法律、行政法规规定行政机关对行政协议享有监督协议履行的职权，公民、法人或者其他组织未按照约定履行义务，经催告后不履行，行政机关可以依法作出处理决定。公民、法人或者其他组织在收到该处理决定后在法定期限内未申请行政复议或者提起行政诉讼，且仍不履行，协议内容具有可执行性的，行政机关可以向人民法院申请强制执行。"

该司法解释规定为土地行政主管部门通过作出行政处罚、行政制裁等具体行政行为然后进入非诉行政执行程序解决行政协议纠纷提供了法律依据。

（三）行政复议、行政诉讼的路径

行政复议、诉讼路径是行政机关通过作出行政处理决定进入非诉行政执行程序的衍生路径，发生在行政机关通过非诉行政执行程序处理行政协议纠纷过程中，程序启动的选择权和是否实际发生取决于行政相对方，所以，这是行政机关通过行政复议、诉讼程序解决行政协议纠纷的一种变通、被动的路径。

根据我国现行法律制度设置，在行政复议、诉讼中，行政机关无法主动提起行政复议、诉讼，始终处于被申请复议、被诉讼的被动地位，只能作为行政复议的被申请方和行政诉讼的被告，当前尚无行政协议纠纷中行政机关直接作为诉讼原告提起诉讼的法律依据。但是，这并不代表土地行政主管部门在受让人违反出让合同时无须作为或者不能作为，土地行政主管部门可以通过作出处理决定积极行为，并且在作出处理决定时依法告知受让人申请行政复议或者提起行政诉讼的救济权利、途径以及期限，一旦受让人不服处理决定而提起行政复议申请或者提起行政诉讼，出让合同纠纷将"被动"进入行政复议、诉讼程序。通过复议诉讼程序给予土地行政主管部门表达诉求的机会，充分保障国家作为国有土地所有人的合法权益，同时对受让人违反行政协议行为进行审查确认，规范土地行政主管部门执法行为，使得行政优益权的行使得到必要约束，最终达到解决出让合同纠纷、确保出让合同得以依法履行的目标。

五、 结语

无论是基于土地开竣工违约金事后变更还是国有土地使用权出让合同法律属性的问题，我们都不必将民事合同和行政合同对立起来，将所有合同纳入不是民事合同就是行政合同的窘境，况且，通过前文的阐述，出让合同在一定程度上确实兼具有民事和行政的双重属性。我们探讨这些问题的最终目的是为了在发生问题时，能够找到一条切实有效、可以预见的救济途径。

笔者认为，首先，国有土地使用权出让合同的法律性质应该从合同本身来判断。不可否认，作为出让方的土地行政主管部门不仅是土地所有者，同时还拥有土地管理者的身份，但在出让合同签订和履行过程中，其行为大多带有浓厚的行政色彩，例如根据《闲置土地处置办法》规定①，在未动工开发的情形下，土地行政主管部门有权向受让人征缴土地闲置费、无偿收回土地使用权，该行为具有明显的行政性，是部门行使行政职权的行为。即使《国有土地使用权出让合同（GF-94-1002）》（已失效）②格式文本中同样规定出让方有收取违约金和收回土地的权利，但该条款并不完全是双方协商的结果，仅违约的数额可以由双方当事人协商，是否收取以及两年后是否收回土地并不能由双方协商一致进行更改，在某种意义上属于"强制性条款"。换言之，无论出让合同中是否约定有该条款，作为土地出让一方的土地行政主管部门依据《闲置土地处置办法》即可对未开发动工的土地采取收取闲置费或决定收回土地，该行为属于明显的行政行为，是行政机关单方意志的体现。

其次，出让合同中土地行政主管部门与作为受让一方的市场主体并不完全处于平等地位，除去上文所提到的行政管理职权之外，根据《城市房地产管理法》第20条规定③，土地行政主管部门可以根据社

---

① 《闲置土地处置办法》第14条　除本办法第8条规定情形外，闲置土地按照下列方式处理：
（一）未动工开发满一年的，由市、县国土资源主管部门报经本级人民政府批准后，向国有建设用地使用权人下达《征缴土地闲置费决定书》，按照土地出让或者划拨价款的百分之二十征缴土地闲置费。土地闲置费不得列入生产成本；（二）未动工开发满两年的，由市、县国土资源主管部门按照《中华人民共和国土地管理法》第37条和《中华人民共和国城市房地产管理法》第26条的规定，报经有批准权的人民政府批准后，向国有建设用地使用权人下达《收回国有建设用地使用权决定书》，无偿收回国有建设用地使用权。闲置土地设有抵押权的，同时抄送相关土地抵押权人。
② 《国有土地使用权出让合同（GF-94-1002）》（已失效）
第36条　乙方在该地块上未按开发计划进行建设，应缴纳已付出让金___%的违约金；连续两年未投资建设的，甲方有权无偿收回该地块土地使用权。
③ 《城市房地产管理法》第20条　国家对土地使用者依法取得的土地使用权，在出让合同约定的使用年限届满前不收回；在特殊情况下，根据社会公共利益的需要，可以依照法律程序提前收回，并根据土地使用者使用土地的实际年限和开发土地的实际情况给予相应的补偿。

会公共利益的需要提前收回土地,单方提出解除合同的请求,但作为市场主体一方的土地受让人则不享有此种权利,这是行政机关所特有的行政优益权的体现,也是行政合同与民事合同的主要区别。

由此看来,土地开竣工违约金的事后变更也应该同一般民事合同违约责任的事后变更相区分,在其事后变更中,最先要考虑的应该是土地开竣工违约金的财政资金属性以及对其进行减免时可能造成的国有资产流失问题,当事人的行为不能违反上述内容。同时,因为现有立法的空白、相关规定没有对开竣工违约金收取比例和上限进行细化,若一味死抠规定中的字眼,极易造成土地开竣工违约金实际收取工作推进的困难。如部分地区对闲置土地收回工作执行不到位,且开竣工违约金通常以出让金的一定比例并按日收取,往往导致违约金数额累计过大,甚至可能超过土地出让金本数,给企业实际支付造成巨大困难,不仅加重了企业负担,久而久之更会造成恶性循环,因此相关立法可考虑对出让合同中类似土地开竣工违约金等违约责任进行细化,比如对违约金收取比例范围和上限进行规定,为历史遗留问题的解决提供指导方向等。

◇ ◇ ◇

专家点评

本文内容比较完整,从土地使用权出让合同违约金收取比例过高造成的问题出发,分析了土地使用权出让合同的性质从法律规范到司法解释再到司法实践中存在的分歧,并引用了具体的再审案例进行分析。

本文理论性较强,同时能结合实践中的具体做法,对理论工作者和一线工作者都有较高的参考价值。

行政协议合法性审查重点问题研究

浙江省丽水市龙泉市司法局　方一斐

一、行政协议的范围与特点

（一）行政协议的定义与范围

随着新时代中国特色社会主义市场经济的不断发展，我国现代行政管理活动理念正发生重要转变，行政机关与社会力量从传统的管理与被管理、提供服务与接受服务关系，开始衍生出新型的合作关系。行政协议即为其中最具代表性的形式之一，它是公众社会治理参与权和公共资源分享权的必然结果，是现代社会服务行政、给付行政等发展理念的具体体现。

2014年，《行政诉讼法》作了修改，其中第12条第1款第11项规定，认为行政机关不依法履行、未按照约定履行或者违法变更、解除政府特许经营协议、土地房屋征收补偿协议等协议的纠纷，属于行政诉讼的受案范围。这也是立法首次将行政协议纠纷明确纳入受案范围，标志着行政协议从学理概念转变为法律概念。后来，2015年最高人民法院制定的《最高人民法院关于适用〈中华人民共和国行政诉讼法〉若干问题的解释》（法释〔2015〕9号）中用6个条文就行政协议案件审理的相关内容作了进一步明确，并在第11条规定："行政机关为实现公共利益或者行政管理目标，在法定职责范围内，与公民、法人或者其他组织协商订立的具有行政法上权利义务内容的协议，属于《行政诉讼法》第12条第1款第11项规定的行政协议。"

为更好应对行政协议活动愈加活跃的情况，满足解决行政协议纠纷司法实践的强烈需求，最高人民法院于2019年出台了《最高人民法院关于审理行政协议案件若干问题的规定》（法释〔2019〕17号，以下简称《行政协议规定》）。该司法解释在第1条对行政协议的定义作出规定："行政机关为了实现行政管理或者公共服务目标，与公民、法人或者其他组织协商订立的具有行政法上权利义务内容的协议，属于《行政诉讼法》第12条第1款第11项规定的行政协议。"《行政协议规定》还在第2条对除行政诉讼法已经规定的政府特许经营协议、土地房屋征收补偿协议这两类协议之外的行政协议类型进行了列举，主要包括：矿业权出让协议等国有自然资源使用权出让协议；政府投资的保障性住房的租赁、买卖等协议；符合司法解释规定的政府与社会资本合作协议等等，同时在第3条明确排除了行政机关的内部协议、人事协议。至此，行政协议在法律意义上的范围已经基本确定。

值得一提的是，学界对于行政协议范围的认定并不统一，如王利明认为《行政协议规定》过度扩张行政协议的范围，将一些本应属于民事合同范围的协议纳入行政协议中，不利于实质性化解纠纷，他主张将非市场行为性作为判断的标准；张向东认为判断行政协议是非应以协议中是否含有"行政性"，且"行政性"是否居于主导地位为标准。

(二)行政协议的特点

1. 行政协议的要素。

根据《行政协议规定》第1条的规定,可将行政协议归纳为四个要素:一是主体要素,即必须一方当事人为行政机关;二是目的要素,即必须是为了实现行政管理或者公共服务目标;三是内容要素,协议内容必须具有行政法上的权利义务内容;四是意思要素,即协议双方当事人必须协商一致。通过对行政协议内涵的规定,明确行政协议与民事合同之间的区别。该四要素可认为是识别行政协议的关键点。由此可以看出,作为一种特殊的行政管理活动,行政协议既具有行政管理活动"行政性"的一般属性,又具有包含协商、自愿、合意等因子的"协议性"的特别属性。

2. 行政协议与其他概念的区别。

(1)行政协议与具体行政行为的区别。行政法学界主流观点认为行政协议属于行政行为,如黄学贤提出,行政协议是一种特殊的行政行为。笔者认为,不能基于行政协议的行政性将行政协议定性为具体行政行为,两者具有较为明确的区别,行政协议一定程度上是建立在行政机关与公民、法人或其他组织意思表示一致的基础上的,而具体行政行为能单方面为行政相对人增加义务或减损权利,无须与对方达成合意。

(2)行政协议与民事合同的区别。第一,主体上,行政协议当中必须有一方当事人为行政机关;第二,内容上,行政协议中的行政机关可以享有为维护公共利益和公共安全所必需的行政优益权,并在特定情形下需对相对人承担经济补偿义务,同时行政相对人的合同自由范围较民事合同中受到更大的法律限制;第三,责任承担上,由于行政协议涉及行政管理或者公共服务,故相比于民事合同中当事人承担违约责任,行政协议的当事人还可能根据法律规定承担相应的行政处罚责任，如《中华人民共和国城镇国有土地使用权出让和转让暂行条例》第17条第2款规定，未按合同规定的期限和条件开发、利用土地的，市、县人民政府土地管理部门应当予以纠正，并根据情节可以给予警告、罚款直至无偿收回土地使用权的处罚；第四，争议解决上，如前文所述，行政协议引发的争议应当通过行政诉讼加以解决，且行政协议中约定的仲裁条款无效，而民事合同则可通过民事诉讼、仲裁等方式解决争议。

二、开展行政协议合法性审查的重要意义

作为社会治理模式转变的必然结果，行政协议对于推动资源高效配置，强化生产要素公开、公平、公正竞争，激发社会资本活力，实现行政管理和公共服务目标，具有突出作用。而对行政协议开展合法性审查也具有十分重要的意义，主要表现在以下几个方面。

（一）切实保障依法行政，提高治理能力现代化水平

对行政协议开展合法性审查，能进一步确保所签订的协议主体职权、内容、程序等要素合法，确保行政管理和公共服务的目的能充分实现，保障国有资产、财政资金的使用安全和自然资源、公共资源的高效利用。

（二）从源头防止行政协议纠纷产生，减少行政诉讼风险

对行政协议条款进行严格把关，防止出现致使协议无效、效力待定、可撤销等情形，保证行政协议效力；确保双方的权利义务、责任承担合法合理，尽可能避免有歧义、争议的条款出现，降低发生行政协议纠纷的可能性。

（三）有助于优化法治化营商环境

在合法性审查中突出产权保护方向，保证各种所有制经济依法平等使用生产要素、公开公平公正参与市场竞争，推动形成公平有序的市场环境；对于解除行政协议的情形从严把握，确保政府依法依约履行协议义务；以合法性审查推动做好因行政机关违约的充分赔偿和因国家利益需要的充分补偿工作，确保行政协议案件中当事人产权利益得到有力保护，建设诚信政府、责任政府。

三、行政协议合法性审查标准构建

"行政性"和"协议性"是行政协议的最显著特征。该两面性特征意味着政府法务部门对行政协议开展合法性审查时，要跨越公法与私法的界限，一方面，在涉及"行政性"的问题上，以依法行政、维护公共利益为原则，适用行政法规范开展合法性审查；另一方面，在体现"协议性"的问题上，以民法上的诚信信用、意思自治等理念为指引，参照有关民事法律规范进行合约性审查。

（一）从行政性维度开展合法性审查

1. 法律依据。

与民事合同不同的是，为防止"公共利益或者行政管理目标"遭到破坏，行政主体在缔结行政协议时并不享有任意选择权。在开展合法性审查时，应当先排查签订该行政协议是否违反法律的禁止性规定，所涉事项能否通过协议约定的方式开展，即协议标的是否具有"公法上的可交易性"。标的能够与"协议"这一概念相兼容，是采取行政协议方式的逻辑前提。

2. 主体职权。

应当严格审查缔约的行政主体是否享有作出相应意思表示的行政职权。如在《城市房地产管理法》第15条第2款中明确规定："土地使用权出让合同由市、县人民政府土地管理部门与土地使用者签订。"最高人民法院在"清远盛兴投资有限公司与广东省清远市清城区人民政府国有土地使用权出让争议案"的行政裁定书中指出："不同于一般民事合同中的权利主体可以通过事前委托或者事后追认程序赋予无权处分人签订的合同效力，签订行政协议中行政主体一般须具有法律、法规、规章等赋予的行政职权。无法律、法规、规章授权的行政主体签订的行政协议，将可能因合同归于无效而无法得到履行。"因此，应当围绕行政主体资格开展合法性审查，确保该机关依法享有相应职权。

值得一提的是，实务中常常出现以"……领导小组""……办公室"等议事协调机构为主体签订的行政协议。对于这种情况，在最高人民法院发布的行政协议典型案例之"安吉展鹏金属精密铸造厂诉安吉县人民政府搬迁行政协议案"中，案涉管委会系不具有独立承担法律责任的能力，无权以自己的名义对外实施行政行为的机构，虽然该协议在事后获得了当地政府的追认，但仍被法院判决"签订案涉协议的行为违法"。因此，在审查工作中，对此类缔约主体应当尽职从严把握，防止出现因主体不合格而致使合同无效的情形。

此外，针对行政机关作出的单方变更、解除行政协议等行使优益权的行为，在合法性审查中应当注意是否基于可能出现严重损害国家利益、社会公共利益的情形，即行政优益权的行使是否基于合法正当的理由。同时，要就后续的行政补偿工作做好审查提示，确保相对人所受损失及时得到补偿。

3. 协议内容。

在对行政协议约定内容进行合法性审查时，一方面，可依据《行政协议规定》第12条的规定，检视协议内容是否存在如违背公序良俗、损害社会公共利益或其他重大且明显违法等可能致使合同无效的事由。另一方面，审查协议的内容是否存在违反法律的强制性规定的情形，以招商引资协议中常见的税收优惠条款为例，根据《税收征收管理法》及国家有关规范税收优惠政策的相关规定，以税收减免、先征后返、税收代缴等形式进行约定的，可能因违反法律的强制性规定而被认定无效。

4. 程序。

其一，需对法律法规中对行政协议缔结的特定程序和形式要求尤其留意，以确保协议签订的程序和形式符合法律规定。对于资源交易类协议，相关法律中规定了特定的竞争性程序，如《政府采购法》中对政府采购方式、程序作出规定，《基础设施和公用事业特许经营管理办法》第16条规定，应当通过招标、竞争性谈判等竞争方式选择特许经营者，这也是出于维护市场公平竞争秩序的要求；对于征收补偿类协议，《土地管理法》《国有土地上房屋征收与补偿条例》等法律法规中都规定了相应的公告、征求意见等程序，保证协议相对人即被征收人以及第三人的知情权和参与权。

其二，核查该行政协议是否系法律、行政法规规定应当经过其他机关批准等程序后生效，如是，则需进一步确认是否已履行完成批准等程序，或在审查时做好相应提示；如协议中约定行政机关负有履行批准程序等义务，可就不能履行该义务可能承担相应的赔偿责任作出风险提示。

其三，行政协议应当以书面形式签订。当前，我国部分法律法规中明确规定了协议应当采用书面形式订立，如《政府采购法》第44条、《城市房地产管理法》第15条第1款。然而，这并不意味着行政协议皆需采用书面形式缔结。这一点可以从"张文豪再审审查与审判监督案"的行政裁定书推断得出，最高人民法院认为"再审申请人并未提交有效证据证明被诉的'口头合同'客观存在"而裁定驳回再审申请,其所隐含的逻辑为,若张文豪能提交有效证据证明"口头合同"客观存在,法院可据此审查合同的履行情况。即便如此,从合法性审查工作开展的角度来看,为确保协议的目的得以实现、双方权利义务充分明确、行政机关依法行政,应当建议各行政机关通过书面形式订立行政协议,同时,在与行政相对人协商、磋商、交流的过程中,应当采取措施努力避免形成"口头合同"。

(二)从协议性维度开展合约性审查

1. 相对人资质信用。

行政协议本质上是行政活动方式和合同的融合,镶嵌了民事合同中合作共赢的特性。在民事活动中,尚需谨慎选择合同相对人,作为涉及社会利益、公共安全、经济发展等重大标的的行政协议,在对相对人的确定上,应当施以更加严格的标准。从审查角度出发,应当全面收集协议相对人的选定材料、资质等证明主体资格的材料及财务状况和资信等证明履约能力的材料,对其涉诉、违法等负面信息进行核查,必要时可咨询第三方专业机构的意见。对于法律法规明确规定相对人应当具备特定资质、资格、行政许可或其他条件的,应当专门进行核查。

2. 主要条款完备性。

为保障协议顺利履行,应当审查行政协议中相应的主要条款是否完备,如当事人的姓名或名称和住所、协议标的、数量质量、价款、履行期限、地点与方式、违约责任承担、争议解决等。尤其是对于协议中的禁止性、强制性条款,应当合理设置可明确、可执行的违约责任条款,确保协议中的义务得以履行。在争议解决条款的设定上,可建议优先选择行政机关所在地或合同履行地的人民法院管辖,这样更有利于实现行政争议实质性化解。此外,部分法律已在条文中明确规定行政协议应当包含的内容，如《基础设施和公用事业特许经营管理办法》第20条第2款规定特许经营协议应当包括项目名称、内容，特许经营方式、区域、范围和期限等17项内容，这种情况下，应当予以一一核查。

3. 条文表述。

在对行政协议开展审查时还应注意条文表述应清晰、严谨、明确，尽可能避免产生歧义，以防止双方因此发生争议。如，协议内容涉及数量时，应当建议明确计量单位、方法和工具，及精度要求、允许的误差范围；对标的质量有约定的，应当明确质量标准、责任期限、缺陷补救措施、验收时间和地点等内容；就协议金额或报酬应当建议明确包含的内容、计算方法、支付主体、支付方式与期限、税费承担等事项；对违约责任条款的约定，可明确违约金计算方式、违约损害的计算方式等；对义务履行期限应当核查是否已明确起算点、截止点和计算方法。

◇ ◇ ◇

专家点评

行政协议作为行政机关与社会力量合作的一种形式，是公众参与社会治理和分享公共资源的重要途径。

文章首先对行政协议的范围、特点及相关法律法规作了较为详尽的介绍，并论述了行政协议与具体行政行为、民事合同的区别与联系，其中作者对学界有关行政协议的不同观点作了简要阐述，提出并论述了行政协议不属于具体行政行为的观点。文章对开展行政协议合法性审查的意义作了较为详尽、充分的论述，并对行政协议合法性审查的标准与方式提出了建议，对政府法务部门开展行政协议审查工作有一定的参考与指导意义。

总之，文章对行政协议的合法性审查问题进行了较为详尽的论述，并提出了切实可行的建议，文章中亦较为适当地引用了具体案例，为文章论点提供了有力的支撑。另外，文章结构合理，文字流畅，可读性较强。

乡镇（街道）合法性审查有效覆盖与数字化改革
——以舟山市行政机关合同管理为例

浙江省舟山市普陀区司法局　叶琼燕

近年来，随着"放管服"改革和浙江省"基层治理四平台"建设的推进，乡镇一级职责体系更加健全，"看得见、管不着"的问题逐步解决，基层治理能力和治理水平稳步提升。同时，随着乡镇（街道）承担越来越多的审批执法职责，由于缺乏法治综合部门和法制审核力量，涉及乡镇（街道）的行政争议多发频发，这成为制约法治浙江建设进一步提升的掣肘和短板。

2020年6月，浙江省委全面依法治省委员会印发《关于推进乡镇（街道）合法性审查全覆盖工作的通知》，在全省全面部署推进，以乡镇（街道）合法性审查全覆盖工作为支点，推动解决基层依法治理"最后一公里"问题。而行政机关合同作为基本审查事项，其审查数量占据了审查对象总数量的大多数，为加强合同管理、防范合同风险、维护公共利益，舟山市行政机关合同管理系统应运而生。

一、舟山市行政机关合同管理数字化改革背景

（一）舟山市行政机关合同管理数字化改革是配合浙江省数字化改革工作的应有之义

在2021年2月18日召开的全省数字化改革大会中，省委领导指出，数字化改革是围绕建设数字浙江目标，统筹运用数字化技术、数字化思维、数字化认知，把数字化、一体化、现代化贯穿到党的领导和经济、政治、文化、社会、生态文明建设全过程各方面，对省域治理的体制机制、组织架构、方式流程、手段工具进行全方位、系统性重塑的过程。舟山市行政机关合同管理数字化改革正是贯彻落实该讲话精神的具体体现，积极探索行政机关合同"全生命周期一件事"集成管理，实现合同登记、自动编号、草案预审、合同备案、履约管理等全流程在线监管功能，很大程度上解决了行政机关合同"不规范、难监管"问题，有力推动了实现治理体系和治理能力现代化。

（二）舟山市行政机关合同管理数字化改革是助力基层合法性审查有效覆盖的创新之举

根据浙江省司法厅课题组撰写的《乡镇（街道）合法性审查全覆盖工作调研评估报告》，2021年1至6月，全省乡镇（街道）合法性审查事项中，行政合同占了七成多，决策、文件、执法、其他事项不到三成；舟山市普陀区2022年1至6月，全区各乡镇（街道）共出具合法性审查意见295份，仅针对行政机关合同就出具合法性审查意见292份，占比极高。而舟山市行政机关合同管理数字化改革着眼于行政机关合同管理，坚持"整体智治"理念，通过全流程的标准化建设，实现乡镇（街道）合法性审查与报备管理数字化，能更好地助力

基层合法性审查有效覆盖。

（三）舟山市行政机关合同管理数字化改革是改善我市合同管理现状的有效之策

随着我市经济不断发展，行政机关在行政管理和经济活动中的角色地位日益突出，行政机关签订的合同数量日益增多。但由于缺乏专业的法律审查和法律风险技术防范体系，合同质量良莠不齐，特别是乡镇（街道）的合同，合同条款不完善、违约责任约定不具体、合同履行不到位、纠纷处理不及时、合同档案管理不妥善等问题大量存在，行政机关合法权益得不到有效维护。如果这些问题无法得到有效解决，将损害行政机关的公信力和权威性，亦不利于我市良好营商环境的营造。因此，加快行政机关合同管理数字化改革，实现"全流程"管理和"全闭环"管控，是有效改善我市合同管理现状的重要举措。

二、舟山市行政机关合同管理数字化改革对推动乡镇（街道）合法性审查有效覆盖的现实意义

（一）确保乡镇（街道）合同合法性审查不遗漏

实行"重大＋一般"分级审查模式，针对不同类型的行政机关合同，明确相应的合法性审查程序和备案程序，乡镇（街道）重大合同签订前由起草乡镇（街道）提交上级政府合法性审查机构进行合法性审查，并在签订后予以报备，乡镇（街道）一般合同则由起草乡镇（街道）的合法性审查机构审查并在签订后向上级政府合法性审查机构报备，由此确保了乡镇（街道）合同合法性审查的全覆盖。由此可见，推进行政机关合同管理数字化改革，探索创新"互联网＋合法性

审查"模式，更有力地推动了乡镇（街道）合法性审查提质增效。

（二）加强了对乡镇（街道）合同的实质审查

以舟山市普陀区为例，为着力实现乡镇（街道）合法性审查全覆盖，通过出台《舟山市普陀区关于推进镇（街道）合法性审查全覆盖工作的通知》《舟山市普陀区镇（街道）合法性审查工作清单》等文件，明确了审查责任主体，要求各乡镇（街道）承担起合法性审查工作的主体责任，各乡镇（街道）政法书记为分管领导，司法所承担法制机构职责，法律顾问团协助承担合法性审查工作。以"司法所＋法律顾问"审查模式开展合法性审查工作，乡镇（街道）党政办为合法性审查工作的协调机构。乡镇（街道）合同以行政机关合同管理数字化改革为契机，进行重大合同线上合法性审查及一般合同线下合法性审查加线上备案，上级政府合法性审查机构对乡镇（街道）备案合同进行线上备案审查，对合同内容及出具的合同审查意见书进行整体把握并提出审查意见，这样能倒逼乡镇（街道）法制机构从合同内容出发进行实质审查，出具"无意见"审查意见的情况明显减少。"司法所＋法律顾问"审查模式注入了专业力量，保障了审查质量和结果运用。

（三）配强了乡镇（街道）合法性审查力量

行政机关合同管理的数字化改革对各单位来说还是新事物，要着力推广行政机关合同管理系统，必然需要通过培训等方式提高行政机关合同管理人员的业务能力和熟练程度。相关部门通过安排集中的合同管理系统操作培训、合法性审查实务及基层合法性审查全覆盖工作专题讲解等课程学习，提升了乡镇（街道）法制机构审核人员对系统操作的熟练程度、对合法性审查的专业程度以及对合法性审查业务工作的认识程度，配强了乡镇（街道）合法性审查力量，提升了乡镇

（街道）合法性审查的规范化、法治化水平，进一步夯实了基层依法治理基础。

三、"舟山市行政机关合同管理系统1.0"应用中所暴露的乡镇(街道)合法性审查存在的问题

（一）合法性审查程序后置

因"舟山市行政机关合同管理系统1.0"设置，乡镇（街道）一般合同向上级政府合法性审查机构报备时，仅需上传要求的材料内容，材料之间并没有上传时间先后的限制。这会导致个别乡镇（街道）仅是为了完成报备任务而上传完备的材料，实际并没有严格按照管理流程进行合法性审查，合法性审查程序后置问题屡见不鲜。合同管理流程分为前期准备、磋商、起草、审查、签订、备案、履行等，各乡镇（街道）在合同备案中暴露的合法性审查时间在合同签订时间之后的问题，也就意味着合同在起草后直接进入签订环节，事后的合法性审查环节流于形式，并没有起到规避法律风险的作用。出现这种现象的原因一方面是各乡镇（街道）单位内部衔接不顺畅，另一方面是各乡镇（街道）在合同管理流程中没有严格按照各环节予以落实，合同在起草完成后既可直接进入签订环节，也可先进入审查环节，并没有严格的程序制约。

（二）合法性审查意见吸收情况差

以舟山市普陀区为例，备案审查部门在对各乡镇（街道）备案合同进行审查时，不难发现各乡镇（街道）普遍存在不采纳或较少采纳合法性审查意见的情况。究其原因，其一是提交合同草案审查的业务科室人员对涉法性意见认知程度不高，存在一定程度的遗漏现象；其

二是业务科室人员存在畏难和"怕烦"心理，根据合同审查意见逐一修改合同约定内容，既是一项烦琐的工作任务，也对业务科室人员把握合同约定细节提出了更高要求，双重心理作祟使得业务科室人员忽视合法性审查意见；其三，缺乏行政机关合同审查通报机制，应定期对合同备案审查情况进行通报，促使起草合同的业务科室人员认真审视并合理吸纳合法性审查意见，尽可能降低合同法律风险，保障合同顺利履约。

（三）政府法律顾问参与度较低

尽管在舟山市普陀区乡镇（街道）合法性审查工作已形成"司法所＋法律顾问"的审查模式，但法律顾问在行政机关合同审查中参与度是比较低的，从乡镇（街道）备案合同所提交的合法性审查意见书中就可见一斑：合法性审查意见书大多为乡镇（街道）出具，极少数是由律师事务所出具的。当然也可能存在司法所在审查合同过程中征询法律顾问意见的情况，法律顾问反馈意见并未采用书面形式，而是口头或者文字沟通，司法所出具合法性审查意见时一并吸收了法律顾问意见。但就备案合同中上传的合法性审查意见书来看，极少有专业性的意见及实务操作中的实践经验。另外，"舟山市行政机关合同管理系统1.0"只能由行政机关内部工作人员登录，法律顾问无法主动进入合同管理流程，只能由内部工作人员交代相应任务时被动参与。综上，法律顾问在合同审查中参与度不高。

四、"舟山市行政机关合同管理系统2.0"为解决乡镇(街道)合法性审查存在的问题所做的程序优化

(一)严格落实合同管理流程

为避免合法性审查程序后置问题,"舟山市行政机关合同管理系统2.0"已放宽登录人员限制,从1.0版本一个单位一个固定账号升级为单位各科室人员通过浙政钉扫码均可进入系统进行操作,从先前的一个登录人员即可完成合同管理全流程的操作升级为严格落实内部审批流程管理。在操作流程上,承办人进行合同登记并上传背景资料后,需由审查人员对合同草案进行审查并反馈意见后方能后续跳转为合同签订等环节,从程序上保障了正式合同文本签订前必须经过合法性审查程序,真正实现了合法性审查程序规避法律风险、保障国有资产安全的目的。

(二)备案审查意见系统归类

备案审查部门在进行合同备案审查时,在"舟山市行政机关合同管理系统2.0"中除提出备案审查意见外,还可针对整体备案合同选择"通过审查"或"不通过审查"的按钮。一般会对缺少必要上传内容、合同文本瑕疵多、不吸纳合法性审查意见导致法律风险较大的合同等进行"不通过"操作。若是选择"不通过"按钮,则该合同即会出现在审核不通过页面中,后续需要备案单位重新补全材料报送备案或者对尚未履约完成的合同进行内容修改完善后再报送备案。由此,方便备案审查部门通报合同备案审查情况。备案审查部门只需在审核不通过页面筛选出"备案典型问题合同",特别是不吸纳合法性审查意见导致法律风险较大的合同,能督促备案单位对该问题引起足够重

视，督促起草合同的业务科室人员认真参照合法性审查意见对合同内容进行修改，提高合法性审查意见吸纳率。

（三）强化政府法律顾问与合同管理系统的对接机制

为充分发挥法律顾问在法治政府建设中的作用，"舟山市行政机关合同管理系统2.0"为法律顾问设置登录口，只需各单位合同系统管理员为所聘用法律顾问创建账号即可。若本单位合法性审查人员认为该合同需要法律顾问协助审查，即可在线上移交给法律顾问，法律顾问登录系统即可查看，法律顾问出具的审查意见书也可直接线上提交，加强了工作留痕，方便日后将合同合法性审查的质量、数量及效率等指标作为法律顾问年度考核与是否续聘的依据之一。法律顾问参与合同管理流程并以线上方式流转及审查，摆脱了以往线下文字或口头沟通的烦琐，且以书面提供审查意见的方式表达更为直观，由此提高了审查的质量和效率，更好地发挥了法律顾问的专业作用。

五、为更好发挥行政机关合同管理系统助力乡镇(街道)合法性审查有效覆盖的作用的下一步工作思路

尽管"舟山市行政机关合同管理系统2.0"经过迭代升级，完善系统各项功能模块，实现了操作更简明、流转更畅通、管理更便利，并且解决了"1.0版本"在乡镇（街道）合法性审查中出现的问题，降低了行政机关合同的法律风险，但在当前的实务操作中，仍难免存在一些困境。例如，合同管理人员对行政机关合同管理系统存在抵触情绪，认为增加了工作量；合同归档不及时，备案审查意见吸收情况差；法制审核专业人员力量有待加强；部门协同有待进一步提升等。因此，为进一步规范行政机关合同管理、助力乡镇（街道）合法性审查有效覆盖，笔者提出以下建议。

（一）继续进行舟山市行政机关合同管理系统的迭代升级

对合同管理人员实务操作中提出的各项改进建议进行吸收并完善系统操作，着力推广新系统，通过培训等方式提高行政机关合同管理人员的业务能力和操作的熟练程度。

（二）加强合同档案管理

建议合同管理系统可设置归档标签，并由各单位系统管理员分配给专人负责。负责合同归档的操作人员应对备案审查部门提出的审查意见充分重视。负责合同归档的操作人员应结合审查意见对合同文本或者流程瑕疵进行相应的修改，使得归档的材料内容准确且完备。

（三）加强法制审核专业力量配备

鼓励各乡镇（街道）法制审核机构人员参加法律职业资格考试，法制审核机构人员要加强对法律法规基础理论知识的学习；加强对乡镇（街道）法制审核机构人员的培训，旨在进一步提高法制审核人员业务能力。

（四）加强行政机关合同管理部门内部业务协同

将行政机关合同数字化管理延伸到各个部门内部，方便业务流转，加强操作留痕，加快行政机关合同审查，提高管理效率。

（五）建立完善行政机关合同审查通报机制

为进一步防范行政机关合同风险，规范行政机关合同管理，应建立行政机关合同审查通报机制，定期对合同备案审查情况进行通报，并将合同的合法性、履约率等相关情况作为法治政府建设考核评价的参考依据之一，对存在合同监管不力并逾期不改正的单位给予通报批评并督促其改正。

◇◇◇

专家点评

本文从当前舟山市行政机关合同管理数字化改革背景、对推动乡镇（街道）合法性审查有效覆盖的现实意义、实践中暴露的问题等方面展开，从行政机关合同管理视角浅谈乡镇（街道）合法性审查有效覆盖与数字化改革。本文的特点是选取了乡镇（街道）合法性审查占比最大及运用数字化改革最典型的一个类别——行政机关合同进行阐述。本文分析全面，建议可行，符合数字化管理提质增效的要求，为行政机关合同管理提供了宝贵的经验。

重大执法决定

重大行政执法决定法制审核制度执行现状、问题及对策

浙江省市场监督管理局　孙书玲

2014年10月,《中共中央关于全面推进依法治国若干重大问题的决定》首次从国家层面提出要严格执行重大行政执法决定法制审核制度。从立法立规维度看,重大行政执法决定法制审核制度得到了长足的发展。2017年1月,国务院办公厅在天津市、河北省、安徽省、甘肃省、国土资源部(其职能2018年后并入自然资源部)以及呼和浩特市等32个地方和部门开展包括重大行政执法决定法制审核在内的行政执法"三项制度"试点工作,2018年12月出台《关于全面推行行政执法公示制度执法全过程记录制度重大执法决定法制审核制度的指导意见》(国办发〔2018〕118号)(以下简称2018年《指导意见》)。从执法实践维度看,重大行政执法决定法制审核制度在全国范围各部门各条线得到了广泛的执行。

一、对重大行政执法决定法制审核的再认识

重大行政执法决定法制审核,是指行政执法机关在作出重大行政执法决定之前,由承担法制审核工作的机构对其合法性和合理性进行审核的活动。法制审核在行政行为过程中所起的作用,相对于行政执

法机关来说，主要是提供内部合规把控，为机关负责人作出执法决定从法律层面提供参考意见；相对于业务机构来说，具有协助业务机构执法和监督执法双重作用。结合执法实践的发展，关于重大行政执法决定法制审核有以下几点需要予以澄清和强调。

（一）重大行政执法决定法制审核职责应当由内设法制机构承担

2017年《国务院办公厅关于印发推行行政执法公示制度执法全过程记录制度重大执法决定法制审核制度试点工作方案的通知》要求，试点单位的法制机构负责本单位的法制审核工作。但是，2018年《指导意见》仅要求各级行政执法机关明确具体负责本单位重大行政执法决定法制审核的工作机构，确保法制审核工作有机构承担、有专人负责，并未沿袭试点方案中的法制机构。

但从实际执行情况来看，多数单位将法制审核职责交由承担政府法律事务的机构即法制机构承担。例如，《浙江省重大行政执法决定法制审核办法（试行）》规定"行政执法机关作出重大行政执法决定前，由行政执法事项的承办机构将拟作出的决定及相关证据、依据等材料送交本机关法制机构（含法制员，下同）审核"。类似的规定在其他重大行政执法决定法制审核制度文件中比比皆是。有的单位虽然规定重大行政执法决定法制审核职责交由其他机构承担，例如天津市南开区生态环境局交由综合业务科承担，但该单位本身未设立法制机构，综合业务科实际承担了行政处罚听证、行政复议、行政应诉等政务法律事务工作。法制机构以集体名义为本单位发挥法律顾问作用。同时，法制机构较其他内设机构具有更为丰富的涉法工作经验，承担着合法性审查、内部执法监督等政府法律事务。因此，由内设法制机构承担重大行政执法决定法制审核职责是较为合适的。

（二）重大行政执法决定法制审核既审核合法性，也审核合理性

从全国多地重大行政执法决定法制审核制度文件看，绝大多数单位认为重大行政执法决定法制审核既包括对合法性的审核，也包括对合理性（适当性）的审核。有的文件在重大行政执法决定法制审核定义条款将其定义为对合法性以及合理性（或适当性）审核。有的文件虽然在定义条款将其限定为对合法性的审核，但规定审核主要方面内容的条款已将合理性（或适当性）纳入其中。只有极少数单位认为，重大行政执法决定法制审核仅是对合法性进行审核。

作为内部合规审核和内部执法监督应当对行政行为是否符合比例原则、过罚相当原则，即合理性方面进行审核。2018年《指导意见》规定"要严格审核行政执法主体是否合法，行政执法人员是否具备执法资格；行政执法程序是否合法；案件事实是否清楚，证据是否合法充分；适用法律、法规、规章是否准确，裁量基准运用是否适当；执法是否超越执法机关法定权限；行政执法文书是否完备、规范；违法行为是否涉嫌犯罪、需要移送司法机关等"。上述规定中"裁量基准运用是否适当"即体现了适当性。因此，从《指导意见》看不仅要求对合法性进行审核，也要求对合理性（适当性）进行审核。多个部门规章、多地省政府规范性文件亦规定法制审核需对拟作出的决定的合法性、适当性进行审核。

（三）关于法制审核未通过的处理

2014年《中共中央关于全面推进依法治国若干重大问题的决定》明确提出严格执行重大行政执法决定法制审核制度。其后的两个《纲要》即《法治政府建设实施纲要（2015—2020年）》和《法治政府建设实施纲要（2021—2025年）》、2021年新修订的《行政处罚法》

以及多个国家部委规定均再次重申了该要求。根据该规定，如果简单地理解，法制审核不通过，行政执法行为就不能够继续下去，这是片面的。这种理解相当于认为法制审核机构对重大行政执法决定的作出具有决定权，这与行政机关首长负责制是相悖的。

　　法制审核的本义是从事实和法理角度对行政执法行为进行审查核对，而非行政执法事项的事实调查处理或者最终决定。法制审核与受理、审查、听证、决定等是行政行为过程中的一个环节。法制审核不通过，应当由机关负责人或机关负责人集体讨论，综合考虑业务机构和法制审核机构意见作出执法决定。法制审核机构与业务机构岗位职责不同、工作人员观点不同是正常现象。一般，业务机构对法制审核机构提出的问题和审核意见进行研究，作出相应处理后再次报送法制审核。有时这样的"审核—完善"会往返多次。法制审核机构与业务机构分歧较大、无法达成一致意见有时难以避免。在僵持中将行政程序推进到下一环节更符合行政效率原则。在法制审核不通过，法制审核机构与业务机构僵持不下时，应当及时提请由机关负责人或机关负责人集体讨论作出执法决定。这时，机关负责人集体讨论决定较机关负责人个人决定更具有优势。负责人集体讨论决定一方面有利于集思广益作出更加科学、慎重的决定，另一方面在疑难复杂案件中通过集体讨论作出决定可以分担履职风险。

　　法制审核不通过的情况下，将行政程序往前推进由机关主要负责人或者负责人集体讨论作出执法决定，也更有利于行政执法责任制的落实。业务机构对查明的事实、采集的证据、拟作出的处理建议负责，法制审核机构对法制审核意见负责，行政执法机关负责人对作出的重大行政执法决定负责。如此，真正实现在分解执法职权的基础上落实不同机构、不同岗位执法人员的责任。

二、重大行政执法决定法制审核制度执行现状

近年来，全国各地各单位认真执行重大行政执法决定法制审核制度，开展了系列积极的探索和实践，在以下两方面成效显著。

（一）重大行政执法决定法制审核法律规范体系初步建成

从全国范围看，在中央层面形成了以2014年《中共中央关于全面推进依法治国若干重大问题的决定》《法治政府建设实施纲要（2015—2020年）》和《法治政府建设实施纲要（2021—2025年）》、国务院办公厅两个规范性文件（这里指国办发〔2017〕14号和国办发〔2018〕118号）为主体的支撑体系。2019年国务院出台《优化营商环境条例》，重大行政执法决定首次以行政法规的形式被确定。随后，国家市场监督管理总局、国家医疗保障局、交通运输部、农业农村部、住房和城乡建设部等5个国家部委陆续在规章中对重大行政执法决定法制审核予以确认并提出细化要求。内蒙古自治区、安徽省、山东省、北京市、广东省等省（自治区、直辖市）以政府规章或者规范性文件形式对重大行政执法决定法制审核进行详细的规定。省以下地方政府及政府部门制发的规范性文件更是不胜枚举。

（二）重大行政执法决定事项细化标准或目录普遍建立

通常省、市政府制发的文件以"列举式"对重大行政执法决定事项划定相对抽象的标准，再由各政府部门根据本单位执法实际进一步细化标准或制定重大行政执法决定事项目录。例如，《浙江省重大行政执法决定法制审核办法（试行）》（浙政办发〔2016〕103号）第3条规定："本办法所称重大行政执法决定，是指有下列情形之一的行政执法决定：（一）行政执法机关依法应组织听证的；（二）当事人、

利害关系人的权益可能受到重大影响的;(三)当事人、利害关系人人数较多或者争议较大的;(四)行政执法事项疑难、复杂的;(五)法律、法规、规章以及国家和省级行政规范性文件规定的其他情形。"《浙江省市场监督管理局重大行政执法决定法制审核规程(试行)》(浙市监法〔2019〕6号)在上述规定基础上,结合本单位执法实际,细化了重大执法决定的标准,同时根据行为类型,制发《浙江省市场监督管理局重大行政执法决定目录(试行)》。

三、重大行政执法决定法制审核存在的问题

随着重大执法决定法制审核制度的不断深入推进,在执行过程中也遇到了一些困难和问题。

(一)有的法制审核标准或目录缺乏可操作性

有的单位制定的重大行政执法决定事项目录清晰,标准明确,具有较强的可操作性。有的重大行政执法决定法制审核标准或目录较为抽象,缺乏可操作性。这样的标准大多包含"关系人民群众切身利益""涉及重大公共利益""当事人、利害关系人人数较多""执法事项疑难、复杂"等不确定的字眼。有的单位对法制审核规定了较高门槛,有的"门槛"很低,几乎都由法制机构进行审核,导致省域范围内标准差别很大。

(二)法制审核主要集中在行政处罚领域,其他领域甚少开展

不同于《行政许可法》《行政强制法》等,2017年《行政处罚法》修订时即增加规定"在行政机关负责人作出决定之前,应当由从事行政处罚决定审核的人员进行审核"。这里行政处罚案件审核的主

要内容与重大行政执法决定法制审核内容一致。行政处罚案件审核可以等同于法制审核。

虽然重大行政执法决定法制审核的本义是在行政许可、行政强制、行政征收、行政裁决等行政执法领域全面推行法制审核，但是行政处罚领域之外的法制审核实践却鲜少看到。

（三）有的地区和单位行政处罚案件法制审核弱化

以市场监管系统为例，根据国家市场监督管理总局有关规定，依据一般程序办理的行政处罚案件在调查终结后由法制机构或者其他机构进行审核，并且初次从事案件审核的人员需通过国家统一法律职业资格考试取得法律职业资格。比对该规定和国家层面关于重大行政执法决定法制审核的规定发现，审核的主要内容、审核机构和对审核人员资格要求是一致的。可以说，原市场监管领域已实现一般程序行政处罚案件全部法制审核。根据重大行政执法决定法制审核要求，有的单位对一般程序行政处罚区分为重大行政处罚和非重大行政处罚，重大行政处罚进行法制审核，非重大行政处罚实行一般的案件审核。这无疑降低了对行政处罚案件的审核要求。

（四）有的地区和单位法制审核力量不足

有的单位法制审核机构或法制审核员配备不到位。有的单位因未设置法制机构，由承担综合性事务的机构承担法制审核任务。工作人员因缺少法制工作实践，法制审核的专业性亟待提高。在基层，原从事法制审核的人员因退休、轮岗等原因退出，而新的工作人员未取得法律职业资格的矛盾较为突出。有的地方人均审核案件量过大，一定程度上影响了审核实效。有的单位在业务机构内部设案件审核岗位，但未实现案件审核与案件调查职责的分离。

四、关于进一步完善重大行政执法决定法制审核的建议

（一）进一步完善法律规范体系

在立法层面，将重大行政执法决定法制审核的具体要求写入《行政许可法》《行政强制法》等法律法规中，进一步提高法制审核法源位阶，用法律保障法制审核制度实施。在规范性文件层面，建议随着实践的发展和认识的不断深化，由省、市政府结合本地区各部门重大行政执法决定法制审核实践，制定或修订法制审核制度文件，进一步统一思想认识，明确工作要求，不断提高指导的科学性、针对性。各级政府部门根据行政权力事项实际行使情况，制定配套的重大行政执法决定法制审核规范。

（二）进一步明确重大行政执法决定标准或目录

根据行政行为类型实行有"弹性"的关于"重大"的标准。考虑到行政处罚本质是减少当事人权益或者增加当事人义务的惩戒行为，且多个行政执法系统原已对一般程序行政处罚案件实行法制审核，为规范行政处罚权实施，保障当事人合法权益，建议对一般程序行政处罚实施法制审核。在行政许可、行政强制、行政征收、行政裁决、行政检查等领域，根据上级部门制定的标准和本单位实际执行权力事项的特点，分领域按照权力事项制定重大行政执法决定法制审核标准或目录。在细化行政行为类型和权力事项的基础上，尽量避免在标准中使用抽象、模糊的字眼。

（三）进一步建强法制审核队伍

法制审核机构应当与具体承担行政执法工作的机构分立设置，由

负责法制工作的机构负责本单位重大行政执法决定的法制审核工作。根据本单位权力事项运行的实际，科学设置与法制审核任务相适应的法制审核机构。重大行政执法事项不多、不需要单独设置法制机构的单位，应当设置法制审核员岗位。通过组织参加培训、执法岗位轮训等方式，提高法制审核员法律素养和业务能力。建立健全公职律师统筹调用机制，发挥公职律师在法制审核中的作用，探索"公职律师＋法制审核机构"二级审核模式。

（四）建立重大行政执法决定法制审核评估机制

全面建立法制审核日常管理制度。探索建立重大行政执法决定法制审核平台，提升法制审核工作规范化、便利化水平。全面落实重大行政执法决定备案制度。定期分析统计法制审核的行为类型、行为内容、数量、审核结果和对审核意见的处理情况。加大对经法制审核后行政复议、行政应诉案件的分析研判力度。定期开展重大行政执法决定法制审核评估工作，促进地区和部门法制审核质量提升。

五、结语

法制审核强化了行政机关内部的权限分离和制约，同时体现了行政机关的自律。

进一步厘清法制审核在行政行为中的作用，规范法制审核工作，提高法制审核质效，将对规范行政执法行为，保障公民、法人和其他组织合法权益，推进全面依法治国、建设法治政府起到积极作用。

◇◇◇

专家点评

本文问题意识明确,结构较为合理,文字较为流畅,所提出的对策建议具有一定的现实应用价值,总体而言是一项质量较高的研究成果。

"大综合一体化"背景下基层重大执法决定法制审核的路径探索
——以行政执法内部规范控制为视角

浙江省杭州市萧山区司法局 沈 丽 徐建苗

重大行政执法决定法制审核,正成为行政活动中必不可少的一环。这一概念在行政执法过程中被频繁使用,作为内部行政程序的法制审核制度未引起行政法理论研究的足够重视,实践中,各地法院对此类纠纷的处理也甚少。学界的理论争论和司法的暂时缺位,不应成为行政执法操作的桎梏,相反应在实务中推动和发展重大行政执法决定法制审核。

一、 制度产生之浅析

重大行政执法决定法制审核制度是"行政执法机关作出重大执法决定前,由其法制机构对承办机构草拟的执法决定和相关材料进行合法性及合理性审核,并出具书面审核意见供负责人参考的一种内部监督制度",简言之,重大行政执法决定法制审核是行政执法主体在作出重大行政执法决定前,由相关机构对决定的合法性和合理性进行内部审核的监督制度。其核心是,未经法制机构审核或审核未通过的重大行政执法决定不得付诸实施。

行政执法风险指行政机关在执法过程中因执法行为所产生的侵害相对人权益的风险。一方面，执法行为是由行政执法人员实施的，行政机关和执法人员对执法结果应该承担责任。另一方面，执法人员实施执法行为所造成的风险不仅直接影响行政机关和执法人员个人形象，也严重影响国家行政管理目标的实现。

行政执法面对的社会关系和客观环境越来越复杂，困难越来越多，种种不确定因素使得行政执法尤其是重大行政执法风险激增。重大行政执法决定在化解社会风险的同时本身也变得危机四伏，对其进行深入规制以化解危机的现实需求日益突显。这种背景之下，作出行政执法决定尤其是重大行政执法决定必须慎之又慎。行政机关在行政执法时不能一味追逐速度，追求结果，而是要对执法行为进行审核和监督，要在执法决定合理合法的前提下高效实施执法活动。只有在权衡行政执法效率和行政执法风险的前提下，才能达到执法的目的，获得较好的行政效益。也正是以上种种内部与外部因素的综合，推动了重大行政执法决定法制审核制度的诞生。

二、 实践困境之管窥

作为监督行政执法行为的制度，2014年10月23日，党的十八届四中全会审议通过的《中共中央关于全面推进依法治国若干重大问题的决定》提出，要"严格执行重大执法决定法制审核制度"，这是重大执法决定法制审核制度在国家层面政策文件中首次出现。《法治政府建设实施纲要（2015—2020年）》（以下简称《纲要》）又提出"严格执行重大行政执法决定法制审核制度，未经法制审核或者审核未通过的，不得作出决定"。2017年，国务院出台《推行行政执法公示制度执法全过程记录制度重大执法决定法制审核制度试点工作方案》（以下简称《试点方案》），在天津、河北、辽宁等32个地方和部门进行试点。2019年，国务院办公厅发布《关于全面推行行政执法公示制度执法全过程记录制度重大执法决定法制审核制度的指导意见》，对重大执法决定法制审核制度审核机构、范围、内容、责任进行明确。2021年实施的《行政处罚法》，第一次以国家法律的形式明确如涉及重大公共利益等四种情形，应由从事行政处罚决定法制审核的人员进行法制审核；未经法制审核或审核未通过的，不得作出决定。这是重大执法决定法制审核制度在《行政处罚法》中的集中体现。然而，由于重大行政执法决定法制审核的原则性和宏观性，各个地方标准不一，执行情况也大不相同，加之其他种种原因，该制度在运行过程中仍遇到许多阻碍。

（一）范围与界定之争论与偏离

《纲要》印发前，各地重大行政执法决定法制审核有统一规定范围的仅限于行政处罚，但差异很大。《纲要》印发后，各地列入法制审核的重大行政执法决定范围有所扩大，但仍然不统一。此外，重大行政执法决定中的"重大"一词是一种价值判断，难以界定，导致有些地方认为属于重大行政执法的决定，在其他地方却认为不属于，因此相应导致了类似的行政决定，有些地方会进行审核，有些地方则不进行审核，所以增加了重大行政执法决定法制审核的随意性，出现了"应审不审"的现象。

（二）主体与立场之游离与迷茫

根据行政法理论，进行法制审核的主体是作出行政决定机关内部的法制机构，在实践中也确实如此。然而这种审核主体的确立不仅会使其中立性降低，而且也存在一定的片面性。毕竟，法制机构审核的本质仍属于一种"自我审定"，客观性和公正性都难以保障。由单位内部机构进行审核的模式会导致单位对审核制度重视不足，从而审核结果成为行政机关意志的产物，审核制度流于形式，这显然是有违客观性要求的，也不符合该制度设立的初衷。

（三）保障与规制之尴尬与乏力

从制度现状来看，目前一些省市或者政府工作部门已确立了重大行政执法决定法制审核制度，通过法定的审核程序进行法制监督。但实践中，大部分行政机关还是实行领导负责制或者行政首长负责制，这些机关在作出重大行政执法决定时往往更注重领导审批，而忽略法制审核这种制度化的监督程序。行政机关的内部监督机制一直处于分类不清的状态。如果行政执法决定作出前的监督权限一直归属于行政首长或者负责人，那么这种事前监督机制就处于形同虚设的境地，没有起到实际的监督作用。

（四）责任追究之纠结与彷徨

随着我国法制体系的不断完善，责任追究机制在司法领域得到了很好的落实，法官实行员额制，对于经由自己审理的案件，实行终身负责制，这有效地降低了冤假错案的发生概率，作为公平正义的最后保障，司法审判的这条防线变得更加坚硬。然而在行政执法领域，责任追究机制仍不完善。法治政府必然是责任政府。行政机关对于自身作出的行政行为必须完全负起责任，遵循"谁行政谁负责"的原则。在重大行政执法决定法制审核制度运行的过程中，往往会出现以下现象：虽经过了审核，行政决定者却不采纳合理的建议，或者完全采纳后便把责任全部推给审核机关，撇清自身责任。无论出现这两种中的哪一种情形，都必然导致行政权力的滥用，最终侵害行政相对人的合法权益，导致法治政府不法治，责任政府不负责。

三、 行政执法内部规范控制理论的引入

　　行政机关因承担着各项公共事务的组织、领导和实施任务，才被授予一系列的行政权力。但是，应当如何有效防范权力的违法和滥用，是一个理论与实践中的持续性难题。对于行政权力，一直以来并不乏相应的监督与制约机制，但外部监督的效果难以达到理想状态。因此，对行政主体的执法行为最有效的制约方式还应当包括一种"行政自觉"，即"行政自制"。行政自制理论的核心目标是在行政系统内部实现行政权力运行的合法性与合理性控制和纠错，类似的概念还有，行政执法内部规控，即行政执法机关对自身违法或不当行为的自我控制，目的是实现行政执法的自我监督和自我完善，弥补外部监督的不足。当然，行政自制论或者说行政执法内部规控论并不否认外部监督的作用，传统行政法理论将行政作为规范和控制对象、客体，并从法律与行政的从属关系和公民权利防御的角度努力建立监控体系。应当说，这种"外部视角"的控权模式，目前仍然是行政法理论的核心支柱。但行政任务的多样化、社会利益纷争的复杂化和国民价值观的多元化，必然要求法治主义原理和制度设计转向复合型、纵深化与精致化，单纯依靠立法与司法"外科手术式"的监控机制就想做到"药到病除"是不现实的。总之，行政执法模式的现实转变，行政相对人参与机会的增加，不断促使行政主体在行使行政权力的过程中实施自我控制。并且，行政主体改变其强制性的行为方式本身也是行政自制的一种表现和结果，即在其拥有行政权力的前提下对权力的运用予以自我节制与束缚，而这正是通过行政自我控制来规避行政执法风险的典型体现。

　　从以上基本脉络出发，可以发现，对行政执法风险实施行政系统内的自我控制是必要且可行的。在法治国家，行政机关作为架构精

密、运行严谨的现代政府组织，其自我修复乃至再造的"生理机能"不容忽视，行政所具备的"正能量"也正是政府得以存在和延续的主要动力。至此，我们在明确肯定第一部分提到的行政执法风险可以实施内部控制的基础上，应当充分研究内控机制，以重大行政执法决定为切入点，寻求行政行为内部控制有效路径。

引入重大行政执法决定法制审核制度后，首先，法制审核主体的地位设计可以使其在外部程序结束后、行政执法决定作出前，强制执法机构说明理由并凭借自身专业知识和经验质疑这些理由；其次，在当前政府信息对外公开相对有限的背景下，法制审核机构作为行政机关的内部机构，可以避免信息不对称的问题，提升质疑的有效性。最后，法制审核机构因为参与多个重大执法决定案件的审核，可以保证多个案件中标准适用的一致性，进而保证裁量的公平性。这样，相当于法制审核机构在执法机关内部"模拟"了行政相对人的角色，而其知识、经验、信息能力和对话能力等，足以打破权力、信息、话语权垄断，使其与执法机构的对话更加平等，功能和作用的发挥更加充分。事实上，法制审核机构也同时充当了内部监督者的角色，其审核强度和广度都优于司法审查，另外，还可以避免行政复议的滞后性。当然，法制审核机构的独立性在此就显得非常重要。

四、审核路径之探析

众所周知，制度的设计应当从现实出发，重大行政执法决定法制审核制度也不例外，而目前最大的现实就是"大综合一体化"行政执法改革背景下，乡镇（街道）承受事项的法制审核如何合法合理地作出？

看一下改革面上的基本情况。以萧山区来说，按照"打造具有萧山辨识度、全省影响力的'大综合一体化'行政执法改革'硬核'成果,争做全省示范样板"的改革目标,构建完成"七个一",全区行政执法改革整体框架搭建完毕。一是梳理一张清单。全面归集执法事项,编制完成行政执法总执法事项5850项,综合执法事项1738项,专业执法事项3019项,在此基础上,剥离非专业执法事项、剥离非执法职能也正在进行中。二是建立一个机构。在区、乡镇(街道)两个层级,分别成立综合行政执法统一协调指挥中心,做到上下对应、一体指挥,目前法制审核中心也已成立。三是组建一支队伍。全区667名执法人员下沉乡镇(街道),与乡镇(街道)内部力量整合,组建22个乡镇(街道)综合行政执法队,推动行政执法力量"金字塔形"布局。四是优化一张网络。按照系统应连尽连、数据应通尽通的原则,区综合行政执法局率先创建了"大综合一体化"行政执法驾驶舱,谋划开发了"区行政执法掌上指挥平台",推进"大综合一体化"行政执法改革、"一网统管""一网通办"三位一体、相互融合。五是共建一个场所。区级层面,联动"1+8"执法部门业务指导力量集中办公,实现区级行政执法指导力量归集;乡镇(街道)层面,推进乡镇(街道)综合执法队集中办公、一体运行,整合建立集党群服务、公共服务、执法服务等功能为一体的乡镇(街道)基层治理服务综合体,让基层群众"进一扇门、办一揽子事"。六是集成一件事。以整体视角统筹推进"监管一件事""综合查一次",认领搭建"监管一件事"主题60个,制定"综合查一次"乡镇(街道)特色场景80个,破解多头、重复执法的难题。七是再造一个流程。建立首问责任制,理顺监管与执法的关系,加强源头治理,切实做到第一时间发现问题、第一时间处置问题。

  由上可以看出,虽然取得了一些成果,但是毫无疑问,在实践中,存在的困难不少:一是在执法能力培养上需进一步加强。虽然市、区两级组织了各种培训,下沉人员学习培训的平台、渠道仍旧偏少,同时,学习的内容太多太广,学不会、学不深的困境摆在面前,迫切需要有效的执法能力培养。就现实而言，执法人员在办理案件过程中，由专科变全科仍需走一段很长的路。二是执法力量有待进一步加强。主要体现在：综合行政执法队伍优秀专业人才引进难、人员流失率较高；市场监管、交通运输、农业、文化市场、生态环境五支专业执法队伍，编制锁定多年，无法招录和商调补充执法人员，存在人员老化、执法力量难以及时补充的问题。

针对以上现实，结合重大行政执法决定法制审核的性质、地位、范围、方式、效力等问题，从行政执法内部规范与控制处罚，以下几个方面应作基础性考虑。

（一）审核主体的探讨：从个体到价值

对重大行政执法决定法制审核工作主体的选择直接影响着制度实施的效果，也间接影响着政府执法公信力和权威。从实际操作中，一般包括外部组织的审核、内部组织的审核与两种模式有机结合的审核。外部组织顾名思义就是独立于行政机关的组织和机构。这种主体的选择能避免内部审核不公、利益牵制、内部施压等种种弊端，其优点就是保持"中立"立场，运用专业知识开展审核工作，提供"技术理性"，保证审核独立性和客观公正。

就目前行政执法实践看，绝大多数行政机关的法制审核工作由行政机关内部的法制机构承担。内部法制机构负责审核的优势体现在，它属于政府内部职能部门，更了解行政执法政策导向，开展审核工作更方便快捷。但我们也看到，内部法制机构与执法机构隶属于同一行政领导，保证审核结论的客观公正至关重要。

笔者认为，作为制度的组织依托，审核主体的整体状况是重大执法决定法制审核制度能否达成既定目标的重要因素。同时，制度的设计是为了实施，从执行和履职能力的角度来确定主体更有参考价值。

从制度执行的要求看，执行主体至少应该是明确的，法治化视野中，它还应当是法定的。这一要求直接决定着执行主体的合法性和权威性。同时，作为重大行政执法决定法制审核制度的审核者、裁判者，执行主体的中立性、独立性和权威性不容置疑。如果制度的设计不能让法制审核主体摆脱各种干扰因素，法制审核就可能演变为走过场。此外，一个无法回避的问题就是法制机构的履职能力建设。执行主体的履职能力决定着制度目标能否实现。履职能力是一种系统化的能力，受制于法制机构的资源，如人力、物力、财力等，因而要确保重大行政执法决定法制审核制度的实效，推进过程中尤其要注意充实力量，落实保障，加强法制机构履职能力的建设。保障机构的设置、职数，提升履职能力都是必不可少的环节。

（二）审核范围的认定：从模糊到具体

对于重大行政执法决定法制审核制度而言，针对范围规定不明确的问题，就应当使审核的范围更加具体化和细化，使得在执行的过程中能够较为明确地确定哪些决定可以进行审核，哪些决定应当进行审核，哪些决定不用审核，统一明确的标尺，才不会在制度运行的过程中出现参差不齐的现象。《试点方案》对重大执法决定法制审核的范围进行了原则性规定，要求各试点单位结合行政执法行为的类别、执法层级、所属领域、涉案金额以及对当事人、社会的影响等因素，确定重大执法决定的事项范围，并鼓励有条件的试点单位对法定简易程序以外的所有执法决定进行法制审核。当然，根据不同地区的情况，必须允许存在一定程度的差异，给予一定的行政裁量权。在重大执法决定法制审核制度全面推行的过程中，应当尝试从顶层设计和工作机制等方面，逐步细致划定法制审核的事项范围。其一，加强行政执法领域的立法工作。建议在国家层面进行行政程序专项立法和行政执法监督领域的立法，并加快《行政许可法》和《行政强制法》等相关法律修改，推进重大执法决定法制审核制度在行政执法领域的全面法定化，为法制审核事项范围的划定提供法治支撑和引导。其二，建立重大执法事项评估机制。鉴于行政执法种类、领域、层级的多样化，以及具体执法事项所面临情势的即时性、复杂性，各行政执法机关应当强化行政自我规制理念，在现有的原则性规定基础上，对行政执法种类、事项进行梳理，考量相对人权益保护、社会影响、具体情节等重要因素，逐一评估哪些属于重大执法事项。其三，建立重大执法事项目录清单机制。各行政执法机关在对行政执法事项进行梳理、评估后，应创建重大执法事项目录清单。在此基础上，还应当结合工作实际，并参照行政复议和行政诉讼等动态后置权力监督方式的要求，对重大执法事项目录清单及时进行动态调整。

（三）审核程序的进程：从原则到规范

重大行政执法决定法制审核则通过将监督关口前移，实现事前监督和过程监督弥补此局限，其作用路径即内控程序的设计应关注有关问题，例如，法制审核的方式、审核时间点的确定等。另外，虽然我们强调法制机构的独立性，但也不可否认该机构与其他机构的协调配合，否则将形成新的碎片化和不当掣肘，影响执法的整体权威。因而内控程序的设计还应该融入协调的理念，如通过方法和手段的选择、时限规制，以及精细的流程设计等，使执法部门与审核机构之间形成无缝衔接，当然这需要整体理念及对执法成效的关注而非仅是机构内部活动。同时，执法和协调都离不开信息，良好的信息交换平台、畅通的交换渠道、良好的衔接机制也都有助于信息孤岛问题的及时解决，"润滑"执法程序。法制审核部门根据程序正当原则对作出行政执法决定的程序是否合法进行审核。

（四）审核责任的设计：从补充到压力

行政执法权是重要的行政权力，正如法国著名的公共管理学家法约尔所言：责任是权力的孪生物，是权力的当然结果和必要补充，凡权力行使的地方，就有责任。现实中，法制审核机构遵循过错责任原则，就是在审核过程中审核机构出现过错导致行政执法部门作出违法或不当的执法行为时，要追究审核机构的责任，责任追究时要厘清各环节、各部门的过错情况。但实践中法制审核结论多属于建议性质，与权责一致原则相违背。应该赋予审核机关审核权力，让法制审核结论具有强制力，根据权责一致原则，如果存在审核不力、审核机关自身过错等违法违规审核的应当承担相应的法律责任。审核的配置必须与其责任挂钩，通过职权行使与责任承担的一体化规范法制审核行为。总体而言，要真正保障该制度的生存和发展，就必须明确法制机构的法定义务，建立健全责任标准、责任追究机制，从而让制度环境同时形成一种制度压力，真正借助责任的预防和惩罚功能实现监督效率最大化和监督效果最优化。

后　记

重大行政执法决定法制审核制度作为一项行政机关内部指导监督制度，对行政机关严格执法、规范执法具有重要意义，长远来看，法制审核制度可以节省行政执法成本，达到更好的执法效益，也有利于政府公信力的建立。从行政内控角度看，法制审核制度是行政机关实施内部监督和自我规制的有效方式。但我们也应认识到，该制度有其特定的实施对象和作用范围，要求一个制度担负起行政执法的全部重任是不可能也不现实的。鉴于目前我国行政执法的现状，该制度在实施过程中还面临诸多困难，在实践探索及理论研究过程中，不断加强该制度在实际工作中的运行，真正实现"良法"和"善治"，为我国的法治现代化建设助力，也许这是我们心向往之的方向。

◇◇◇

专家点评

重大行政执法决定法制审核制度作为一项行政机关内部指导监督制度，对行政机关严格执法、规范执法具有重要意义。本文以行政执法内部规控为视角，针对"大综合一体化"背景下基层重大执法决定法制审核制度，较为全面地分析了基层重大执法决定法制审核制度三个方面的实践困境，在此基础上，引入行政自制理论。该理论的核心目标是，在行政系统内部实现对行政权力运行的合法性与合理性控制和纠错。在此理论的指引下，本文结合重大行政执法决定法制审核的性质、地位、范围、方式、效力等问题，从行政执法内部规范与控制处罚角度，着重从四个方面作了基础性考虑。本文中的建议全面、可行，对实践有较高的指导价值。

"大综合一体化"行政执法改革乡镇（街道）综合行政执法事项法制审核路径研究
——以江山市为例

浙江省衢州市江山市司法局　陈　敏

　　浙江省要构建、完善职责清晰、队伍精简、协同高效、机制健全、行为规范、监督有效的行政执法体制机制。浙江省各地融合"县乡一体、条抓块统"改革，执法权限事项和力量已基本下沉到位，目前85%以上的执法力量部署在县乡两级，其中乡镇（街道）占60%以上，执法事项下放率达60%以上。在调研中发现，部分乡镇（街道）由于法制审核力量不足、现有法治专业人才力量未充分发挥等，可能影响综合行政执法改革的效能。

　　法制审核，作为整个行政执法制度体系里关键的三项制度之一，是确保行政执法机关作出重大执法决定合法有效的关键环节，是对行政处罚决定合法性审核的重要方式。《国务院办公厅关于全面推行行政执法公示制度执法全过程记录制度重大执法决定法制审核制度的指导意见》（国办发〔2018〕118号）指出，"行政执法机关作出重大执法决定前，要严格进行法制审核，未经法制审核或者审核未通过的，不得作出决定"。《浙江省行政程序办法》（浙江省人民政府令第348号）第44条规定，"行政机关作出重大行政执法决定前，应当经法制审核"。随着我省"大综合一体化"行政执法改革的深入推进，法制审核工作显得尤为重要,其有利于助推依法行政,是建设法治政府的主要抓手之一。

一、基本情况

本文主要以江山市为例,目前,江山市已构建起"1+5"执法体系,全市专业执法队伍精简率达60%,在衢州市各县(市)中转隶人员最多,转隶速度最快。

二、当前乡镇(街道)综合行政执法事项法制审核存在问题

(一)部分行政执法下放事项精准性不够

一是下放事项在乡镇(街道)间存在差异。当前,我市共有7个赋权乡镇(街道),其中贺村镇作为全省首批试点乡镇下放事项466项,其他6个乡镇(街道)各下放495项,下放事项的差异导致乡镇(街道)间开展法制审核工作的差异较为明显,由于其余6个乡镇(街道)此前未作为试点,当前下放事项却比试点乡镇更多,一定程度上加重了法制审核任务。二是下放事项与乡镇实际需求不匹配。经初步统计,在实际行使的下放事项中高频事项不足10%,究其原因是法制审核机制未有效建立,导致执法人员在很多专业领域执法"不能执""不敢执"。三是下放事项后乡镇(街道)未能有效承接。据广东省揭阳市人民政府官网显示,对部分专业性强、乡镇(街道)确实无法有效承接的,以及因相关法律法规修改、废止等原因不能下放的行政执法事项共19项,由市级部门予以收回。由于执法工作本身任务重,承接事项需要一定的专业能力,大多数乡镇(街道)工作人员

既要承担本职工作，又要应对乡镇（街道）其他工作，对于执法工作显得"心有余而力不足"。

（二）部分乡镇（街道）行政执法法制审核力量不足

《国务院办公厅关于全面推行行政执法公示制度执法全过程记录制度重大执法决定法制审核制度的指导意见》指出，"加强法制审核队伍的正规化、专业化、职业化建设，把政治素质高、业务能力强、具有法律专业背景的人员调整充实到法制审核岗位，配强工作力量，使法制审核人员的配置与形势任务相适应，原则上各级行政执法机关的法制审核人员不少于本单位执法人员总数的5%"。一是法制审核内设机构未有效建立。当前虽然已经将事项下放至乡镇，各个赋权乡镇虽组建了执法中队，执法人员也已经配备到位，但是未成立专门的法制审核内设机构，执法后缺乏专业的法制人员审核。二是法制审核专业人才缺乏。根据《行政处罚法》第58条规定，行政机关中初次从事行政处罚决定法制审核的人员，应当通过国家统一法律职业资格考试取得法律职业资格。由于赋权乡镇执法队成立时间不长，贺村镇最早成立于2019年，其余6个乡镇均于2021年成立，目前执法队伍中具有法律背景和有行政执法经验的人员都不多，对于执法事项的承接力量凸显不足。据了解，7个赋权乡镇中贺村镇法制审核人员依托于司法所力量开展法制审核，其属于司法局专编派驻人员，持有法律执业资格证，其余乡镇法制审核人才均未持有法律执业资格证，部分乡镇（街道）持有法律执业资格证的人员却未从事法制审核工作，导致专业人才不足。三是法制审核工作履职风险较大。由于乡镇（街道）综合行政执法涉及领域较广，部分下放领域事项专业性较强，法制审核人员很难掌握所有的法律法规等，一旦出现行政复议或行政诉讼案件，会挫伤法制审核人员的工作积极性，增加其履职风险。

（三）部分行政执法事项适用程序不统一

当前各有关单位执法事项划转综合行政执法部门统一行使的同时，执法事项所依据的法律法规（特别是程序规定）并未统一，综合行政执法部门在统一行使划转执法事项的同时，对不同领域执法事项仍需适用不同的程序规范，以行政处罚听证程序为例，不同领域的行政执法对听证提出时间、审查时间、举行时间都有不同规定，如《行政处罚法》规定"当事人要求听证的，应当在行政机关告知后五日内提出……行政机关应当在举行听证的七日前，通知当事人及有关人员听证的时间、地点"；《林业行政处罚听证规则》规定"当事人自林业行政主管部门告知之日起三日内提出听证申请……林业行政主管部门收到听证申请后，应当在五日内进行审查……听证应当在受理听证申请之日起二十日内举行"；《环境行政处罚听证程序规定》规定"当事人要求听证的，应当在收到《行政处罚听证告知书》之日起3日内……环境保护主管部门应当在收到当事人听证申请之日起7日内进行审查……听证会应当在决定听证之日起30日内举行"。这在一定程度上给法制审核工作带来了困难，也对法制审核人员工作提出了更高的要求。

（四）部分赋权乡镇（街道）参与度不高

一是部分人员思想认识不够。由于下沉事项多、工作任务较重，部分赋权乡镇（街道）部分人员认为自身不能承接好所有事项，存在等待和观望心理，诸多人员和精力都用在如何执法上面，对于法制审核工作自然重视不够。二是现有行政执法证利用不足。据了解，江山市自2021年10月高频多发的行政处罚权下放赋权7个乡镇后，当前乡镇一支队伍中乡镇（街道）内部调剂人员没有充实进去，可以说一支队伍还是以综合行政执法的下沉力量为主，日常执法办案都以部门执法证为主，乡镇持证干部基本没有接触行政执法，对于执法工作了解不多，执法证利用率不高。三是乡镇（街道）各内设科室间交流沟通不够。目前大多数赋权乡镇（街道）执法工作都在平安法治模块中，其他模块对于执法工作接触不多，由于法制审核工作人员需要具有一定的专业背景，从而造成各模块间交流沟通不够。

三、 相关建议

（一）加强顶层设计，完善法制审核机制

一是成立乡镇（街道）法制审核机构。为压实乡镇（街道）综合行政执法的主体责任，可在乡镇（街道）内设科室中设立"法制工作办公室"，填补无专门法制审核机构的空白，配齐配强法制审核人员力量，真正承担起法制审核工作任务，通过对部门下沉及乡镇（街道）现有人员进行内部"挖潜"，同时借助司法所综合改革的契机，在司法所设置合法合规审核岗，协助乡镇（街道）开展法制审核工作。二是建立法制审核协作机制。法制审核工作是需要多部门多层级协同推进的工作，要建立健全重大行政执法案件定期会商研判机制，可通过"线上＋线下"方式开展交流讨论，进一步厘清事项下放后责任部门与乡镇（街道）、责任部门与综合行政执法局、乡镇（街道）执法队与综合行政执法局中队等三对关系，以规范执法行为、优化执法流程，进一步增强法制审核工作合力。三是建立法制审核沟通机制。各乡镇（街道）要发挥好各个模块办公室、司法所及执法部门派驻机构、派驻人员的专业优势，加大和业务主管部门的沟通对接力度。

（二）加强人才配备，充实法制审核力量

法制审核人员素质的高低，直接关系到综合行政执法能否取得预期效果，因此，要不断加强法制审核人才队伍建设。一是加大法制审核人才队伍配备。按照法制审核人员不少于本单位执法人员总数的5%的要求，在赋权乡镇（街道）执法中队中按照不少于5%的比例配齐，确保现有执法中队中能有专业人员，增强执法中队的法制审核力量，提升乡镇（街道）行政执法的质效。二是加大法制审核人才队伍储备。由于专业法制审核人才的培养需要较长的周期，建议可通过前期摸排，乡镇（街道）中具有法律专业背景和法学专业知识的人员可作为法制审核人员的储备，特别是持有法律职业资格的人员可直接参与法制审核工作，并持续加大对法学专业人才特别是通过"法考"人员的招聘，可利用乡镇（街道）富余编制开展法学专业人才的招聘。三是健全法制审核人才队伍补充机制。《国务院办公厅关于全面推行行政执法公示制度执法全过程记录制度重大执法决定法制审核制度的指导意见》指出，"要充分发挥法律顾问、公职律师在法制审核工作中的作用，特别是针对基层存在的法制审核专业人员数量不足、分布不均等问题，探索建立健全本系统内法律顾问、公职律师统筹调用机制，实现法律专业人才资源共享"。由于公职律师是在本单位中从事法律事务工作的人员，其具有较高的法律素养，可充分发挥其作用，可以与高校、律师事务所等开展合作，特别是可通过引进第三方优秀法律服务团队。乡镇（街道）可根据实际情况采取政府购买服务方式配备驻队律师，对于重大行政执法决定、重大疑难案件等，乡镇（街道）可邀请其参与论证与研判，以不断增强法制审核的精准度，提升案件办理质量。

（三）健全培养机制，落实法制审核保障

一是对法制审核人员开展常态化学习培训。可以采取"请进来与走出去""线上＋线下"相结合的培训模式，如邀请省内外法学专家、学者等为法制审核人员开展法学理论、实践案例等讲解，特别是对于法律的理解与适用等进行深入解读，使其内化于心，同时可组织法制审核人员、公职律师等赴高校、先进地区取经，利用周一夜学、专题学习会等经常性开展《行政处罚法》《行政许可法》等法律法规学习，鼓励利用网上学习资源开展自学，以此提升法制审核人员的业务水平，还可有针对性地开展岗位大练兵，营造比学赶超氛围，使法制审核人员能够对标对表，查找自身不足，使其快速进步。二是健全法制审核人员的考核激励机制。立足法制审核工作的现状和实际，制定出台乡镇（街道）法制审核人员考核激励办法，详细规定考核激励的内容和标准，对于认真履职的，在评优评先、干部推荐等方面给予充分的激励，以此吸引优秀人才积极参与法制审核工作。三是出台公职律师考核激励办法。由于公职律师承担着本职工作，要积极出台相关考核激励办法，建立健全公职律师参与法制审核工作相关机制，发挥其作用，调动其积极性，对于工作积极主动的要在选人用人上给予充分考虑。

（四）借力借势数字化，提高法制审核质效

据《浙江日报》2022年8月9日报道，"浙江省下半年将着重加强基层执法队伍能力水平培训提升，全面上线'大综合一体化'执法监管数字应用，深化执法监管'一件事'场景落地"，由此可见，法制审核工作也亟须走上数字化之路。一是加快推进法制审核线上系统运行。法制审核要充分利用现代信息手段，可通过浙政钉办公系统，开发法制审核通用流程，包括案件上传、材料初审、法制审核意见

等，各个环节全部实现网上办，同时要在技术上打通法律顾问无法接入内网的障碍，实现法制审核人员包括法律顾问可以使用电脑或手机实现远程审核，提高法制审核工作效率。二是利用信息化手段开展学习培训。可在浙政钉内开发学习培训平台，及时上线针对办理案件和法制审核中经常用到的法律法规，收集既往法院、上级部门的成功案例，实现随时随地想学就学的功能，不断提升法制审核人员的素质。三是动态开展应用的迭代升级。建立健全法制审核平台迭代升级机制，加大工作经费投入，根据工作实际不断优化平台，同时可增加法制审核人员、法律顾问、公职律师等线上评价功能，对其法制审核数量、质量等予以评价。同时，应用内可结合执法需求，动态调整执法事项，对于赋权乡镇（街道）没有承接能力的事项，可综合研判予以收回，防止出现事项下放后达不到预期效果的情况。

◇ ◇ ◇

专家点评

"大综合一体化"行政执法改革是当前的重要任务，其中的法制审核工作非常重要。本文结合江山市的实际情况，提出了法制审核存在的四个方面问题。作者对这些问题的分析有理有据，提出的解决思路具有较强的可行性和可操作性。

对当前乡镇（街道）综合行政执法事项法制审核存在的问题，本文较为全面地阐述了法治审核的不足之处，包括执法事项下放精准性不够、法制审核人员及力量配备不足、所涉程序不统一及乡镇（街道）参与度不高等问题，具有普遍意义，直戳实践中遇到的难点和痛点。在实践中，乡镇（街道）普遍存在畏难情绪，对于这些问题应当予以重视。

关于解决方案，本文提出了一些可行的建议，例如加强法制审核人才队伍建设、引进第三方优秀法律服务团队、借助数字化平台进行协同等。尤其是借助数字化平台协同，值得进一步探索。

推进"大综合一体化"行政执法改革，对于行政执法的集约化，避免多头执法、执法不一，进一步做到行政执法的规范、文明、公正、高效具有重要意义。但是，行政执法下沉乡镇（街道）后也出现了一些新情况、新问题。本文作者立足于改革前沿，总结分析基层实务，有针对性地提出了具体的解决方案。

综合行政执法改革背景下行政执法事项的划转研究

浙江省嘉兴市嘉善县综合行政执法局 杜冬战

综合行政执法改革主要抓手是通过推动行政执法事项进一步集中，以达到精简执法队伍、提升行政效能等目的。在划转行政执法事项时，应充分考虑行政执法事项划转后所带来的各方面影响，综合确定划转范围，推动执法事项落地，部门履职到位。

一、行政执法主要围绕行政执法事项展开

行政机关履职的方式主要有两种：行政管理和行政执法。行政管理，也可称之为行政监管，主要通过提示警戒、行政约谈等非强制性手段，促使管理对象的行为合乎法律，以此达到既定目的。当行政管理手段无法满足履职的要求时，行政机关会通过行政执法方式来达成既定目的，如设定行政许可，将新兴事物的无序扩张纳入有序发展范畴；实施行政强制，制止正在发生或可能发生的违法行为、危险状态以及不利后果；作出行政处罚，纠正并惩戒违法行为。可以说，行政执法在行政机关履职中发挥着重要作用。

行政机关为保障行政执法有效开展，会制定各项配套制度和保障措施，以此保证其全面履行部门职责。行政执法主要分为两部分——

行政执法事项和行政执法程序，其中行政执法事项是核心内容，行政执法程序则为行政机关全面正确执行行政执法事项提供程序保障。

二、在部门法定的前提下，通过划转行政执法事项推动职责流动

行政执法事项主要包括行政许可事项、行政强制事项、行政处罚事项等。《行政许可法》第25条规定，经国务院批准，省、自治区、直辖市人民政府根据精简、统一、效能的原则，可以决定一个行政机关行使有关行政机关的行政许可权。《行政强制法》第17条第2款规定，依据《中华人民共和国行政处罚法》的规定行使相对集中行政处罚权的行政机关，可以实施法律、法规规定的与行政处罚权有关的行政强制措施。《行政处罚法》第18条第2款规定，国务院或者省、自治区、直辖市人民政府可以决定一个行政机关行使有关行政机关的行政处罚权。上述三款法律规定，为划转行政执法事项提供了法律依据，也为科学配置行政权力提供了理论可能。

行政执法事项的执行机关是由法律规定的，每个行政执法事项都有与之对应的执法部门。如何在"部门法定"的前提下，盘活行政执法事项，科学合理配置行政权力，推进行政执法体制机制改革，上述三款法律规定成为关键。根据上述三款法律规定，省级人民政府可依法设立综合行政执法局，集中行使跨领域、跨部门的行政处罚权，以及与之相关的行政强制措施；也可依法设立综合行政审批局，集中行使跨领域、跨部门的行政许可权。综合行政执法局、综合行政审批局的设立，打破了原来的部门壁垒，减少了部门推诿扯皮的现象，对行政执法体制机制作出了重大改革，管理职能和执法职能因此相对分离，部门职责发生流动。

三、 划转行政执法事项对行政执法体制的影响

（一）优化资源配置

通常来说，行政机关所承担的职责越多，履行职责所需要的行政资源就越多。全面正确执行行政执法事项是行政机关的重要职责，行政执法事项的划入划出，行政机关职责也随之增多减少。对于固定行政区域而言，该区域内所有行政机关所拥有的行政资源总量基本稳定，但每个行政机关职责不是相对平均的，有多有少，所以必然导致有的行政机关所享有的行政资源多，有的行政机关所享有的行政资源少。行政执法事项的划转，随之带动行政机关职责流动，与之配套的行政资源也同步流动，如人员编制、财政保障、执法装备、办公场所等资源要素向职责多的行政机关倾斜。通过划转行政执法事项，推动行政执法事项从"部门法定"向"自由流动"转变，进一步盘活了行政资源，将有限的行政资源调配到了关键环节，实现了行政资源的效益最大化。

（二）增强监管执法职能优势

基层实践中，各地一般将行政执法事项从行业监管部门划转到综合行政执法部门，并逐渐削弱行业监管部门的执法职能，推动执法事项从各处分散向综合行政执法部门相对集中。行政执法事项划转完成后，监管与执法职能相对分离。行业监管部门可着手优化资源配置，将原用于履行执法职责的行政资源，调配到履行行业监管职责中，能发挥行政资源的集中优势，强化行业监管职责，以管理手段实现既定目的，减少行政执法环节压力。综合行政执法部门因集中较多行政执法事项，所获得的行政资源进一步增强，执法人员、执法装备等资源

要素较之行业监管部门占据明显优势。原行业监管部门只能开展个别对象的行政执法行动，在行政执法事项划转后，综合行政执法部门可以利用其执法人员等优势，集中执法力量查处违法行为。综合行政执法部门履行某类行业行政执法职责的同时，可根据划转的行政执法事项，同步对相对人开展其他领域违法行为的行政执法活动。综合行政执法部门的这种行政执法活动，能减少多个执法部门联合执法的情形，实现单个执法部门跨领域行政执法，从而能最大化使用行政资源。

（三）提升行政相对人的获得感

在自身、他人的合法权益或社会公共利益受到不法侵害时，群众有权以合适的方式向有关部门反映问题，以期获得公权力的救济。综合行政执法部门因集中大量的行政执法事项，成为查处违法行为的主要部门，改变了原来多个问题需要向多个部门反映的局面，实现了"进一扇门"，反映"多件事"，解决"多个问题"的目标。传统的多部门联合执法方式需要相对人在同一时间，对接多个执法部门，同时提供多个执法部门检查所需的资料、执法文书签字确认等。行政执法事项划转至综合行政执法部门后，只需一个执法部门、两名执法人员、一张检查文书，就能实现联合执法目的，能够同时解决"多个问题"，不再需要相对人向多个部门反映。若检查发现违法行为，相对人也不必前往多个部门接受调查取证，只需综合行政执法部门立多个案由就能对同一相对人的多个违法行为一并查处，减少了相对人在多个部门间来回跑动。从而为相对人提供了方便，也提高了执法效率。行政相对人的获得感明显提升。

（四）增强基层社会治理能力

传统的乡镇（街道）开展行政执法，主要依靠县级有关执法部门派驻机构以县级执法部门的名义进行，违法行为的立案、调查取证、作出决定等一系列流程均由县级执法部门完成。乡镇（街道）无法直接调动县级有关部门派驻力量，需县级有关执法部门协助方能实现，但大多数违法行为却直接发生在基层，因缺乏行政执法权，乡镇（街道）想管却管不了，从客观上产生了现实执法需求。《行政处罚法》的修订，从法律层面破解了这一难题，省级人民政府可以决定将有关行政处罚权交由乡镇（街道）行使，直接明确乡镇（街道）的执法主体地位。行政执法事项向乡镇（街道）集中，乡镇（街道）成为执法主体，有效解决了乡镇（街道）"看得见、管不了"的问题，乡镇（街道）能直接管，实现了问题发现在基层、违法查处在基层、矛盾化解在基层。

四、划转行政执法事项应坚持的原则

（一）从部门履职出发划转行政执法事项

行政执法事项的划转直接导致了部门职责发生变化，行业监管部门的行政执法职责向综合行政执法部门流动。从表面看，行业监管部门划出行政执法事项，仅保留行业监管职责，其部门职责总量减少了，较之原来履职似乎更加容易了。但行业监管部门如何在缺少行政执法手段的前提下，履行好行业监管职责，是一个新的挑战。部门主要职责是维护第三人的合法权益，行业监管和行政执法两个手段是密不可分且相互作用的。第三人所追求的是本身的合法利益得到保障，特别是当维护第三人的合法权益和查处相对人的违法行为发生冲突的前提下，相对人的金额不足以同时履行支付第三人合法收益和行政机关的罚没款时，行政机关应当优先选择维护第三人的合法权益。尽管此类行业监管部门主要是通过管理方式来履行部门职责，维护第三人的合法权益的，但行政执法作为一种手段来保证监管职责的实现，在部门履行管理职责时发挥着威慑作用，若行业监管部门缺少行政执法的强制力作为最后保障，则管理手段的力度可能略显不足，可能无法实现预期目标。划转行政执法事项宜站在整体政府角度，从部门整体履职角度出发，注重划转行政执法事项的履职能力，划转行政执法事项导致行业监管职能弱化的可不予划转。

（二）专业技术要求高的行政执法事项可不予划转

从行政执法能力视角看待行政执法事项，可将之分为普通行政执法事项和专业行政执法事项，其中普通行政执法事项所需要的行政执法能力要求不高，达到行政执法人员该有的执法能力即可；专业行政执法事项对行政执法人员有较高的履职能力要求，行政执法人员具备专业的技能方可满足行政执法需要。提升行政执法能力的主要途径是执法业务培训，对于普通行政执法事项而言，只需进行适量的执法业务培训，即可满足从事相关执法活动的要求；但对于专业行政执法事项，因其涉及客观情况复杂、技术标准繁多等，常规的执法业务培训不能完全满足需求，需要投入更多的培训资源方能实现预定目标，此种情况下投入和产出不成正比，客观上造成了行政资源浪费。一些专业行政执法事项与行业监管的技术手段密不可分，依赖该技术手段实现发现违法行为的目的，若划转则可能形成"执法空转"现象，即核心的违法行为认定由行业监管部门进行，综合行政执法部门仅出具行政处罚决定，在整个行政执法流程中起辅助作用。设计综合行政执法制度的初衷是通过成立综合行政执法部门，尽可能承担足够数量的行政执法事项，从而精简行政执法机构，也能够避免行政执法推诿扯皮情况的发生。综合行政执法部门相对集中了相当数量的行政执法事项，为保持数量与质量相对平衡，划转行政执法事项时应该注意甄别，其所承接的事项应为普通行政执法事项，不宜划转专业行政执法事项。

(三) 与行政强制执行相关的行政执法事项可不予划转

行政强制执行直接关系相对人的切身利益，且不具有恢复原状的可能性，法律对于行政强制执行的设定持谨慎态度，非必要不设立，只针对具备现实紧迫性、危害性较大的违法行为作出相应规定。对于一些行政执法事项，法律规定与之相适应的行政强制执行，作为执法部门有效实施的保障。若划转此类行政执法事项，综合行政执法部门限于《行政强制法》有关规定，仅能作出行政执法决定，无法实施行政强制执行，需移送行业监管部门由其实施。行政处罚决定部门和行政强制执行部门相对分离，使得危急情况下立即实施行政强制执行不具有可能性，现实危险因无法立即纠正可能扩大，纠正违法行为的紧迫性与案件移送所占时间形成矛盾，不符合立法本意。行政效率也是行政执法事项划转不可忽略的一个重要因素，综合行政执法部门执行与行政强制执行相关的行政执法事项，将整体性的事务拆开成相对独立的单个事务，破坏了行政处罚与行政强制执行的紧密衔接性，较之行业监管部门执行，明显不具有行政效率的优势。此类行政执法事项和行政强制执行相对统一，这两个方面密不可分，不宜分属不同的部门，所以由具备行政强制执行职权的行业监管部门实施更为妥当。

(四) 法律、法规、规章对同一违法行为的行政执法事项同步划转

我国的立法体制为"一元两级多层"，宪法作为根本大法，中央立法和地方相结合，呈现多层级的法律、法规、规章体系。下位法可在上位法规定的范围内进一步细化，或在上位法无相关规定的前提下作补充规定，法律、法规、规章对于同一违法行为可能均有与之对应

的法律责任条款。对于市级地方性法规而言，其所规定的法律条款适用范围为特定行政区域，不具有其他市外效力。实践中，省级统一行政执法事项和各市特有行政执法事项分属不同序列，划转行政执法事项时宜将两者统筹进行，对同一违法行为要整体划转，要防止出现部分划转的情况，即仅划转省级统一行政执法事项，各市特有行政执法事项未同步划转，这样会导致行业监管部门和综合行政执法部门均具有行政处罚权，从而会产生新的执法扯皮现象。下位法可在上位法规定的范围内进一步细化，同一违法行为的行政裁量幅度可能有所不同，行业监管部门和综合行政执法部门根据不同的法律规定，所作出的行政处罚决定结果可能不同，即"同案不同罚"，这样不利于维护法制统一。所以，法律、法规、规章对同一行为均有规定的行政执法事项，应该作为同一行政执法事项整体划转，不能只划转其中一部分。

五、结语

在综合行政执法改革的背景下，划转行政执法事项应该综合考虑各方面因素，要兼顾行业监管部门、综合行政执法部门和行政相对人等各方面的利益，要在行政执法事项划转前，进行充分论证，要依法实施，从而进一步放大执法监管优势，实现行政执法效能整体提升。

◇ ◇ ◇

专家点评

本文主要从中观层面上分析了综合行政执法改革背景下行政执法事项的划转，探讨了划转行政执法事项对行政执法体制的影响以及划转行政执法事项中的法律原则,论述有力,层次清晰。本文研究的问题是实践中常遇到的现实问题,不仅研究的结论有较高理论价值,而且因为本文中提出的建议具有较强可操作性,所以对实际工作也有重要的指导意义。

其他

深入推进涉企法治服务"一件事"改革
——塑造法治化营商环境新优势的浙江实践

浙江省司法厅　何健勇　陆佳佳

一、改革的背景及意义

（一）改革背景

1. 聚焦营商环境优化提升。营商环境集中体现了一个国家或地区发展的软实力，是稳定市场信心、激发经济发展活力、推动高质量发展的重要因素。民营经济是浙江经济最大的特色之一，民营企业是浙江的金名片。党的十八届三中全会以来，浙江先后实施"四张清单一张网"改革、"最多跑一次"改革、数字化改革等重大改革，最大限度利企便民，不断提升行政效能。2023年9月，习近平总书记在浙江考察期间强调，要加强市场化、法治化、国际化营商环境建设。浙江深入贯彻落实习近平总书记考察浙江重要讲话精神，对政务服务体制机制、组织架构、方式流程、手段工具进行变革性重塑，深入推动政务服务提质增效，牵引撬动政务环境、法治环境、市场环境、经济生态环境、人文环境进一步改善，全面打造一流营商环境升级版，推动在中国式现代化新征程上再创浙江发展环境新优势。

2. 聚焦深化法治领域改革。党的二十届三中全会《决定》明确提出，将法治融入经济、政治、文化、社会等各领域体制机制改革，全面推进国家各方面工作法治化，加快在法治轨道上推进国家治理体系和治理能力现代化；围绕"完善中国特色社会主义法治体系"作出专章部署，聚焦破除制约影响全面依法治国的体制机制障碍，协同推进立法、执法、司法、守法、涉外法治等各环节改革，不断把社会主义法治国家建设推向更高水平。《全面深化法治领域改革纲要（2023—2027年）》等重要文件也对深化法治领域改革作出了具体部署。

3. 聚焦国务院"高效办成一件事"决策部署。2024年1月9日，国务院印发《关于进一步优化政务服务提升行政效能 推动"高效办成一件事"的指导意见》，把"高效办成一件事"作为优化政务服务、提升行政效能的重要抓手，明确提出"要深入推动政务服务提质增效，在更多领域更大范围实现'高效办成一件事'""到2027年，实现企业和个人两个全生命周期重要阶段'高效办成一件事'重点事项落地见效，大幅提升企业和群众办事满意度、获得感"。《指导意见》中将浙江的做法经验予以吸收推广，把"拓展增值服务内容"作为全面推动政务服务扩面增效的重要举措之一，要求依托线上线下政务服务渠道，为企业提供精准化、个性化的优质衍生服务。

（二）重要意义

1. 涉企法治服务"一件事"改革是助力营商环境优化提升的发展命题，具有鲜明的指向性。法治是推进高质量发展与优化营商环境的重要手段，也是最根本和最稳定的保障。当前，面对传统产业改造升级、新兴产业培育壮大和未来产业前瞻布局等新形势新挑战，浙江发展进入又一个爬坡过坎的关键期。企业和市场面临的不确定性因素逐渐增多，多元化法治需求的特征也愈发明显。涉企法治服务"一件事"改革，立足企业全生命周期、产业全链条，聚焦关联高频法治需求，强化政府、社会、市场三侧协同，前移服务关口，迭代服务事项，优化制度供给，为企业提供更广范围、更深层次的精准化、专业化服务，不断增强企业和群众办事满意度、获得感，为稳定市场信心、激发经济发展活力、推动高质量发展助力赋能，是新时代新征程推进法治领域改革的务实之举。

2. 涉企法治服务"一件事"改革是推进预防性法治体系建设的改革考题，具有重要的牵引性。预防性法治体系建设是浙江省司法行政系统为贯彻落实党的二十届三中全会和省委十五届五次全会精神创新谋划的重大改革举措。该项改革聚焦"抓前端、防风险、促发展"主题主线，将"预防性"理念贯穿法治建设全过程，协同推进立法、执法、司法、守法各环节改革，推动更多法治力量向预防和疏导端用力，促进政府侧、市场侧、社会侧协同联动，最大程度稳定、修复、发展社会关系，努力让社会既充满活力又安定有序。推进涉企法治服务"一件事"改革，有利于将可能产生的涉企矛盾纠纷化解在萌芽状态，与预防性法治体系建设的底层逻辑、内在要求一脉相承，是预防性法治体系建设的重要一环。

3. 涉企法治服务"一件事"改革是省域治理体系和治理能力现代化的实践课题，具有典型的示范性。浙江是改革开放先行地，一直以来领改革风气之先。浙江省委十五届五次全会鲜明提出"三个再""五个更"的奋斗目标，吹响了进一步全面深化改革、推进中国式现代化省域先行的冲锋号角。站在改革发展新的历史关口，如何以探路先行者的姿态主动变革、引领变革？很重要的一条，就是聚焦新的"成长烦恼"，瞄准"前沿赛道"，发挥持续优化政务服务等领域改革先行优势，努力探寻共性问题解决方案，为中国式现代化建设全局提供更多可复制可推广的浙江素材、浙江经验。涉企法治服务"一件事"改革是对持续优化政务服务、提升行政效能的积极响应，是对转变政府职能、深化政企社互动治理的积极探索，是推动服务供给主体多元协同、供给内容专业精细、供给方式高效便捷的积极示范。通过"制度＋技术"，企业办事不靠关系、不找熟人，"致广大而尽精微"，为在法治轨道上推进省域治理体系和治理能力现代化提供了新的实践范例。

二、改革的推进情况

（一）实践历程

回顾涉企法治服务"一件事"改革实践历程，主要经历了谋划部署、统筹推进、攻坚突破等三个重要阶段。

1. 谋划部署阶段（2023年11月—2024年3月）

一是迅速部署试点。2023年11月，按照浙江省委推进营商环境优化提升改革的总体部署，省司法厅将推进涉企法治服务领域改革确定为重大改革项目，列入"1＋10＋N"改革推进体系。此后，第一时间研究确定在钱塘区、余杭区、鄞州区、江北区、龙湾区、永嘉县、德清县、海盐县、柯桥区、义乌市、柯城区、温岭市等12个县（市、区）开展试点，以先行先试打开改革突破口；随后召开试点地区座谈会，通报改革初步设想，听取意见建议，为谋划推进改革提供新鲜经验，贡献可行方案。

二是深入开展调研。2023年11月下旬，先后组织赴鄞州区、江北区、柯桥区、柯城区、余杭区等试点地区开展实地调研；指导各试点地区深入各类企业，摸排反馈企业法治服务需求；商请法治环境专项小组各成员单位梳理反馈法治服务事项清单。12月初，面向全省开展了一次书面调研，系统了解全省面上改革工作基础，找准需求切入点。

三是起草完善方案。以改革初步设想为框架,结合实地调研和面上调研情况,经反复斟酌、数易其稿,形成了《工作方案(征求意见稿)》。12月底,面向26家省级单位、各设区市和12个试点县(市、区)广泛征求意见,对反馈的意见逐条研究,作了吸收采纳。此后,向省委依法治省委委员开展了征求意见工作,并向省有关领导作了汇报,确保在全省统一的话语体系下推进改革。在综合各方意见建议基础上,对征求意见稿进行反复修改完善后,形成了《工作方案(送审稿)》。

四是率先出台方案。2024年1月11日,经省委全面依法治省委员会第六次会议审议通过,1月16日由省委依法治省办正式印发了改革工作方案,成为相关领域改革中首个出台的体系化省级方案。该方案提出了4个方面10项具体任务,明确改革"谁来做""在哪做""做什么""怎么做"等核心问题,形成"4个打造"总体布局下的"3223"改革工作体系,并同步印发了《涉企法治服务事项省级指导目录S1》和《涉企法治服务"一件事"省级指导目录S1》。方案的创新亮点体现为"五个变":在服务理念上,变"有什么、给什么"为"要什么、给什么";在组织架构上,变"单兵作战"为"联合作战";在服务事项上,变"单一便捷"为"综合赋能";在服务载体上,变"定时定点"为"随时随地";在服务机制上,变"做加法"为"做乘法"。

五是营造改革氛围。改革方案出台后,迅速开展了全方位的宣传贯彻工作。在《浙江法治》公众号上以"一图读懂"形式进行了全面解读;在《浙江日报》上以问答形式作了宣传报道;中新社在《中国新闻报》上以"浙江吹响涉企法治服务改革'冲锋号'"为主题,刊发浙江省推进涉企法治服务改革的做法(两会专版),并获司法部转发,社会反响热烈。

2. 统筹推进阶段（2024年4月—6月）

一是全面加强业务指导，推动改革质效再提档。省委依法治省办先后召开4次工作推进会，加强省、市、县一体联动，推动改革步步深入、层层递进。建立常态化专班运行机制，及时跟进改革动态，加强分析研判。以"四不两直"等方式深入基层了解改革推进情况，加强针对性工作指导，推动发现问题、破解难点、打通堵点。对11个设区市和12个试点县（市、区）开展全覆盖现场调研指导，形成专项指导情况报告，对发现的63个问题以提示单形式进行指导改进，着力提升法治服务专区运行质效。

二是深入谋划"一件事"，推动服务场景再拓展。3月11日，省委依法治省办印发《关于加快推进涉企法治服务"一件事"落地见效的通知》，紧扣企业初创期、成长期、成熟期、转型期4个不同生命周期的重要阶段，率先谋划推出9个先行先试"一件事"。通过揭榜挂帅形式，确定每个"一件事"由3至4个地区承接；鼓励基层首创，探索形成初步方案；制订"一件事"优化集成工作方案，开展交流评议，组织专家组对30家承接单位提交的工作方案进行评议，研究确定了创新性、牵引力、完成度较好的基础方案，并明确了优化集成的牵头单位和协同单位。

三是深化迭代落地事项，推动服务能级再提升。聚焦高频法治服务事项，持续完善迭代法治服务事项清单，并鼓励各地同步谋划打造地方特色产业链"一类事"；聚焦高效闭环目标，建立政企社互动等内外部协同机制，形成法治领域全阵地推进格局；聚焦企业深层次涉法需求，指导工作基础较好的地方积极探索"高效办成一件难事、办事不找熟人"改革，有力有效帮助企业出谋划策，解决疑难问题。

3. 攻坚突破阶段（2024年7月—9月）

一是合力攻坚。2024年7月，组建9个"一件事"统筹工作小组，分别由牵头地区司法局局长、分管副局长担任组长、副组长，由协同地区司法局分管负责人担任成员。以牵头地区谋划的方案为基础，指导各工作小组集思广益、合力攻坚，研究吸收协同地区方案的亮点内容，形成各个"一件事"工作方案建议稿。

二是优化集成。8月，先后在杭州、宁波、台州三地分片开展优化集成攻坚活动，连开9场活动，逐一听取企业家、律师和专家等意见建议，集中会商攻坚；坚持问题导向，强化系统集成，规范话语体系、文本标准。在总结改革经验基础上，起草了《关于深入推进涉企法治服务"一件事"改革 助力打造营商环境最优省的指导意见》（以下简称《指导意见》）。9月，书面征求了11个设区市、90个县（市、区）、38家省直单位意见，共收到意见建议151条。经过集中时间全力会商、逐条研究，修改完善形成《指导意见》及9个"一件事"工作方案（送审稿）。

三是出台意见。9月29日，经省委、省政府领导审定，省委依法治省办印发了《指导意见》，明确了2个阶段性目标和11项主要任务，确立了"一件事"改革的"路线图"；同步发布《涉企法治服务"一件事"省级指导目录S2》和9个先行先试"一件事"工作方案，为改革攻坚突破设计了"施工图"，形成了推进改革的阶段性重要制度成果，为改革提质扩面增效奠定了坚实基础。

（二）改革成效

改革启动以来，省委依法治省办坚持高站位谋划、高标准推进、高质量落实，持续推动改革走深走实，着力"放大法治服务的乘数效应"，取得了积极成效。2024年10月，"深入推进涉企法治服务'一件事'改革，助力打造营商环境最优省"被省委改革办评为2024年度营商环境优化提升"最佳实践案例"①。

1. 聚焦"普惠",打造法治服务"集成器"。全省涉企法治服务专区实体建成率、实质化运转率均达到100%,延伸涉企"法治驿站"超900个,90%以上的法治服务模块已融入企业综合服务平台,初步形成了"中心—平台—专区—驿站"的立体化法治服务矩阵。

2. 聚焦"助企",激活法治服务"强引擎"。目前,全省法治服务清单内事项总数达3186项,其中上架平台1405项。线上线下受理事项数已超10万件,其中市场侧办理事项4000余件,综合受理办结率达95%以上。围绕企业初创期、成长期、成熟期、转型期等全生命周期重要阶段的高频法治需求,创新推出"预约式"涉企指导服务、商事纠纷预防化解等9个先行先试"一件事"。各地还结合地方实际,创新谋划地方特色产业链法治服务"一类事"165个,充分释放法治服务倍增效应。

3. 聚焦"协同",筑牢法治护航"稳定器"。注重实效导向,加强法务专区服务阵地建设,强化跨地区和跨部门协同联动、政企社互动、专项破解,目前闭环解决机制建成率达97%以上。聚焦企业发展急难愁盼,推动涉企法治需求全量归集、高效流转、快速处理。目前,全省累计开展政企恳谈会、专题协调会、"政企面对面"等各种形式活动1780次,面向企业开展宣传近4万家(次),归集企业法治需求近9000个,法治专区业务办理量位居各板块前列。

(三) 问题及挑战

立足新征程持续优化法治化营商环境的目标定位,通过实地调研、座谈,结合专项指导,深入查找涉企法治服务"一件事"改革中存在

---

① 见中共浙江省委全面深化改革委员会办公室《浙里改(通报)》,第3期(总第10期)。

的突出问题，主要表现在以下六个方面。

1. 市县一体统筹推进有待加力。部分地区市县一体的企业综合服务平台尚未有效运行，事项办理无法上下打通，服务能级提升受到制约；部分地区统筹推进县级改革存在不平衡，未实现市县一体探索、协同推进。

2. 法治服务专区建设有待优化。有的法治专区服务专员配备不到位，首席专员与岗位要求不匹配；有的专区现场布局设置不到位，席位设置也不够合理。

3. 涉企法治服务事项有待完善。有的法治服务事项清单梳理不精准，或存在清单内事项无法提供服务的情况；有的服务事项供给较为单一，存在"新瓶装旧酒"现象。

4. 专区服务运行质效有待提升。部分地区专区内部、专区之间、专区与中心之间、专区跨系统跨领域的后台机制建设不健全，存在"形具神缺"现象；有的法治驿站与专区没有有效联通，线上线下协同办理能力需要加强；有的涉企问题交办落实方式较为简单，或者分类处置不到位，跨部门协作机制仍需有效形成。

5. 与企业间供需匹配有待增强。部分地区"企呼我为"无法同频，法治需求收集渠道需要进一步拓宽；部分地区对法治领域涉及的社会侧、市场侧资源统筹力度不足，尚未实现服务资源充分整合。

6. 改革工作浓厚氛围有待营造。存在企业对改革的知晓度不够、认识不深、体验感不强等问题；部分地区面向企业宣传推介力度不够，仍停留在"事后被动服务"阶段，还未实现与企业需求的同频共振，"靠前服务、主动服务"的意识需要进一步增强。

三、下阶段改革的路径展望

当前，涉企法治服务"一件事"改革进入提质扩面增效阶段。下一步要以全面贯彻落实《关于深入推进涉企法治服务"一件事"改革 助力打造营商环境最优省的指导意见》为重点，抓紧抓实涉企法治服务"一件事"这一关键抓手，创新采取更多改革的方法破解工作推进中遇到的问题和挑战，推动改革波浪式前进、螺旋式上升。

（一）目标升级

聚焦企业全生命周期高频涉法需求，加强整体设计，构建多元、协同、集成的法治服务新体系，强化问题归集、专项破解、高效闭环、数智赋能，构建形成普惠基础上的市场化涉企法治服务新生态。到2024年底，第一批涉企法治服务9个先行先试"一件事"集成进驻企业综合服务中心和企业综合服务平台，实现线上线下协同高效办理、落地见效。到2025年底，迭代完善先行先试"一件事"，推动从解决"一件事"向办好"一件难事"深化拓展，适时谋划推出一批新的"一件事"，打造更多涉企法治服务新场景。"高效办成一件难事、遇事不找熟人"改革成效显现，普惠基础上的市场化涉企法治服务新生态基本形成。①

（二）举措深化

1. 迭代升级"企业＋产业"法治服务场景。紧扣企业全生命周期重要阶段的高频涉法需求，扎实推进涉企法治服务"一件事"；鼓励创新打造地方特色产业链法治服务"一类事"，不断拓展涉企法治服务的广度和深度；围绕帮助企业解决发展中遇到的痛点难点堵点，推动涉企法治服务从办好"一件事"向办成"一件难事"拓展延伸深化，努力实现"遇事不找熟人"。

---

① 见《中共浙江省委全面依法治省委员会办公室关于印发〈关于深入推进涉企法治服务"一件事"改革 助力打造营商环境最优省的指导意见〉的通知》（浙委法办发〔2024〕13号）。

2. 建强织密"线上＋线下"涉企服务网络。在立足全省企服中心实现法治专区全覆盖的基础上，打造迭代优化、便捷高效的法治服务"总客服"；联动公共法律服务站（点）、法治驿站等服务载体，打造家门口的法治服务"分客服"；依托企业综合服务平台，结合"15分钟公共法律服务圈"，打造全时空的法治服务"云客服"，推动法治服务泛在可及、高效便捷。

3. 构建形成"协同＋闭环"改革运行体系。注重政企社多元融合，充分整合法治服务资源，把法治专区打造成法治领域联系企业、服务企业和政企互动的重要渠道；注重改革协同联动，积极推动将法治领域改革成果纳入涉企法治服务"一件事"等服务场景，让更多改革成果惠及企业；注重高效闭环解决，健全快速响应、限时办理、监督反馈的联动处置机制，推动企业诉求全流程闭环管理。

（三）路径迭代

1. 更好坚持"三个导向"。坚持需求导向方面，牢固树立用户思维，以企业为视角，探索摸清企业需求的更有效方法路径，确保服务与需求精准匹配，提供企业真正需要的优质法治服务。坚持问题导向方面，放大细节找不足，着力解决当前改革推进中存在的法治服务专区离"形神效"俱备存在差距问题，按要求规范设置法治服务专区，选优配强专区人员，更好集成社会侧、市场侧资源，推动专区迭代升级，强化改革的支撑。坚持效果导向方面，立足"实战实效"，把企业感受作为第一感受、企业评价作为第一评价、企业满意作为第一标准，让企业在"真能办、真满意"中不断增强对改革的信心、对法治的信任。

2. 着力强化"三个融合"。强化普惠和市场化融合方面，锚定"构建普惠基础上的市场化法治服务新生态"的工作目标，按照高效规范、公平竞争、充分开放的要求，注重引导律师、公证、仲裁等法律服务机构积极参与，有效整合各类资源要素，提供"普惠＋市场化"的法治服务，形成全社会共同参与法治服务的强大合力。强化政企社融合方面，推动"有为政府"和"有效市场"协同联动、"有形之手"和"无形之手"高效配合，把涉企法治服务专区打造成展示法治领域多元主体互动共治的重要窗口，为探索省域治理体系创新之路开辟新的视野。强化内外融合方面，在系统内部，健全完善法治领域改革协同支撑机制，积极推动将"15分钟公共法律服务圈"建设、行政执法质效提升、涉外法治建设等改革成果纳入服务场景，推动各项改革互为平台、互为支撑，同向发力、形成合力，进一步丰富优化法治服务供给；在系统外部，要大力加强与项目、政策、科创等其他板块的协同联动，有效推动涉企问题在法治轨道上高效闭环解决，不断助力民营经济高质量发展。

3. 用好用活"三个抓手"。持续迭代深化"一件事"方面，不断总结9个先行先试"一件事"落地运行经验，迭代完善"一件事"工作方案、办事指南和服务流程，确保9个"一件事"在区域治理中实现互补嵌入并相得益彰。同时，按照"储备一批、成熟一批、推进一批"的思路，逐年梯次推出一批新的"一件事"，推动法治服务扩面提质增效。创新打造产业链"一类事"方面，聚焦服务当地产业，协同预防性产业合规建设成果，将法治服务精准嵌入具体产业链中，鼓励因地制宜打造地方产业链"一类事"法治服务场景，赋能新质生产力发展。探索高效办成"一件难事"方面，重点针对企业发展中遇到的非经常无先例、涉及面广、专业性强、历史遗留等难点堵点痛点，帮助企业"把法子想出来、把路子走出来"，让涉企难题在法治轨道上高效闭环解决，实现"遇事不找熟人"，推动改革在更深层次上取得更大突破。

四、结语

发展永无止境,改革未有穷期。在新时代新征程上,浙江省委依法治省办将认真学习贯彻习近平法治思想,深入贯彻落实党的二十届三中全会和省委十五届五次全会精神,紧紧围绕省委提出的"三个再""五个更"奋斗目标,纵深推进涉企法治服务"一件事"改革,善于运用法治的力量助推基本公共服务一体化,着力构建形成普惠基础上的市场化涉企法治服务新生态,充分彰显改革成效,打响涉企法治服务浙江品牌,助力打造营商环境最优省,努力以高水平法治促进高质量发展。

多元解纷背景下激活
行政裁决效能的探索与思考

——以浙江省行政裁决工作为视角

浙江省监狱管理局　冯娇雯

党的十八届四中全会提出，要健全行政裁决制度，强化行政机关解决同行政管理活动密切相关的民事纠纷功能。2018年，中共中央办公厅、国务院办公厅联合印发《关于健全行政裁决制度加强行政裁决工作的意见》以来，浙江省高度重视行政裁决工作，立足问题导向、目标导向、效果导向，合力推进裁决事项清单化、裁决申请便利化、裁决办案数字化，行政裁决的民事纠纷"分流阀"作用初步显现。本文以浙江省行政裁决工作的现状为切入点，重点剖析典型做法和存在的问题，旨在为激活行政裁决效能提供有益参考。

一、加强行政裁决工作的重要意义

行政裁决是指行政机关根据当事人申请，依据法律法规授权，居中对与行政管理活动密切相关的民事纠纷进行裁处的行为。作为多元化社会矛盾纠纷解决机制的重要组成部分，行政裁决具有专业性强、简便高效、成本低廉等优势。加强行政裁决工作，具有深厚的理论基础和实践意义。

（一）加强行政裁决工作是笃学践行习近平法治思想的必然要求

习近平总书记强调，法治建设既要抓末端、治已病，更要抓前端、治未病。我国国情决定了我们不能成为"诉讼大国"，必须坚持把非诉讼纠纷解决机制挺在前面。中共中央印发的《法治中国建设规划（2020—2025年）》明确提出，要完善调解、信访、仲裁、行政裁决、行政复议、诉讼等社会矛盾纠纷多元预防调处化解综合机制。从世界范围看，行政裁决制度大都是为了弥补传统司法的不足而建立和发展起来的。一方面，随着社会发展而来的各类纠纷大量涌入法院，超出了法院的承载能力，现有诉讼机制难以满足当事人权利救济需要。另一方面，市场经济的发展带来精细的社会分工和高度专业化，社会矛盾越来越具有专业性，使得一些特定领域社会矛盾的防范和化解必须依赖政府主管部门的专业能力。行政机关作为国家行政管理部门，长期从事特定领域的行政管理工作，具有丰富的专业知识和专业领域管理经验，更容易把握引起社会矛盾的关键所在。全面加强行政裁决工作，充分发挥行政机关在化解民事争议中的专业作用，是健全完善多元解纷机制的重要环节，也是深入学习贯彻习近平法治思想的坚实举措。

（二）加强行政裁决工作是坚持和发展新时代"枫桥经验"的突破性抓手

行政裁决制度充分体现了"枫桥经验"把矛盾纠纷化解在基层、化解在萌芽状态的理念，在我国有着良好的制度基础和实践基础。从新中国成立初期开始，我国就十分注重运用行政裁决机制来防范和化解社会矛盾。1950年的《新区农村债务纠纷处理办法》第10条规定："农村中的债务纠纷，均由当地区乡（村）人民政府会同农民协会按照本办法的规定处理之。区乡（村）不能解决者，由县司法机关裁判之。"当前法律法规关于行政裁决的规定也充分体现了"枫桥经验"立足基层、立足法治的要求。比如《中华人民共和国土地管理法》规定，土地使用权和所有权争议由县乡级人民政府处理；《浙江省专利条例》规定，有条件的县（市、区）专利行政部门，经设区的市人民政府决定，可以处理专利侵权纠纷。全面加强行政裁决工作，充分发挥基层行政机关的管理优势，推动关口前移、重心下移，以法治方式推动矛盾纠纷就地化解，实现政治效果、法律效果、社会效果的有机统一，这也是实现基层社会治理现代化的有效路径。

（三）加强行政裁决工作是维护企业和群众合法权益的重要举措

在多元解纷格局下，行政裁决有其独特的制度价值和比较优势。一是程序更加简便。以浙江省专利侵权纠纷行政裁决为例，简易程序案件均在30日内结案，相比于动辄几个月甚至几年的诉讼程序，行政裁决极大地提升了企业和群众维权的效率。二是费用更加低廉。行政裁决不向当事人收取费用，与高昂的诉讼收费相比，行政裁决有效降低了企业和群众维权的成本。三是解决问题更加彻底。与法院解决矛盾的力量相比，行政机关拥有更多的管理资源，能够有效运用多种行政管理手段，全方位地对民事纠纷进行防范和化解。同时，行政机关通过对专业社会矛盾的行政裁决，可以逐渐积累起管理经验，从中梳理提炼出相关的政策规范，从而将社会矛盾的事后化解与事先防范结合起来，防止今后再发生类似的社会矛盾，能真正实现"化解一案、治理一片"。

二、 浙江省开展行政裁决工作的实践探索

浙江省充分发挥司法行政部门的统筹协调功能，督促市场监管、财政、自然资源等部门依法履行裁决职责，聚焦专利侵权、政府采购、自然资源权属等重点争议领域，积极开展行政裁决实践探索。通过在健全制度、畅通渠道、创新实践等方面下功夫，初步构建权责一致、运行便利、数字赋能的行政裁决工作体系。

（一）健全制度：从碎片化向清单化转变

一是编制行政裁决事项清单。针对行政裁决规定散见于各部门法的现状，浙江省依据法律、法规、规章规定，结合本省实际，编制形成第一批行政裁决事项清单并向社会公布，涉及土地权属争议处理、侵犯植物新品种权处理、专利侵权纠纷处理、企业名称争议裁决、政府采购投诉处理、电力并网互联争议处理等15项裁决事项。通过对裁决事项的清单化管理，厘清各部门裁决职责权限，推动职能部门依法正确履职尽责，确保行政裁决权责一致，在法治轨道上运行。

二是完善行政裁决法规制度。制定《浙江省行政程序办法》，规定具有行政裁决权的行政机关，应当根据法律、法规的规定，依据申请对公民、法人或者其他组织之间发生的与其行政职权密切相关的民事纠纷作出行政裁决。修订《浙江省专利条例》，对专利侵权纠纷行政裁决的工作职责、受理条件、级别管辖、裁决程序等事项作出明确规定。推动将知识产权行政裁决制度写入《浙江省知识产权保护和促进条例》，规定行政裁决简易程序的适用条件和办理期限，为全省知识产权行政裁决"简案快办"提供制度支撑。

三是建立裁决系列配套机制。健全裁决调解机制，共建行政裁决调解平台，调动行业协会商会、专业律师等社会力量，积极组织当事

人调解，充分发挥行政裁决"裁调结合"的便捷优势。创新繁简分流机制，推动开展行政裁决案件繁简分流、快慢分道，对基本事实清楚、证据确凿、权利义务关系明确的知识产权行政裁决案件，尽量适用简易程序，最大限度为企业和群众提供便利。建立重大裁决审理决定机制，对涉及公共利益和人民群众切身利益的重大行政裁决事项，严格执行听证、合法性审核、集体讨论决定要求，全面推进行政裁决规范化建设，进一步提升行政裁决质效。

（二）畅通渠道：从边缘化向主流化演进

浙江省行政裁决收案量连续多年增长，特别是近四年来专利侵权纠纷行政裁决年均收案量均在16000件以上，远超同期全省法院系统专利侵权一审民事诉讼收案量。行政裁决逐步从"分流"变成"主流"。

一是强化行政裁决权利告知。对属于行政裁决受案范围的民事纠纷，法院在登记立案前，行政复议、行政调解、仲裁、公证、司法鉴定、信访等机构在履职过程中，人民调解委员会、律师、基层工作者在参与矛盾纠纷化解时，主动向当事人告知行政裁决渠道，畅通"诉—调—裁"无障碍转换通道。

二是发挥普法宣传引流功能。严格落实"谁执法谁普法"普法责任制要求，督促职能部门将行政裁决工作纳入本单位普法规划、年度普法工作计划。运用政府网站、微信公众号及其他新媒体，通过以案说法等形式大力宣传行政裁决的优势特点、办事流程，提高行政裁决在企业和群众中的认知度，鼓励引导企业和群众通过行政裁决解决民事纠纷。

三是拓宽行政裁决受理渠道。依托12345投诉举报热线，安排专人加强电话接听，端口前移进行涉裁决事项甄别，提升常规渠道受理效率。依托知识产权保护中心、快速维权中心、专利代办处等设立行政裁决立案服务窗口，构建现场立案、网上立案、跨区域立案等立体化受理渠道。在案件较为集中、办案量较大的地区，建立知识产权行政裁决所，为企业和群众就地申请裁决提供最大限度的便利。

（三）创新实践：从分散化向集中化探路

2022年以来，浙江省司法厅组织开展了行政裁决"最佳实践"培育试点工作，选取浙江省财政厅、仙居、松阳等5家单位开展行政裁决先行示范，就横向和纵向层面相对集中行政裁决进行了积极探索。

一是探索政府采购争议集中裁决。为解决政府采购行政裁决分级管辖"同案不同判"、基层裁决能力不足、裁决结果复议诉讼纠错率高的问题，浙江省积极探索政府采购争议集中裁决模式，由省本级、杭州市、拱墅区、富阳区三级财政部门联动开展政府采购争议集中裁决试点，在杭州市民中心成立"政府采购行政裁决服务中心"，集中专业力量从事政府采购争议的行政裁决工作。建立省、市、县三级行政裁决受理、流程、审查、判定、尺度"五统一"工作机制，出台《政府采购行政裁决工作规程》，不断细化裁决标准，制定7类63项政府采购禁止行为清单指引，编写发布系列指导案例，制发政府采购文件范本。2023年以来，已受理政府采购行政裁决案件近200件，在后续复议诉讼程序中均未发生被纠错情形，政府采购争议行政裁决的专业化、规范化、标准化水平得到显著提升。

二是探索行政裁决县域集中模式。为解决行政裁决群众知晓度低、基层职能部门裁决能力弱的问题，仙居县探索县域范围内集中裁决模式，成立县行政裁决中心，实施行政裁决一窗受理、分流办理、集中审理。在社会治理中心设立裁决案件受理窗口、行政裁决工作室、听证室和调解室，由县行政裁决中心实施收结案集中管理，各职能部门根据裁决工作需要，指派专人入驻行政裁决中心集中开展裁决工作。细化行政裁决流程,制定工作程序、裁决文书示范文本和操作规范。建立以法律人才为基础的专业化行政裁决队伍,组建行政裁决专家咨询委员会。通过探索构建县域范围内相对集中的行政裁决模式,不断提升行政裁决的专业度、便利度和公众知晓度。

(四)数字赋能:从传统型向数字化迈进

一是打造数字化行政裁决平台。建成"浙江知识产权在线"数字化平台,开展专利侵权纠纷行政裁决全流程线上办理,实现当事人维权"不用跑"。申请人可以通过数字化系统,在线提交裁决申请和证据材料,并可在线跟踪案件办理状态。开通在线视频审理通道实现网上口审,行政裁决作出后,在线送达并实时通知双方当事人签收,实现"立、审、裁"线上闭环。平台开通以来,专利侵权行政裁决办案周期平均缩短30%。依托政府采购云平台和"浙江政务服务网",建成政府采购在线投诉功能。通过畅通行政裁决线上渠道,有效引导权利人通过行政裁决途径解决纠纷。

二是运用数字化裁决办案手段。针对山林界址不清、林权纠纷频发、公益林补偿金难以精准发放的问题,龙泉市采用数字化测绘手段协助开展山林纠纷行政裁决。通过三维地图投影、便携投影仪等科技设备辅助,实现1.5万宗林地权属数据采集更新,准确率提升至99%以上。通过测绘系统进村组、现场勾绘示意图、即时计算面积,确保山林纠纷行政裁决过程公开透明、落界面积准确、裁决公平公正。2018年以来已成功裁处山林纠纷650多起,补发了因山林纠纷暂缓发放的公益林补偿金3800余万元,为林区群众解决了实际问题。

三、影响行政裁决工作的难点和堵点

在浙江省推进行政裁决工作的过程中,由于行政裁决制度本身存在诸多有待完善之处，实践中也存在一些认识分歧，使得行政裁决工作的推进仍存在一些难点和堵点问题。

（一）行政裁决的法律规范尚不健全

一是行政裁决的法律用语不统一。从现行立法的行政裁决条款来看，有的被称为"裁决"，有的被冠以"处理"等其他名称。以自然资源领域权属争议行政裁决为例，《土地管理法》对土地权属争议裁决的规定为"处理"，《矿产资源法实施细则》对探矿权勘查范围争议裁决的称谓为"裁决"，2019年重新修订的《森林法》对林木、林地权属争议裁决的用语仍为"处理"。由于当前立法对行政裁决的称谓缺乏统一规范，需要探究立法原意进行具体解释分析，导致实践中有些部门认为相关"处理"不属于行政裁决范畴，从而引发关于行政裁决范围的反复争论。

二是行政裁决的程序规则不统一。当前，国家层面立法尚未对行政裁决制度的内涵外延、适用范围、裁决程序等作出统一规范。行政裁决的具体条款散见于各部门法，裁决程序的细化标准也主要由国务院有关部门制定。比如财政部出台《政府采购质疑和投诉办法》，国家知识产权局发布《专利侵权纠纷行政裁决办案指南》，分别对政府采购争议、专利侵权纠纷行政裁决程序作出具体规定。但其他领域的裁决事项只有极少的零散规定，缺乏统一的裁决程序规范，实践中随意性较大。对于行政机关而言，缺乏严密的程序规则会减损裁决的正当性、权威性，不利于裁决作用的有效发挥。

（二）裁决与其他解纷机制的衔接不够顺畅

一是裁决与复议诉讼的衔接有待加强。无论是在理论还是实践层面，当前行政裁决在与民事诉讼、行政复议、行政诉讼等其他纠纷解决机制的衔接上，均存在不协调、不顺畅的问题。新修订的《行政复议法》对行政裁决是否属于行政复议受案范围没有作出列举式的明确规定,各部门法对行政裁决后的救济途径规定也不尽相同。《专利法》规定专利主管部门作出"认定专利侵权行为成立,责令停止侵权"的裁决决定后,当事人可以就裁决决定提起行政诉讼。《政府采购质疑和投诉办法》规定政府采购主管部门作出裁决决定后,当事人可以就政府采购裁决决定申请行政复议或者提起行政诉讼。行政裁决后司法救济途径的不同设定,极易给当事人进一步维权设置障碍,不利于行政裁决功效的发挥,也不利于多元解纷机制的有效运行。

二是裁决调解与司法确认的衔接有待加强。知识产权案件法院管辖的复杂性,给专利侵权纠纷行政裁决中调解协议的司法确认造成了一定的困扰。按照规定,浙江省内发明专利、实用新型专利等七类知识产权案件的一审民事、行政案件由杭州、宁波、温州三地知识产权法庭专属管辖。实践中,湖州、衢州的专利主管部门在裁决中协调当事人达成调解协议后,需要向杭州知识产权法庭申请司法确认。由于专利侵权纠纷调解协议的司法确认,涉及不同机关、不同区域,实践中难免存在沟通不顺畅、协调不得力的情形,从而影响调解协议后续执行的效率。

(三) 部分裁决机关职责落实尚不到位

一是部分裁决机关履职动力不强。行政机关本就承担着大量的公共管理职责,在人员、经费紧张的情况下,对行政裁决往往抱有"多一事不如少一事"的想法。同时,行政裁决作出后,当事人还能提起行政复议或者行政诉讼,行政机关行使裁决权有被卷入复议诉讼的风险。再加上现有的法治政府考核评价体系下,复议诉讼纠错率、败诉率都是衡量行政机关依法行政水平的重要指标。部分裁决机关出于对败诉风险、考核扣分的顾虑,不愿意主动承担裁决职责。

二是部分裁决机关履职能力不强。行政裁决专业性极强,不仅要求办案人员有专业知识和技能,还要精通相关领域的法律规定,并具备丰富的办案经验。从统计来看,目前行政裁决案件多发生在县(市、区)一级,但基层裁决机关仍存在专业人才储备不足的问题,办案人员的业务能力、法律素养、工作经验相对不足,"不会裁"现象仍普遍存在,办案能力有待提升。此外,部分行政裁决事项在查明事实方面也存在困难。在浙江省全力优化营商环境的背景下,供应商维权意识高涨,政府采购争议案件数量增长较快。政府采购行政裁决面向全国供应商,赴外省调查取证中时常发生当地相关机构不配合、取证困难等情况,这也给事实认定和裁决决定的作出造成了一定障碍。

四、 激活行政裁决效能的努力方向

加强行政裁决工作,充分发挥行政裁决制度的独特优势,是完善多元解纷机制的重要举措,对于进一步提升企业和群众的法治获得感,推进基层社会治理体系和治理能力现代化具有重要意义。激活行政裁决效能,应当从完善法律规范、推进机制协同、加强队伍建设、创新工作模式、优化履职保障等多方面着力,推动行政裁决工作再上新台阶。

(一)完善法律规范,书写行政裁决工作"总提纲"

一是统一行政裁决立法用语。在立法中明确使用"作出行政裁决"的表述,对于现行立法中属于行政裁决事项但使用"作出处理""作出裁定"等不规范表述的,应积极推动修订,从源头上明确行政裁决的适用范围,避免在实践中产生歧义和混淆。二是逐步扩大行政裁决适用范围。对于专业性和技术性较强、与行政管理活动密切相关、适宜由行政机关通过行政裁决化解的民事纠纷,积极在法律法规中规定行政裁决制度。地方政府要积极争取省人大常委会授权,在授权范围内开展行政裁决制度试点。通过制度性安排,强化行政裁决的引流功能,切实发挥其化解民事纠纷的"分流阀"作用。三是完善行政裁决程序规则。建立健全省级政府和国务院有关部门"一般+特别"的互补性行政裁决程序适用规则。省级政府可以根据法律法规和本省实际,通过省政府规章、行政规范性文件、地方标准等形式制定省域范围内统一适用的裁决程序规则。国务院有关部门通过部门规章、操作指南等形式,对裁决程序作出特别规定的,按照特别规定执行。国务院部门未作特别规定的,按照省政府制定的一般程序规定执行。积极开展行政裁决程序立法的地方实践,为国家统一立法提供可资借鉴、可供参考的地方样本。

(二)推进机制协同,搭建裁决与其他解纷机制"高架桥"

一是优化裁决与司法的协同联动机制。主动对接法院,深化行政裁决中达成调解协议的司法确认机制,实现调解协议跨部门、跨区域的无障碍司法确认,进一步提升调解协议的形式确定力和强制执行力。完善行政裁决案件强制执行的"行政—司法"衔接机制,对拒不履行行政裁决内容的,依法申请强制执行,全面提升行政裁决的执行效率。二是赋予行政裁决决定相对免证地位。借鉴2020年《最高人民法院关于知识产权民事诉讼证据的若干规定》,明确行政裁决决定的证据地位,赋予行政裁决决定相对免证效力。对于未在法定期限内提起行政诉讼的行政裁决决定所认定的基本事实,当事人在民事诉讼中无须再次证明。如果当事人在民事诉讼中提出新的证据足以推翻行政裁决决定的,法院可以采纳新证据作出判决。三是厘清行政裁决与后续救济程序的关系。行政裁决与行政复议均属于行政机关行使准司法权的行为,行政机关作出行政裁决后,是否有必要再由另一行政机关进行复议审查,无疑值得商榷。建议进一步明确行政裁决的后续救济途径。行政裁决决定作出后，当事人不服的，可以就原民事纠纷提起民事诉讼，或者直接就裁决决定提起行政附带民事诉讼。这样既遵循司法最终原则，又提升救济效率，避免裁决后救济程序过于冗杂。

（三）加强队伍建设，打好行政裁决质效提升"主动仗"

一是明确裁决工作机构。督促行政裁决机关明确具体承担裁决工作的机构，确保行政裁决工作有机构承担、有专人负责。加强行政裁决队伍正规化、专业化、职业化建设，将专业能力强、工作经验丰富、具有法律专业背景的人员充实到行政裁决工作岗位，配强工作力量，确保人员匹配与行政裁决任务相适应。二是开展行政裁决专项培训。严格落实中共中央组织部等五部门《关于建立法律职业人员统一职前培训制度的指导意见》要求，有序推进行政机关中初次从事行政裁决公务员的职前培训工作，进一步提升行政裁决工作人员运用法治思维和法治方式开展行政裁决工作的能力。三是加强行政裁决技术支撑。针对行政裁决专业技术性强的特点，组建行政裁决专家库，优化知识产权技术调查官、政府法律顾问、公职律师等参与行政裁决工作机制，积极发挥专家库成员在新领域、新业态及疑难复杂裁决案件处置中的积极作用，推进行政裁决专业技术事实与专业问题调查的科学化、规范化、统一化，全面提升行政裁决的质量和效率。

（四）创新工作模式，培育行政裁决规范建设"领头雁"

一是鼓励行政裁决创新实践。深入开展行政裁决"最佳实践"培育试点，推动行政裁决制度创新、技术创新、路径创新，充分激发行政裁决的制度活力。扩大政府采购集中裁决试点覆盖面，进一步提升政府采购当事人在行政裁决中的便利度和满意度。二是组织行政裁决规范化建设试点。分批次组织开展专利侵权纠纷行政裁决规范化建设试点，发布一批具有示范引领作用的典型案例和经验做法予以推广，推动专利侵权纠纷行政裁决工作走深走实。三是打造升级版数字化裁决平台。持续迭代行政裁决数字化平台，推动行政裁决与司法审判信息共享、证据互认。进一步优化在线办案流程，依法简化办案环节，降低权利人维权成本，缩短办案周期，提升行政裁决效率。

（五）优化履职保障，让裁决机关和裁决人员吃下"定心丸"

一是建立行政裁决容错免责机制。坚持包容审慎原则，落实容错免责机制，如因裁判尺度、法律理解等原因或因技术性问题已征求专家意见仍被纠错的，不追究相关人员责任，尽可能消除裁决机关和裁决工作人员的顾虑。二是优化行政裁决考核评价机制。将行政裁决工作纳入法治政府建设考核评价和法治政府示范创建考核指标体系，以行政裁决工作机制完善程度、机构与人员配备情况、裁决案件办案量和纠纷化解效果为维度，以正向激励为主，科学合理设置考核指标。三是开展行政裁决正向激励活动。为行政裁决工作人员履职营造良好环境，通过典型案例评选、岗位技能比武、学习研讨交流等各种形式，发现人才，培养人才。定期开展行政裁决表彰奖励，对行政裁决工作落实到位、成绩显著的单位和个人，予以通报表扬。通过优化履职保障，激发行政裁决人员活力，提升行政裁决工作效能。

自然资源领域权属争议行政裁决制度研究
——以杭州市示范化建设为例

浙江省杭州市规划和自然资源局富阳分局　王双钢

浙江省杭州市规划和自然资源局　谢　雯

党的十八大以来，党中央、国务院高度重视行政裁决工作。2018年，中共中央办公厅、国务院办公厅印发《关于健全行政裁决制度加强行政裁决工作的意见》，要求重点做好自然资源权属争议等重点领域行政裁决工作。2021年，中共中央、国务院印发的《法治政府建设实施纲要（2021—2025年）》，要求"有关行政机关要依法开展行政调解、行政裁决工作，及时有效化解矛盾纠纷"。

2019年，浙江省人民政府办公厅印发《关于健全行政裁决制度加强行政裁决工作的实施意见》，要求全面梳理行政裁决事项，并纳入权力清单向社会公布。2021年，浙江省自然资源厅印发《土地权属争议行政裁决示范化建设工作试点方案》，将杭州市规划和自然资源局、杭州市规划和自然资源局富阳分局作为行政裁决示范化建设试点单位，全面落实土地权属争议行政裁决工作，更好地为经济社会发展服务，不断提高人民群众对行政裁决工作的满意度。

一、自然资源领域权属争议行政裁决概述

（一）行政裁决基本概念及特点

行政裁决是行政机关根据当事人申请，依据法律法规授权，居中对与行政管理活动密切相关的民事纠纷进行裁处的行为。行政裁决是化解民事纠纷的方式之一，主要有三个特点。一是裁决主体的行政性。裁决主体是法律法规授权的行政机关，例如土地权属争议，由乡级人民政府或者县级以上人民政府处理。二是裁决对象的特定性。裁决的受理范围是与行政管理活动密切相关的民事纠纷，主要集中在自然资源权属争议、知识产权侵权纠纷和补偿争议、政府采购活动争议等方面。三是裁决结果的非终局性。当事人不服行政裁决的，可依法向法院提起诉讼。

（二）自然资源领域行政裁决适用范围及特点

根据《土地管理法》《矿产资源法》《森林法》等法律规定，自然资源领域行政裁决事项包括土地权属争议调处、采矿权矿区范围争议调处、林木林地权属争议处理（林权合同纠纷及承包经营权纠纷除外）、探矿权争议裁决、采矿权属争议纠纷调处、探矿权人与采矿权人对勘查作业区范围和矿区范围争议裁决等。其中，县级自然资源主管部门主要承担土地权属争议调处、采矿权矿区范围争议调处、林木林地权属争议处理。林木林地权属争议和土地权属争议，可根据申请人申请由乡镇人民政府处理。

自然资源权属争议主要集中在土地领域，即土地所有权或使用权归属引发的争议。以土地权属争议处理为例，解决过程中除了遵循一般民事和行政案件所贯彻的原则外，还要体现土地案件自身的特点及

处理原则。

1. 依法调处原则。

依据《中华人民共和国土地管理法》第14条、《土地权属争议调查处理办法》《浙江省土地权属争议行政处理程序规定》《浙江省行政程序办法》等规定进行调处。

2. 尊重历史原则。

土地权属争议大多具有历史渊源、现实利益，需要从历史出发，摸清争议土地的历史发展变化，查明引发变化的事实背景和当时的政策依据，确定争议产生的原因，合理划定地界、确定权属。

3. 现有利益保护原则。

土地权属争议处理前，土地权利处于不确定状态，因此，在土地所有权和使用权争议解决之前，任何一方不得改变土地现状，不得破坏土地上的附着物，争议双方应本着保护现有利益的原则，不得有任何破坏土地资源、阻挠争议解决的行为。

4. 行政处理前置原则。

土地权属争议的解决，应先采用行政处理的方式，先由政府处理。当事人对政府行政处理决定不服的，才可以向人民法院起诉。当事人直接向人民法院提起诉讼的，人民法院不予受理。

二、 杭州市土地权属争议行政裁决示范化建设情况

2021年，根据行政裁决"最佳实践"培育工作要求，省自然资源厅印发《土地权属争议行政裁决示范化建设工作试点方案》，选择杭州市、杭州市富阳区作为土地权属争议行政裁决示范化建设试点地区，通过开展示范化建设工作，建立健全土地权属争议行政裁决工作制度和机制，努力实现土地权属争议行政裁决工作更加规范，行政裁决制度不断健全，行政裁决、调解、行政复议、诉讼等有机衔接、相

互协调的多元化纠纷解决机制持续完善，及时有效化解矛盾纠纷，保障人民群众合法权益。

（一）杭州市示范化建设总体情况

为有效推进土地权属争议行政裁决示范化建设工作，杭州市规划和自然资源局牵头组织开展建设。

1. 制订方案，扎实推进。

组织力量、落实专人，明确任务、倒排计划，制订试点工作方案，明确目标任务、计划安排及具体要求，统筹推进。通过摸底调研、明确工作机构、健全工作制度、完善办理程序、健全工作机制、加强队伍建设等举措，切实提升试点地区土地权属争议行政裁决工作规范化水平，有效化解社会矛盾纠纷，提升诉源治理水平。

2. 评查案卷，查漏补缺。

试点地区组织开展案卷评查工作，对近三年土地权属争议行政裁决案卷进行评查。评查重点为执法主体的适格性、法律适用的准确性、执法程序的正当性、执法结论的合理性和案卷管理的规范性。评查采用集中评查、一案一议等方式梳理问题、得出评查结果，并将结果反馈给各参评单位落实整改。同时，起草案卷评查报告，对评查情况、存在问题进行了汇总分析，提出具体整改举措。

3. 完善流程，规范办理。

在现行土地权属争议调处工作的基础上，杭州市结合富阳区示范点的实践探索，研究制定《杭州市土地权属争议调处操作手册（试行）》，明确具体要求，把握处理原则，完善办理程序，统一工作时限，统一工作标准，以提升土地权属争议行政裁决工作标准化、规范化水平。同时，及时将土地权属争议行政裁决工作的依据、法定职责和案件受理范围、办理程序、期限，以及需要提交材料的目录和申请书样式等在浙江政务服务网或政府网站上公布并动态更新，方便群众查询获取。

（二）富阳区示范点建设情况

杭州市规划和自然资源局富阳分局作为土地权属争议行政裁决工作示范点，严格依法妥善处理权属争议，保障土地权利人合法权益，积极维护社会和谐稳定。示范点建设以来，富阳分局充分发挥行政裁决化解行政争议的"分流阀"作用，探索并总结出一套规范且可行的工作方法。

1. 多方向取证，依规调查。

为了切实保障各方合法权益，在取证调查阶段，以争议双方提供的证据资料和调查档案资料为基础，结合现场勘察、相关知情人调查笔录及当事人提供的证据材料，同时加强与属地乡镇（街道）人民政府、行政村等单位的沟通，切实将土地权属争议案件事实调查清楚。在整个调查过程中严格依法依规，作为争议案件认定事实的依据材料必须符合证据法定条件。

2. 多部门参与，制度护航。

为坚持程序正当、实体公正原则，进一步加强和规范土地权属争议案件处理，建立不动产登记及不动产权属争议调处事项集体会审制度，形成了科室会审与局级会审的二级会审制度。会审由确权登记部门召集，按照业务相关性邀请政策法规科、开发利用科、行政许可科、不动产登记服务中心等相关科室以及属地规划资源部门参与，充分讨论分析权属争议案件情况，群策群力。通过两个"明确"确保程序合法，即明确划分四个环节的办理时间，明确具有执法资格的工作人员作为承办人员。在案件办理过程中，对案件内部审批文书、与申请人及被申请人往来信函文书、会议通知、调解会议笔录等全程记录，形成完整的案卷。

3. 多主体调解，体现温度。

土地权属争议案件大多涉及利益较大，在保障各方合法权益的同时，按程序启动案件调解会，规范组织案件调解，使争议当事人能充分表达诉求、陈述还原事实、及时提供证据，并以调解会笔录的形式予以固定。对调解未达成协议但有调解意愿的，调解会后持续跟进，积极为当事人提供面对面沟通的平台，并且协调司法、住建、税务等部门以及法律顾问为当事人提供专业援助，悉心劝解，反复沟通，努力促成行政调解。在人民政府作出行政裁决前，依法作出事先告知书，充分保障当事人陈述申辩权的同时，召集争议当事人和相关人员作最后调解。在处理一起权属争议案件中，申请人在收到事先告知书后最终签订和解协议，实现实质性化解。

4. 多角度分析，依法处理。

处理土地权属争议案件，注重从多个角度对案件分析论证：一是明确土地权属案件的争议点；二是明确不同时期、不同部门发布的不同规定；三是明确各当事人主张权属的时间。在调查处理时，严格按照法律法规和政策规定，在多角度分析的基础上提出有利于人民群众生产、生活和社会稳定，有利于利用自然资源和保护生态环境，有利于保护土地所有者和使用者合法权益的处理意见。承办部门和区政府分别委托法律顾问、公职律师进行合法性审查，确保提出的处理意见和作出行政裁决决定的事实清楚、证据确凿、定性准确、处理恰当、手续完备、程序合法。2021年，某权属争议当事人因不服行政裁决向复议机关提起行政复议，复议机关经审理认为决定书认定事实清楚、程序合法、适用依据正确，维持了行政裁决决定。

三、自然资源权属争议行政裁决工作存在的问题与困境

自然资源权属争议成因复杂，涉及对象多、利益巨大，化解难度大，有的迁延日久，处理不当或不及时会严重影响社会和谐稳定。笔者认为，目前自然资源领域权属争议行政裁决工作存在的问题与困境有以下几个方面。

1. 裁决工作机构分散，力量较为薄弱。

目前土地权属争议调处及裁决主要由自然资源分局或县（市）局确权登记科受理经办，采矿权矿区范围争议调处主要由矿产资源所受理经办，这些部门人手较少，而且日常还要负责各自职责工作，工作量都较大。机构改革时，有的县（市）林业管理职能保留在其他职能部门，权属争议调处职能未划转到自然资源部门统一行使。同时，权属争议调查对经办人员的业务素质和经验水平要求较高，经办人员办案能力需要进一步提升。

2. 争议案件调查取证难度较大。

自然资源权属争议调处及裁决案件情况大都比较复杂，发生时间大都在十几年、二十几年前，有的甚至更加久远，取证难度较大。同时，法律法规和政策变化较大，也给案件调查认定带来一定的难度。自然资源各类权属争议调处适用不同的地方政府规章，全省未有统一办理规则。

3. 案内化解行政争议难度较大。

从现有案例来看，权属争议申请人提起行政裁决，较多因对拆迁补偿利益分配不满引起，借由申请土地权属争议调处来给政府或相关部门施加压力，以求实现目的，占用了较多政府公共资源。

4. 权利人确权登记意识不强。

由于权利人未及时依照《民法典》第209条"不动产物权的设立、变更、转让和消灭，经依法登记，发生效力；未经登记，不发生效力，但是法律另有规定的除外"的规定申请办理不动产登记，从而造成所有权、使用权处于效力待定的状态，极易引发权属争议。

四、完善自然资源权属争议裁决工作的对策建议

（一）有效整合自然资源权属争议裁决机构

2019年政府机构改革后，自然资源权属争议调查处理工作大部分已统一划转整合到各级自然资源主管部门，但我省各级自然资源部门大都未实现"三统一"，有的地方林业管理未划转到自然资源部门，有的自然资源部门按块由各业务处（科、股）室承担。建议在各级司法行政主管部门成立自然资源权属争议调处办公室或在内设的政府法律事务处（科、股）加挂"人民政府调处自然资源争议办公室"的牌子，这样今后无论是调处土地、山林还是矿产资源纠纷，基本上可以实现协调、统筹、监督，即由自然资源部门负责自然资源权属争议调处职能，由司法部门负责审核、代拟行政裁决意见书报本级人民政府作出行政裁决。

（二）完善自然资源权属争议行政裁决立法

按照《中共中央办公厅、国务院办公厅关于健全行政裁决制度加强行政裁决工作的意见》的要求，修订《浙江省土地权属争议行政处理程序规定》等，整合出台《浙江省自然资源权属争议行政裁决程序规定》，明确行政裁决受理范围，细化自然资源权属争议的行政裁决程序，包括行政裁决的申请、受理、回避、证据、调解、审理、告

知、决定、执行、期间和送达等方面的内容，遵循平等、规范、简便、高效的原则，规范行政裁决陈述申辩和复议诉讼权，以保障当事人的权利，明确政府各职能部门的工作流程。同时，省自然资源厅、省司法厅出台自然资源权属争议裁决工作指引、文书格式，以期工作制度化、规范化。

（三）改进自然资源权属争议行政裁决工作方式

一是专注调查研判，厘清客观事实。自然资源权属争议案件时间跨度大，案情复杂，涉及重大利益。为切实保障各方合法权益，案件受理部门要在调阅原始档案资料的基础上，通过现场走访勘察、卫星影像对比、询问知情人士制作笔录等多种手段，认真细致规范收集证据，严格规范认定和采纳证据，查清事实真相，有力保障行政裁决工作依法依规、有理有据、公平公正。二是依法开展调解，注重实质化解。按程序启动案件调解会，规范组织案件调解，保障争议当事人能充分表达诉求、陈述还原事实、及时提供证据，并以调解会笔录的形式予以固定。对调解未达成协议但有调解意愿的，由地方政府组织相关部门开展调解，发挥行政争议调解中心多元调解机制作用。三是形成多方合力，努力凝聚共识。自然资源权属争议往往有其历史成因，应积极与争议所在村（社）、属地政府对接，摸清矛盾根源。同时，在争议调处过程中要防止事态扩大和矛盾激化，充分发挥法律顾问、公职律师、人民调解员等作用，共同做好案件分析、调解工作，认真践行新时代"枫桥经验"，与争议当事人面对面谈心，在符合法律法规规定的前提下，尊重历史事实，保障合法权益，把矛盾纠纷化解在基层，化解在当地，切实维护社会和谐稳定。

（四）增强自然资源权属争议行政裁决宣传实效

严格落实"谁执法谁普法"的普法责任制，将行政裁决纳入单位年度普法计划和普法责任清单，明确工作要求、责任部门和责任人员。充分利用微信公众号、政府网站等平台，加大行政裁决工作宣传力度，使广大人民群众了解行政裁决，引导其通过行政裁决解决相关民事纠纷。积极宣传《关于健全行政裁决制度加强行政裁决工作的意见》，不断提高行政裁决在人民群众中的认知度。同时，要通过举办行政裁决专题培训等提高调处人员解读政策法规的水平、业务能力，从而进一步规范行政裁决行为，提高依法决策、依法办事、依法行政的能力。

（五）进一步推进不动产登记确认工作

引发自然资源权属争议的原因主要是存在权属不清、面积不准、重复发证等情况。此外，界线不清、界址破坏等情况在土地、山林争议中也较为普遍。目前，国家已组织开展自然资源统一确权登记调查工作，已明确要求分批次、分区域、分类型开展，以明确不动产的坐落、空间范围、面积、类型等状况，以及登记单元内所有权主体、所有权代表行使主体、所有权代理行使主体和权利内容等权属情况，并努力查明各类自然资源的数量、质量、种类、分布等情况。建议县级以上人民政府和职能部门建立不动产登记历史遗留问题处置会商机制，以为人民群众办实事、解难题、维护合法权益为根本出发点和落脚点，根据相关法律法规和政策，结合本地实际，强化统筹协调，深入分析历史遗留问题成因，细化配套政策，积极组织当事人依法补办相关手续，有效解决不动产"登记难"问题，切实提高不动产登记发证率，让群众的获得感更强，幸福感更可持续，安全感更有保障。

◇◇◇

专家点评

王双钢、谢雯所著《自然资源领域权属争议行政裁决制度研究——以杭州市示范化建设为例》一文,以杭州市土地权属争议行政裁决示范化建设为个案,就自然资源领域权属争议行政裁决制度存在的问题展开了研究,并提出了相关对策建议。论证较为充分。在实践基础上,用理论作指导升华了思考的实践意义。本文提供的一些实例,可为其他人提供借鉴。本文提出的意见和建议,对改进实际工作具有较大价值。

我国行政裁决制度改革研究

浙江省台州市仙居县司法局　郭燕妮

我国现代意义的行政裁决制度是在中华人民共和国成立后开始建立的，如行政裁决性质的经济仲裁制度，1960年制定的《国营工业企业工作条例（草案）》规定"企业之间有关经济合同的纠纷，由各级经济委员会专门设置的机构裁决和处理"，直到改革开放前，行政裁决成为我国解决相关争议的主要机制之一。20世纪90年代后期开始，由于诉讼兴起、行政机关自动放弃裁决权等，行政裁决开始渐渐没落，行政裁决的受案范围大大缩小。目前，我国现有法律、法规、规章中仍有关于行政裁决的规定，但基本集中在自然资源权属争议、知识产权侵权纠纷和补偿争议、政府采购活动争议等方面，且散见于部门法中，没有统一的专门法加以规范，受案范围、操作流程、救济途径混乱。

党的十八大以来，党中央高度重视完善矛盾纠纷多元化解机制，党的十八届四中全会提出"健全行政裁决制度，强化行政机关解决同行政管理活动密切相关的民事纠纷功能"。《法治政府建设实施纲要（2015—2020年）》要求："有关行政机关要依法开展行政调解、行政裁决工作，及时有效化解矛盾纠纷。"2018年12月31日，中共中央办公厅、国务院办公厅印发《关于健全行政裁决制度加强行政裁工作的意见》。与此同时，一些省、市、县也将行政裁决作为纠纷化解方式之一予以规范，如山东省于2016年出台《山东省多元化解纠纷促进条例》，2021年汕头市出台《汕头市行政裁决规定》。行政裁决制度在当今社会逐渐受到重视，重新发挥民事争议化解的作用。

一、行政裁决的概念、特征以及制度优越性

（一）行政裁决的概念界定

在我国的行政法理论和实践中，行政裁决已是一个常见的概念，通说认为行政裁决是特定行政机关解决特定民事争议的制度。《关于健全行政裁决制度加强行政裁决工作的意见》对行政裁决下了定义，文件指出："行政裁决是行政机关根据当事人申请，根据法律法规授权，居中对与行政管理活动密切相关的民事纠纷进行裁处的行为。"《关于健全行政裁决制度加强行政裁决工作的意见》中对行政裁决的定义与我国理论、实践中的通说基本一致。首先，行政裁决解决的是民事纠纷，是平等主体之间的矛盾，而非行政争议与刑事争议；其次，行政裁决处理的民事纠纷有一个范围限定，即裁处的民事纠纷需要与行政管理活动密切相关，普通的民事纠纷不属于行政裁决的受案范围；最后行政机关作为中间裁判者，需要保持中立，需要根据当事人的申请才可以开展行政裁决活动，而非依职权主动开展。

行政裁决的性质是行政裁决的核心问题，关系着对行政裁决所有问题的研究以及对行政裁决制度的设计。关于行政裁决的性质，学界一直存在争论。焦点在于行政裁决的行为主体是行政机关必然带有行政行为特点，同时行政裁决不管是程序还是制度上都带有浓厚的司法特性。部分学者基于以下理由认为虽然行政裁决有着司法的特色，但是仍然归属于具体行政行为范畴：首先，行政裁决是行政机关依照法

律法规履行法定职责的行为；其次，行政裁决是针对纠纷双方当事人作出的、一次性适用的、具有直接执行力的行为；最后，行政裁决决定一旦作出，即产生法律效力，对双方当事人的民事权利义务产生实质性的影响。由上可知，行政裁决完全符合具体行政行为的基本法律特征，故而将行政裁决定性为具有司法特性的具体行政行为无可厚非。部分学者认为行政裁决应当属于司法行为，该部分学者认为司法是指国家专设的司法机关和法律授权的行政机关、社会组织依法处理诉讼案件和非诉讼案件的活动，即使是行政机关行使司法权，也并未改变司法权的性质，行政裁决是行政机关解决纠纷的行为，行使的是司法权而非行政权，自然行政裁决是司法行为而非行政行为。笔者认为，两种观点都有其合理之处，行政裁决是兼具行政行为与司法行为特征的，行政权与司法权部分融合的行政司法行为，或者可称为准司法行为，是指行政机关依照准司法程序审理特定的具体案件、裁决特定民事争议的活动。理由如下：

首先，行政裁决与行政行为一样，行为主体都为行政机关，都是在履行法律法规规定的法定职责，作出的都是影响当事人民事权益的、具有法律拘束力的行为。但是这两种行为行政机关扮演的角色截然不同。行政行为如行政处罚、行政许可、行政强制等，行政机关扮演的主要是管理者的角色，主要职责在于维护一定的社会秩序。而行政裁决，行政机关虽然也有管理者的角色，但其主要扮演的是居中裁判者的角色，主要的职能是作为公正、独立的第三者解决民事主体之间的纠纷、化解矛盾。

其次，不管是中国古代的司法行政合一，还是现代的分权理论，我国行政机关行使司法权都有其正当性。我国宪法规定"中华人民共和国的一切权力属于人民""中华人民共和国法院是国家的审判机关""人民法院依照法律规定独立行使审判权，不受行政机关、社会团体和个人的干涉"，上述规定表明我国法院独立行使审判权，不受干涉，但是并没有规定法院独享审判权，法律并不排斥行政机关行使审判权。只要行政裁决能够受到司法最终审查，行政裁决的存在就不违反权力监督和制约原则。

最后，行政机关行使裁决权与法院行使司法权程序制度上有相似之处，但是不同之处也显而易见。法院作为最后一道防线，追求的是公平正义，所以牺牲了一定的效率，诉讼程序十分规范、复杂，需要花费的时间、金钱成本高，司法具有终局性。而由行政机关作为主体实施的行政裁决天然地具有行政行为的某些特性，在追求公平正义的同时也更加注重效率，程序虽与诉讼程序类似，但相较而言更加简便、具有灵活性，甚至为了矛盾纠纷的彻底有效解决可视情况简化流程。此外，行政裁决非最终的处理结果，对裁决不服，仍然可以寻求法院的司法救济。

综上，笔者认为行政裁决行为既非一般的行政行为，也非司法行为，而是介于两者之间的，兼具行政行为与司法行为特性，即由行政机关行使的准司法行为。

（二）行政裁决的特征

1. **行政裁决性质上的准司法性**。

行政裁决作为矛盾纠纷化解方式，追求形式以及结果的公正，故而在程序设置上，更多地体现了司法的特征，如以公开审理为原则，裁决决定需要说明理由。

2. **行政裁决设置上的行政性**。

行政裁决机关是行政机关，属于行政系统，是一种带有司法特征的行政职能，是国家行政职能向传统司法职能的拓展。行政裁决机关不管是场所、设备还是人员，在很大程度上都依附于行政机关，可能受到行政机关及其工作人员的干预。

3. 行政裁决效力上的强制性。

行政裁决决定一旦作出，即产生法律约束力，作出行政裁决的行政机关、民事纠纷双方当事人以及其他组织、个人都受到该行政裁决的约束，非经诉讼或者其他法定途径，任何人都不得否定行政裁决的法律效力，都应当执行行政裁决决定。

4. 行政裁决结果上的非终局性。

行政裁决作为纠纷化解方式，具有法律拘束力，但如果当事人对行政裁决决定不服，有权向法院提起诉讼，法院有权对行政裁决作出最终的审判，行政裁决处理民事纠纷仅仅是司法裁判程序的前置程序。

（三）行政裁决制度的优越性

1. 专业性强。

目前我国的行政裁决事项主要集中在自然资源权属争议、知识产权侵权纠纷和补偿争议、政府采购活动争议等方面，这些事项都与行政管理活动密切相关，都需要依靠专业知识进行纠纷处理，如知识产权侵权纠纷，往往需要对专利技术、相关的技术方案是否落入他人专利权保护范围等作出认定。但法官作为审判人员，具备专业的法律知识，不一定具备专利知识、勘测技术等其他专业技能。如果上述纠纷通过诉讼途径解决，法官大概率需要借助第三方专业人员的帮助，需要法官对从第三方获取的资料加以理解、整理、归总，不仅费时费力，还可能由于法官的认知程度、专业水平等问题而影响判决。相较而言，由行政机关进行这些领域的行政裁决，一方面行政机关本身就具有该领域的专业技术资料、设备，更容易获取相关证据材料；另一方面行政机关的工作人员长期从事该项工作，具备该领域的专业知识技能，可以花费更少的时间、精力，作出更专业的判断。

2. 快捷高效。

诉讼作为最后的救济途径，首先要保障的价值追求是公平正义，为了保障结果的公正，需要程序的公正，故而诉讼程序规定十分严格，审理所花费的时间也较长。一般的诉讼程序需要花费6—12个月时间，如果继续二审、再审，所花费的时间可能要长达好几年。而行政裁决作为行政机关解决民事争议的途径，侧重点在于对纠纷的化解，只要在保持公平公正的前提下，行政机关可以综合运用多种手段解决纠纷，故而在程序设置上虽然具有司法程序的特点但是远没有诉讼程序严格。

3. 成本低。

诉讼案件受理费根据案件情况从50元到上万元不等。而行政机关争议解决途径，不管是调解、复议还是裁决都是不收取任何费用的，只要当事人提交的申请事项符合受案范围、形式上符合受案标准即可。此外，由于诉讼制度严格的程序规定、专业的法律用语等，当事人往往需要寻求律师的专业帮助，而调解、复议、裁决等行政程序相对而言没有这么复杂，当事人只要能够讲清楚自己的诉求、提供自己掌握的证据材料即可，故而所需的金钱成本相对较低。另外，由于行政机关也掌握部分专业化的数据资料，例如知识产权侵权纠纷中的专利技术方案等，在一定程度上也可以降低调查取证的成本。

4. 综合性强。

行政裁决裁处与行政管理活动密切相关的民事纠纷。而行政机关作为裁决机关，具有社会管理的职能与经验，又具有该领域的专业知识技能，可以统筹运用多种争议解决手段和资源，可以利用行政机关的便利之处，综合协调各职能部门共同解决争议，加大争议解决的力度，全方位、彻底解决民事争议。同时，行政裁决机关可以通过对特定类型的民事争议分析，查找争议产生的原因，研讨问题的解决对策，通过制定政策和规范，将争议的事后解决改变为事前的预防，从源头上避免争议的发生。

由上可知，行政裁决作为民事争议的解决途径之一，虽然不如民事诉讼严谨，但是在现代社会矛盾多发、司法资源有限的情况下，行政裁决有其自身的优越性，有非常广阔的发展空间。

二、我国行政裁决制度现状

相较于20世纪80年代，现今我国行政裁决制度的适用范围大幅缩小，但我国现行的法律、法规、规章中仍有关于行政裁决制度的规定。实践中各职能部门各行其是，有一套自己的操作流程、制度规范。我国现行行政裁决制度主要存在以下几个方面问题。

（一）没有统一的专门法律规范

我国现有的法律没有对行政裁决作出统一的规定，相关规定散见于多部法律、法规、规章中，主要集中于自然资源权属争议、知识产权侵权纠纷和补偿争议、政府采购活动争议等领域，受案范围小。同时，授予行政机关裁决权的法律文件效力等级不一，有法律、行政法规、部门规章，甚至部分地方性法规、地方政府规章也有关于行政裁决权的授权规定。

（二）行政裁决的表述不规范

有的法律称之为"裁决"，有的称为"处理"，还有的称为"调处""责令"，只有少数法律明确使用了"行政裁决"的表述，这样容易使是否对行政机关授予行政裁决权产生分歧。此外，还存在某些法律虽然使用了"裁决"这个词，但是所指的并不是行政裁决。法律文件表述的不一致，容易产生歧义，存在行政机关滥用职权或者推诿履职的风险。

（三）行政裁决授权过于简单

目前法律对行政裁决的规定十分原则化，其中关于行政裁决的规定只限于授予行政机关行政裁决权，而对于具体的授权范围、行使的方式、裁决程序、裁决救济等的规定十分笼统，难以实际操作。部分地方性法规、部门规章有尝试行政裁决程序方面的立法，但是由于没有统一的原则指导，各地区、各部门之间差别较大。同时，行政裁决救济制度不一，有的法律规定对行政裁决不服可以提起行政诉讼，有的则规定可以提起民事诉讼，有的原则规定可以提起行政附带民事诉讼。

（四）行政裁决群众知晓率低

相较于民事诉讼、人民调解等其他矛盾纠纷化解途径，行政裁决在普通民众中的知晓率极低，除了专业的法律人士，行政裁决几乎不在民众纠纷化解途径选择范围之内。2021年台州市一年的行政裁决案件量是30件，而台州市仙居县调解案件就有3431件，一个县的调解案件数量是一个市的行政裁决案件数量的100倍之多。

（五）行政裁决机构及人员缺失

目前，我国行政裁决机构独立性不足，依附于各职能部门，更有甚者依附于职能部门的某个职能科室，行政裁决专业人员匮乏。在有权行使行政裁决权的行政机关内部往往没有专门的行政裁决科室，而是由执法科室或者法制科室兼职办理行政裁决案件。只有少数行政机关配备了专职办理行政裁决案件的工作人员，大多数情况下办理行政裁决案件的人员为兼职人员，甚至可能是并不懂行政裁决相关业务的非专业人士。

三、 完善我国行政裁决制度的思考

行政裁决在我国当前社会环境下完全有存在的必要性，但是我国目前的行政裁决制度存在诸多问题，并没有发挥其应有的民事矛盾纠纷化解功能，故而对现行行政裁决体制进行改革是十分必要的。笔者建议从以下几个方面完善我国行政裁决制度。

（一）统一立法规范用语

一是针对目前我国行政裁决规范分散、用语不统一的情况，笔者建议对现行规定行政裁决的法律法规进行全面排查，对使用"处理""调处"等不规范名称的，应当进行修改，明确使用"作出行政裁决"的表述，以免在实践中产生歧义和混淆，进一步明确行政机关的行政裁决权。对不属于行政裁决但是使用了"行政裁决""裁决"的，建议根据行为本身性质使用"处罚""调解"等表述。二是针对目前行政裁决权授权规定过于简单，授权法律文件效力等级不一的问题，笔者建议明确只能由法律、行政法规授予行政机关行政裁决权。对公权力而言，法无授权即禁止，没有法律的授权，行政机关行使行政裁决权即为超越职权，为无效行为。而这里的法律，笔者认为应当包括狭义的法律以及部分行政法规，即由全国人民代表大会及其常务委员会制定的法律和尚未制定法律，经全国人民代表大会及其常务委员会授权国务院制定的行政法规。根据《中华人民共和国立法法》第8条规定民事基本制度、诉讼和仲裁制度只能制定法律。第9条规定，本法第8条规定的事项尚未制定法律的，全国人民代表大会及其常务委员会有权作出决定，授权国务院可以根据实际需要，对其中的部分事项先制定行政法规，但是有关犯罪和刑罚、对公民政治权利的剥夺和限制人身自由的强制措施和处罚、司法制度等事项除外。行政裁决作为居间裁决特定范围民事争议的行政司法权，从本质上看与诉讼、仲裁制度的功能、定位一致，只能由法律、行政法规加以规定。三是建议制定专门法律《中华人民共和国行政裁决法》，明确行政裁决的目的、基本原则、受案范围，细化行政裁决程序规定，明晰行政裁决救济途径以及不依法履行行政裁决法定职责的法律责任。

（二）扩大行政裁决受案范围

目前我国法律规定的行政裁决事项主要集中于自然资源权属争议、知识产权侵权纠纷和补偿争议、政府采购活动争议等方面，受案范围相较于20世纪80年代大幅缩小，为充分发挥行政裁决民事矛盾纠纷化解功能，笔者建议可以适当扩大行政裁决的受案范围，当前可先将劳动仲裁纳入行政裁决受案范围。笔者之所以建议将劳动争议纳入行政裁决受案范围，是因为以下理由：（1）劳动争议是劳动者与用人单位之间的争议，属于平等主体之间的民事争议。同时，劳动争议的及时化解，可以充分保护劳动者的合法权益，进而调整劳动关系，维护社会主义市场经济的劳动制度，与行政管理活动密切相关。（2）我国的劳动争议仲裁与《中华人民共和国仲裁法》中规定的仲裁有很大不同。劳动争议仲裁以当事人向劳动仲裁委员会申请作为受案依据，只要一方当事人申请即可，无须双方当事人达成合意。劳动争议仲裁为非终局行为，对仲裁裁决不服的，当事人可以向法院提起诉讼。劳动争议仲裁委员会由劳动部门代表、工会代表和企业方面代表组成，在机构设置上为劳动行政部门下属的参公事业单位，办公经费、工作人员薪酬由财政予以保障。劳动争议仲裁由劳动合同履行地或者用人单位所在地的劳动争议仲裁委员会管辖，不能自由选择管辖地，符合行政机关根据当事人申请居间裁处纠纷的行政裁决制度。（3）劳动仲裁委员会仲裁劳动争议案件，是《中华人民共和国劳动争议调解仲裁法》赋予的法定职权，符合行政裁决依据法律法规授权行使职权的要求。综上,劳动争议仲裁与我国行政裁决的定义颇为相符。故笔者认为,可以将劳动争议仲裁纳入行政裁决受案范围内,统一加以规制。后续,视社会发展状况以及行政裁决制度执行情况,对于可以通过行政裁决化解的民事纠纷,及时研究设定行政裁决的必要性、可行性,将合同纠纷、侵权责任纠纷等也纳入行政裁决受理范围,进一步扩大行政裁决适用范围。

(三)行政裁决集成化改革

行政裁决与民事诉讼功能类似,注重纠纷的及时化解,对公平、正义的要求颇高。而要让当事人感受到公平正义,需要有一个独立的、不受他人干涉的机构居中作出裁决,如法院一般独立行使审判权,不受行政机关、社会团体和个人的干涉。但是,目前我国没有独立的行政裁决机构承担此职能,通常是由行政机关内设科室承担,如知识产权局的知识产权保护司承担商标评审、专利复审和无效等行政裁决工作,而基层的行政机关基本上连专门承担行政裁决职能的科室都没有,往往由执法科室或者法制科室的工作人员兼职,甚至有的职能部门连专门负责行政裁决工作的人员也未配备。故笔者认为我国可以参照我国行政复议体制改革过程,设立行政裁决中心,相对独立、统一行使行政裁决权,实现行政裁决案件的集中办理。一是行政裁决中心设立秘书处,配备行政管理人员,管理行政裁决的日常工作;设行政裁决案件受理窗口,实现行政裁决案件一窗受理,实施案件收结案和质量集中管理;设立行政裁决工作室、听证室和调解室,充分保障行政裁决案件办理场所,保障双方当事人可以充分公开地表达自己的诉求,保证裁决过程的公开、规范,以达到行政裁决案件办理过程的形式公平,进而实现行政裁决结果的实质公平。二是行政裁决中心需要配备充足的专业行政裁决人员,笔者认为裁决人员应当遵守宪法和法律，具有良好的法律素养和道德情操，可以由法律人员和非法律人员组成。法律人员原则上由具有法律职业资格或者两年以上相关行业工作经验的人员担任。初次从事行政裁决工作的，应当通过国家统一法律职业资格考试，取得法律职业资格，法律人员一般为行政裁决中心的全职工作人员。同时也可以吸纳政府法律顾问、公职律师作为兼职法律人员，以此来壮大行政裁决工作队伍。非法律人员主要是指具有与所裁决的争议以及适用法律领域相关专业知识的人，由具有某领域特定经验和知识的人员担任，如精通计算机软件的专业人员、专利工程师，为裁决案件提供专家意见，既可以是行政裁决中心的全职工作人员，也可以是兼职工作人员。三是建立行政裁决专家咨询委员会制度，针对疑难复杂案件，由行政裁决中心按照规定组织专家评审，共同研究、讨论决定，提高行政裁决案件的办案质量。四是行政裁决中心可以借助社会矛盾纠纷调处化解中心的统筹协调功能，加强与人民调解、仲裁、行政复议、诉讼等制度的有机衔接，进而实现矛盾纠纷化解最多跑一地，建立"一站式"纠纷解决服务平台，切实减轻人民群众在依法维权时的负担。

（四）行政裁决救济制度重构

正所谓没有救济则没有权利，行政裁决作为一种非终局性的居中裁处行为，一旦作出裁决决定即对双方当事人的权利义务产生实质性的影响，故而对行政裁决不服的自然可以寻求进一步的救济。有关行政裁决纠纷的诉讼选择，我国相关的法律规范目前没有统一规定，极为分散，一般规定与特别规定皆有，失效规定与有效规定并存。单独采用行政诉讼的有，单独采用民事诉讼的有，一并处理模式中既有行政诉讼兼顾民事争议的，也有民事诉讼兼顾行政争议的。每种救济模式都有自己的立法意图与考量，但是规定的不一致会使实际操作存在困难，难以充分保障当事人的权利。所以，对行政裁决的救济制度进行重构十分必要。采用行政诉讼模式存在法院判决撤销、重作等与行政裁决结果不一致的判决时，当事人之间的民事纠纷无法及时有效解决，可能导致循环诉讼；行政裁决机关作为行政诉讼案件被告，可能挫伤其作出行政裁决的积极性。同时，行政裁决机关作为被告与作为原告的一方当事人站在了对立面，自然可能与民事争议的另一方当事人处在了同一利益阵营，这与行政裁决机关居中裁决的定位不符。而一旦行政裁决纠纷进行行政诉讼，则原先的民事纠纷演变成了行政争议，当事人可能不愿承担"民告官"的风险，进而影响当事人维权。采用民事诉讼模式，可以直面行政裁决所指向的民事纠纷，利于当事人之间纠纷的彻底解决，但是此种模式会对行政裁决的效力、裁决机关的权威性造成不利影响，可能出现民事判决书与行政裁决决定不一致的情况。在此种情况下，当事人一边手持一份具有国家强制力保证实施的民事判决，而另一边手持一份具有法律效力的行政裁决书。行政附带民事诉讼模式，目前只有原则性规定，而具体如何执行未有明确规定。行政附带民事诉讼模式可以一并解决行政与民事两个纠纷，减轻当事人诉累，且能避免两个诉讼并行可能导致的裁判矛盾。但是在我国现行法律体系下，行政诉讼与民事诉讼在审查原则、举证责任等方面都有很大区别，行政附带民事诉讼该适用行政诉讼规则或是民事诉讼规则存在争议；若允许当事人提起行政诉讼时附带提起民事诉讼，由于民事立案时，法院就已存在作出民事判决的预期，所以民事诉讼对行政裁决的效力在立案时就已经进行了否定。这样，对行政裁决案件，行政附带民事诉讼就失去了得以成立的基础。行政附带民事诉讼一方面在行政立案中认为行政裁决的效力要经过审查后进行回答，另一方面在民事立案中宣告行政裁决的效力已经被否定，这是自相矛盾的。

可见，无论哪一种模式都不能适用于所有种类的行政裁决纠纷案件。故笔者认为，在选择行政裁决纠纷的救济途径时需要考虑的最重要的一点是行政裁决纠纷的最终解决，其他的如裁决机关的态度、裁决行为的效力等都需要为行政裁决纠纷的圆满解决这个最终目的服务。而在我国现行审判实践中，行政裁决纠纷诉讼途径有两种，即行政诉讼和民事诉讼。而现在之所以认为两种诉讼模式都有其不合理之处，甚至"问题化"的原因在于：一是两种诉讼都不能一并解决所有纠纷，造成所谓"官了民不了"或"民了官不了"的情况；二是两种诉讼并行可能会造成裁判结果不一致。但是其实在现实生活中复合型的纠纷十分常见，不单单有行政与民事纠纷的复合，还有行政与刑事纠纷的复合、刑事与民事纠纷的复合，如果都要求一并解决的话，那不仅与实践不符，与现行的诉讼标的理论也不相符。而且现代社会越来越注重专业化发展，分工只会越来越细。笔者认为，在现行制度下，行政诉讼、民事诉讼应该各归其位，即行政诉讼只关注行政裁决行为合法性问题，而民事诉讼仅审查民事行为。如果当事人认为行政裁决存在行政裁决机构无管辖权，违反法定程序，裁决所根据的证据系伪造，行政裁决人员在裁决该案时有索贿受贿、徇私舞弊、枉法等裁决行为的，当事人可以提起行政诉讼，行政诉讼回归到审查行政行为合法性这个中心，对涉及民事问题的事实不作判断或仅作形式审查。而如果当事人对民事事实认定存在纠纷，则提起民事诉讼。两种诉讼各归其位的方式在我国现行法律制度下简单易行，可操作性强。但是此种诉讼案件分类方式增加了当事人寻求救济的难度，普通公众可能难以区分自己到底该提起何种诉讼，可能需要进一步寻求法律专业人士的帮助，增加当事人维权的成本。故笔者建议在行政裁决救济制度的进一步改革中，可以打破行政诉讼仅能以作出行政行为的主体为被告的限制，以原纠纷双方当事人为救济诉讼的原被告，以保证原纠纷的实质性解决，同时行政裁决主体以特殊的身份参与到诉讼中来，一并解决了行政裁决的效力问题。

五、 结论

行政裁决制度作为化解与行政管理活动密切相关的民事纠纷的方式，不管是从我国政策角度，还是行政裁决本身制度优势来看，行政裁决制度都有其存在的必要性、可行性。建议对行政裁决制度进行集成化、标准化、专业化的改革，重构行政裁决救济制度。

◇ ◇ ◇

专家点评

本文内容比较完整，从行政裁决的概念、特点开始阐述，分析了行政裁决制度的现状和问题，提出了行政裁决制度完善的建议等。

本文提出的建议针对性强，可操作性强，对指导实践能发挥一定的作用。

行政裁决的性质定位与机制完善研究

仙居县行政裁决体制改革课题组

汪江连　汪湖泉　项先权[①]　曹中设

2018年12月31日，中共中央办公厅和国务院办公厅联合发布《关于健全行政裁决制度加强行政裁决工作的意见》（以下简称《意见》），这是中央层面第一次就行政裁决工作专门作出部署，对充分发挥行政裁决在化解社会矛盾纠纷中的"分流阀"作用具有重要意义。

行政裁决与行政调解、行政复议、行政诉讼等，都是我国行政法律制度的重要组成部分，是化解社会矛盾纠纷的重要渠道和方式。但是，由于目前我国行政裁决存在理论基础薄弱、法律规定分散、制度设计不完善、公众对行政裁决的理解不足等诸多问题，行政裁决制度的有效性及其适用的可操作性受限，行政裁决的应有作用尚未充分发挥。

[①] 作者简介：汪江连，中国计量大学法学院副教授、硕导，法学博士；汪湖泉，中国计量大学法学院讲师，法学博士；项先权，浙江新台州律师事务所主任，法学博士。本文系仙居县司法局委托课题"《仙居县行政裁决体制改革工作方案》的完善与实施"的阶段性研究成果，该项目得到了仙居县司法局曹中设等领导的大力支持，特此感谢。

目前，健全行政裁决法律制度、加强行政裁决工作机制建设，是加快推进依法行政、全面建设法治政府的重要方面，是完善社会矛盾纠纷多元化解机制、推进基层治理体系和治理能力现代化的重要内容。

涉及行政裁决的理论问题，如性质定位、价值功能和行政法治等，以及行政裁决的运行机制完善等实践问题，需要系统思考和全面分析，本文将梳理有关理论、制度和实践现状，提出建设性的意见。

一、行政裁决的性质定位

目前，行政法学界对于行政裁决的研究相对薄弱，特别是对行政裁决的含义、性质以及制度发展的方向并没有完全统一的认识。不同学者对行政裁决的含义有不同的理解。同时，在地方立法层面，《湖南省行政程序规定》第109条对行政裁决作了初步界定："本规定所称行政裁决，是指行政机关根据法律、法规的授权，处理公民、法人或者其他组织相互之间发生的与其行政职权密切相关的民事纠纷的活动。"《意见》对行政裁决的界定基本涵盖了上述对行政裁决内涵和外延的认识，并作了进一步明确。《意见》规定，行政裁决是指行政机关根据当事人申请，根据法律法规授权，居中对与行政管理活动密切相关的民事纠纷进行裁处的行为。这是中央文件第一次对行政裁决作出清晰界定。从这个界定可以看出，行政裁决具有以下特点。

（一）行政裁决具有法定性

行政机关开展行政裁决工作要遵循依法依规原则，即只有法律法规授权行政机关可以进行行政裁决的，行政机关才有行政裁决的职权，行政裁决的结果才会影响当事人的权利和义务。通过对现有法律规范的文本梳理，可以对当前我国法律规范中涉及的行政裁决事项作如下梳理。

表 1　我国法律规范中涉及行政裁决的事项梳理表

序号	所涉事项	法律依据	裁决类型
1	土地权属争议	《土地管理法》（2019）第14条	权属争议裁决
2	林木、林地权属争议	《森林法》（2019）第22条	
3	草原所有权和使用权争议	《草原法》（2013）第16条	
4	水利权属争议	《水法》（2016）第56条	
5	探矿权、采矿权争议	《矿产资源法》（2009）第49条	
6	事业单位与其他国有单位之间产权争议	《事业单位国有资产管理暂行办法》（2019）第36条	
7	全民所有制单位之间对国有资产的经营权、使用权争议	《国有资产产权界定和产权纠纷处理暂行办法》（1993）	
8	专利强制许可使用费争议	《专利法》（2020）第62条	知识产权强制许可使用费争议裁决
9	植物新品种强制许可使用费争议	《植物新品种保护条例》（2014）第11条	
10	中药保护品种强制许可使用费争议	《中药品种保护条例》（2018）第19条	
11	集成电路布图设计强制许可使用费争议	《集成电路布图设计保护条例》（2001）第28条	
12	专利侵权争议	《专利法》（2020）第65条	侵权争议裁决
13	商标侵权争议	《商标法》（2019）第60条	
14	植物新品种侵权争议	《植物新品种保护条例》（2014）第39条	
15	企业名称争议	《企业名称登记管理规定》（2020）第21条	
16	医疗机构名称争议	《医疗机构管理条例实施细则》（2017）第49条	
17	劳动损害赔偿争议	《劳动法》（2018）第91条、《劳动合同法》（2012）第85条	损害赔偿争议裁决
18	河道损害赔偿争议	《河道管理条例》（2018）第45条、第47条	
19	产品质量损害赔偿争议	《产品质量法》（2018）第40条	
20	政府采购质疑争议	《政府采购法》（2014）第55条、第56条	公共资源和公共服务争议裁决
21	电力并网和互联争议	《电力法》（2018）第22条	
22	客运经营者发车时间安排争议	《道路旅客运输及客运站管理规定》（2020）第74条	

有学者通过梳理2009年之前的88件法律、法规和规章，总结出行政裁决共有16项，分布在自然资源和环境、知识产权以及民间纠纷三大领域。实践部门也在努力寻找裁决具体事项范围的答案，行政裁决主要适用于处理"侵权纠纷、补偿纠纷、权属纠纷、损害赔偿纠纷、政府采购纠纷、国有资产产权纠纷、专利强制许可使用费纠纷，以及法律法规规定适用行政裁决的其他民事纠纷"。然而，各地清理的行政裁决事项却不尽相同，河北省政府公布的行政裁决事项有17类，云南省公布的首批行政裁决事项清单中省政府及其部门行政裁决有13项，广东省省级部门行政裁决事项仅有5项。

如上表所示，通过对现行相关法律规范的梳理，可以将现行法律规范中涉及行政裁决事项的条款划分为权属争议裁决、知识产权强制许可使用费争议裁决、侵权争议裁决、损害赔偿争议裁决、公共资源和公共服务争议裁决等五大类。《浙江省人民政府办公厅关于健全行政裁决制度加强行政裁决工作的实施意见》（浙政办发〔2019〕61号）明确指出："行政裁决是行政机关根据当事人申请，根据法律法规授权，居中对与行政管理活动密切相关的民事纠纷进行裁处的行为。"并且对行政裁决的适用范围作了明确限定："行政裁决主要适用于对以下特定民事纠纷的处理：侵权纠纷、补偿纠纷、权属纠纷、政府采购纠纷，以及法律法规规定适用行政裁决的其他民事纠纷。"司法部负责人就中共中央办公厅和国务院办公厅联合印发的《关于健全行政裁决制度加强行政裁决工作的意见》答记者问时着重强调了行政裁决是与民事仲裁及民事诉讼有显著不同的纠纷解决机制，合同纠纷等一般性民事争议不属于行政裁决的受理范围。

（二）行政裁决具有特定性

行政裁决的受理范围是与行政管理活动密切相关的民事纠纷，主要集中在自然资源权属争议、知识产权侵权纠纷和补偿争议、政府采购活动争议等方面，合同纠纷等一般民事争议不属于行政裁决的受理范围。

首先，行政裁决的对象是与行政管理活动直接相关的非合同类民事纠纷，这一范围首先将以下两类纠纷排除在外：

其一，合同纠纷。当事人之间因合同产生争议可以通过和解、调解、仲裁或诉讼解决，《建设部科技成果评估工作管理暂行办法》第22条规定："如执行协议发生纠纷，任何一方可向部科技成果管理部门申请调解或裁决。"该条所指的协议是申请评估单位（个人）与指定评估机构签订的《科技成果委托评估协议书》，平等主体之间签订的以民事权利义务为内容的协议应属于合同。这里虽然使用了"裁决"的用语，但不属于真正的行政裁决，将此类纠纷纳入行政裁决的对象既不符合行政裁决已经形成的固定内涵，也违反《民法典》有关合同的规定。即使将此类纠纷纳入行政裁决也只能通过法律作出例外规定。

其二，行政纠纷。行政主体之间、行政主体与相对人之间发生的纠纷不属于行政裁决的对象。《水土保持法》（2010年修订）第46条规定："不同行政区域之间发生水土流失纠纷应当协商解决；协商不成的，由共同的上一级人民政府裁决。"法律解释首先应遵循文义解释的方法，该条使用了"裁决"的概念，那么是否属于行政裁决呢？"本条规定所指的水土流失纠纷，不是一般的民事纠纷，涉及不同行政区域之间的关系。"[①]结合《水法》（2016年修正）的相关规定，将涉水纠纷区分为水利权属纠纷和一般的水事民事纠纷，前者可以裁

---

① 《〈中华人民共和国水土保持法〉释义（三）》，载《中国水利》2011年第8期。

决，而后者适用调解和民事诉讼的纠纷解决方式。①"不同行政区域之间的水土流失纠纷"或者指不同区域行政主管部门之间防治职责的纠纷，或者指相对人因生产建设活动所产生的水土流失治理职责纠纷，两类纠纷中相关主体的水土流失防治职责均是基于行政法律关系而产生的义务，因此此类纠纷中不存在基于民事关系而产生的纠纷。此外，《行政单位国有资产管理暂行办法》（2006年财政部令第35号，2017年修正）第41条规定，行政单位之间的产权纠纷由财政部门或者同级政府调解、裁定。行政单位之间的产权纠纷因其纠纷主体并非行政相对人，此类纠纷属于内部行政纠纷。

其次，行政裁决的对象还应排除那些与行政管理没有直接关系的民事纠纷。现代社会中，行政权渗入社会生活的各个领域，民事法律关系与行政法律关系交织在一起，已很难找出与行政活动完全无关的民事纠纷，但只有那些与行政管理活动"直接"相关的民事纠纷才有必要由行政权予以裁决。《民间纠纷处理办法》（司法部令第8号，1990年）第5条规定："基层人民政府处理民间纠纷，可以决定由责任一方按照《中华人民共和国民法通则》第134条第1款所列举的方式承担民事责任，但不得给予人身或者财产处罚。"根据上位法的规定，结合《民间纠纷处理办法》和其他规定，基层人民政府对民间纠纷的处理应是"调解"。其一，民间纠纷与行政管理没有直接关系。

---

① 《水法》（2016年修正）第56条规定："不同行政区域之间发生水事纠纷的，应当协商处理；协商不成的，由上一级人民政府裁决，有关各方必须遵照执行。在水事纠纷解决前，未经各方达成协议或者共同的上一级人民政府批准，在行政区域交界线两侧一定范围内，任何一方不得修建排水、阻水、取水和截（蓄）水工程，不得单方面改变水的现状。"第57条规定："单位之间、个人之间、单位与个人之间发生的水事纠纷，应当协商解决；当事人不愿协商或者协商不成的，可以申请县级以上地方人民政府或者其授权的部门调解，也可以直接向人民法院提起民事诉讼。县级以上地方人民政府或者其授权的部门调解不成的，当事人可以向人民法院提起民事诉讼。"

根据《民间纠纷处理办法》第3条的规定,"民间纠纷即公民之间有关人身、财产权益和其他日常生活中发生的纠纷"。该纠纷既非由行政管理行为所引起,也与行政权行使没有任何关系。其二,基层人民政府对民间纠纷的处理并不具有强制性。根据该办法第21条的规定,当事人对基层人民政府的处理结果有异议的,可以就原纠纷向人民法院起诉。这意味着当事人可以不服从基层人民政府的处理结果,基层人民政府作出的处理决定,当事人如果不履行则无法强制执行。现行立法并没有赋予基层人民政府对行政裁决的强制执行权,基层人民政府也无法就该处理决定向人民法院申请强制执行。① 其三,《民间纠纷处理办法》与上位法不一致。《民间纠纷处理办法》的制定依据是《人民调解委员会组织条例》(国务院令第37号,1989年),条例仅规定基层人民政府具有"处理"民事纠纷的权力,② 结合条例的立法目的分析,这里的处理应理解为"调解"。《人民调解法》(2011年)规定当事人可以共同向人民法院申请确认调解协议的效力,经过确认后

---

① 《最高人民法院关于如何处理经乡(镇)人民政府调处的民间纠纷的通知》(法发〔1993〕21号,已失效)规定:"民间纠纷经司法助理员调解,当事人未达成协议或者达成协议后又反悔,如果一方直接向人民法院起诉,或者先请求乡(镇)人民政府处理但不服调处决定而向人民法院起诉的,人民法院应当依法受理,以原纠纷的双方为案件当事人。""民间纠纷经司法助理员调解达成的协议或者经乡(镇)人民政府所作的调处决定,当事人向人民法院申请强制执行的,人民法院不予执行。"
② 《人民调解委员会组织条例》第9条第2款规定:"经过调解,当事人未达成协议或者达成协议后又反悔的,任何一方可以请求基层人民政府处理,也可以向人民法院起诉。"第10条规定:"基层人民政府对于人民调解委员会主持下达成的调解协议,符合法律、法规、规章和政策的,应当予以支持;违背法律、法规、规章和政策的,应当予以纠正。"

当事人可以申请法院强制执行。①通过调解完全可以实现争议解决的目的并实现协议内容，完全没必要再由行政机关通过裁决予以解决。可见，《民间纠纷处理办法》对条例规定的"处理"理解有误。

再次，行政裁决与行政补偿具有明显区别。其一，前提条件不同。行政补偿是因行政主体合法的行政行为给相对人权益造成了损害；行政裁决是当事人之间存在民事纠纷，一方当事人的行为给另一方当事人造成了损害。其二，义务主体不同。行政补偿的义务主体是国家，实行国家责任、机关补偿；行政裁决的义务主体是一方相对人，行政机关裁定一方当事人向另一方当事人承担义务。其三，当事人及法律关系不同。行政补偿中只存在行政主体和行政相对人双方之间的行政法律关系，行政裁决中存在当事人之间的民事法律关系和行政主体与双方当事人之间的行政法律关系。《土地管理法实施条例》（2014年修订）第25条第3款规定："……对补偿标准有争议的，由县级以上地方人民政府协调；协调不成的，由批准征收土地的人民政府裁决。"土地征收的主体是行政主体，补偿主体也是行政主体，被征收人对补偿标准不服，争议的双方是行政主体和行政相对人，因此这里的裁决应是指行政补偿决定而非行政裁决。

最后，行政裁决与行政确认既存在差异又具有承接性。最高人民法院认为，"行政登记是登记机构依法对权利归属或其他法定事项加以审查、记载和确认，并向社会宣告和公示的一种行政行为；行政确权则系对权属纠纷予以裁决的行政行为，属行政裁决之列。两者之间具有实质性不同，前者起着官方证明和赋予公信的作用，后者具有授

---

① 《人民调解法》第33条规定："经人民调解委员会调解达成调解协议后，双方当事人认为有必要的，可以自调解协议生效之日起30日内共同向人民法院申请司法确认，人民法院应当及时对调解协议进行审查，依法确认调解协议的效力。人民法院依法确认调解协议有效，一方当事人拒绝履行或者未全部履行的，对方当事人可以向人民法院申请强制执行。人民法院依法确认调解协议无效的，当事人可以通过人民调解方式变更原调解协议或者达成新的调解协议，也可以向人民法院提起诉讼。"

予权利、确定归属的法律效果。"①权属争议纠纷处理通常先进行裁决以明确权属主体，进一步通过确认予以宣告。侵权争议的处理一般先有行政确认，根据确认的结果裁决或调解纠纷。《计量法实施细则》（2018年修正）第34条规定："县级以上人民政府计量行政部门负责计量纠纷的调解和仲裁检定……"本条规定了行政机关的两个行为：其一是计量纠纷的调解，其二是计量仲裁检定。根据第56条的规定，仲裁检定是指："用计量基准或者社会公用计量标准所进行的以裁决为目的的计量检定、测试活动。"仲裁检定是对因计量器具准确度所进行的"检定、测试"活动，属于行政确认行为，检定的目的是为纠纷处理提供依据。根据《计量法实施细则》（2018年修正）的规定，结合《仲裁检定和计量调解办法》（国家计量局〔1987〕量局法字第373号发布）第15条之规定："受理仲裁检定的政府计量行政部门，可根据纠纷双方或一方的口头或书面申请，对计量纠纷进行调解。"计量行政部门针对计量纠纷仅具有调解权而没有裁决权。

（三）行政裁决具有准司法性

行政裁决机关行使裁决权应当以事实为根据、以法律为准绳，以中间裁判者身份，对平等主体之间的纠纷进行公正裁判，不受其他外部因素的影响，不偏袒任何一方当事人，带有一定的"司法性"。作为"多元纠纷解决机制"的有效构成，行政裁决制度的应然面相和改革趋向便呈现出来，其中之一就是行政裁决制度的立基之本是纠纷解决功能。这是其能够走出当前困局并成为化解民事纠纷的"分流阀"

---

① 最高人民法院（2017）最高法行申3761号行政裁定。

的前提和基础。① 为此，行政裁决制度应遵循和贯彻基本的司法原理或准则，进行有限的司法化改造，实现纠纷解决的基本正义。

就纠纷之双方当事人而言，其准司法性可以具体化为"纠纷解决主体的中立性"。就纠纷解决主体而言，其准司法性主要表现为"纠纷解决结果的不可诉性"。

1. 行政裁决主体的中立性。

根据当前法律规定，我国行政裁决权由多个主体类型享有，行政裁决主体呈现出多而散的局面，既有一级人民政府，也有政府组成部门，还有行政机关内设的各种裁决机构（表2）。这种权力配置格局比较有利于发挥各个行政机关或机构的专业优势，但也会带来重叠、臃肿等问题。更为重要的是，除商标评审委员会这样的专门裁决机构外，其他行政裁决主体还承担着非常多的日常行政管理职责，行政裁决并非其主业，也非其专职工作。这会对其裁决的中立性产生负面影响。此外，现行法律对行政裁决人员的从业资格缺乏规定，对行政裁决人员的配置以及任职条件等也没有明确规定，基本上都是由一般行政工作人员承担。实际管理中，在岗行政裁决人员的业务培训频率较低，专业化、职业化水平不高，行政裁决人员缺少必要的激励保障机制。与法官、检察官等职业群体相比，这些因素导致行政裁决人员的职业共同体意识和职业尊荣感不强。

---

① 行政裁决这种居间裁判的性质定位与西方国家一些裁决理论也具有共同性。在美国，联邦最高法院的判例认为："行政机关的行政裁决权属于行政权力或者'准司法'职权，行政裁决行为是一种'准司法'的行政行为。" 1932年，英国在《部长权利委员会报告》中，将行政机关的决定分为："行政性""准司法性"和"司法性"。其中明确指出"准司法性"和"司法性"的主要区别在于行政机关是按照政策还是法律规定解决争议；1957年，弗兰克斯委员会首次承认行政裁决为司法行为，2001年《理盖特委员会报告》中，英国议会最终确定了行政裁决的司法性。

表2 部分法律规范中行政裁决机构名称摘录表

行政裁决主体	相关法律规定
一级人民政府	《土地管理法》第14条规定:"土地所有权和使用权争议,由当事人协商解决;协商不成的,由人民政府处理。"
	《水法》第56条规定:"不同行政区域之间发生水事纠纷的,应当协商处理;协商不成的,由上一级人民政府裁决,有关各方必须遵照执行。"
政府组成部门	《电力监管条例》第26条规定:"发电厂与电网并网、电网与电网互联,并网双方或者互联双方达不成协议,影响电力交易正常进行的,电力监管机构应当进行协调;经协调仍不能达成协议的,由电力监管机构作出裁决。"
行政机关内设裁决机构	《商标法》第2条规定:"国务院工商行政管理部门商标局主管全国商标注册和管理的工作。国务院工商行政管理部门设立商标评审委员会,负责处理商标争议事宜。"

根据多元纠纷解决机制中的"纠纷解决"之原理,行政裁决制度在其主体改革上的主导方向应当是司法化,即强化行政裁决主体的中立性,但在此过程中需要同时兼顾和协调处理好行政性与司法性的关系,具体主要围绕以下两个方面展开：一是适当提升行政裁决机构的中立性,可以将行政裁决权统一配置给各政府组成部门,但须在其内部实行职能分离,内设类似于"商标评审委员会"的专门裁决机构,专职负责行政裁决工作。在此基础上,调动和发挥法律顾问、公职律师以及专家库的作用,吸收体制外具体业务领域专家的参与。二是强化行政裁决人员的职业性,可以在行政裁决立法中明确行政裁决人员的任职条件,从事行政裁决工作须通过国家统一法律职业资格考试。司法部门也应当按照职业化、专业化的要求,通过教育培训、建立专家库等方式培养一批擅长办理行政裁决案件的专业人员。在职业保障上,应当坚持物质与精神相结合原则,在提升行政裁决人员工资福利的基础上,加大对行政裁决系统涌现的典型人物的挖掘与宣传,讲好行政裁决故事,借此提升行政裁决人员的职业共同体意识和职业尊荣感。

2. 行政裁决结果的不可诉性。

根据司法原理，司法权不能作为诉讼标的，司法机关也不能因其居中裁判的行为在后续程序中沦为被告。比如，当事人如果对一审法院作出的裁判不服，可以向上级法院上诉。二审法院在审理过程中只能针对一审双方当事人及争议事项展开，不能将一审法院列为被告。这是因为裁判者总体上是出于"公益"去解决当事人之间的纠纷，如果最终却由于这一"公益行为"当了被告，从"理性经济人"的一般假设来看，裁判者的内心肯定是不情愿的，反映到行为上，就是其可能会通过各种明示或潜在的手段排斥乃至抵触自身的纠纷解决职责。

以行政复议为例，在2014年修改的《行政诉讼法》扩大了行政复议机关作为被告的情形后，行政复议机关为了降低成为被告的风险，不作为的概率大幅增加。以安徽省为例，在《行政诉讼法》修改前，全省范围内的行政复议驳回率一直维持在7.2%左右；在《行政诉讼法》修改后，这一比率显著增加，在2016年已经飙升至19.63%。正确的做法应当是，当事人如果对某个机制的纠纷解决结果不服，可以再选择其他纠纷解决机制或者径直去法院寻求司法救济。

关于行政裁决的救济问题，我国早期法律规定较为零散，有民事诉讼、行政诉讼以及民事附带行政诉讼等多种路径。1990年《行政诉讼法》颁行后，行政裁决的救济路径逐渐走向统一，即应当以行政裁决机关为被告向法院提起行政诉讼或者行政附带民事诉讼。作出这一安排的目的主要是为了加大对行政裁决机关的监督，倒逼其依法严格履行行政裁决职责。但行政裁决机关可能对此心生不满并通过各种手段抵触行政裁决，甚至通过修法的方式直接取消自己的行政裁决职责，以规避成为行政诉讼被告的风险。

比如，在《道路交通安全法实施条例》的修改中，公安部门将对交通事故责任的认定"降格"为鉴定结论而非行政裁决，以回避司法审查；1993年的《商标法》规定工商行政管理部门可以对侵犯商标权的赔偿进行裁决，现行的《商标法》则将行政裁决限定于对侵权行为的制止和惩罚，而在侵权赔偿上只能依据当事人的要求进行调解；原有的《治安管理处罚条例》授权相应行政机关对违法行为造成的损失赔偿和医疗费用的裁决权，现行的《治安管理处罚法》则推行调解的处理方式；1982年的《食品卫生法》授权卫生行政管理部门对食品损害赔偿的裁决权，1984年的《药品管理法》授予县级以上卫生行政部门对药品中毒造成的赔偿纠纷的裁决权，现行的《食品安全法》和《药品管理法》则直接取消了该授权。

行政裁决机关是以中立的第三方角色解决民事纠纷的。根据"司法权不宜作诉讼标的，司法机关不宜作被告"之原理，行政裁决机关作被告制度理应废止，一律改由原民事纠纷作诉讼标的，原民事纠纷当事人作被告，向法院提起民事诉讼。这种设置可以降低行政裁决机关的抵触心理，但也会随之带来两个新的问题，即如果法院对原民事纠纷的裁判结果与行政裁决结果不一致，该如何处理？如果行政裁决机关不作被告，该如何督促其依法严格履行裁决职责？

对于第一个问题，当事人对行政裁决结果不服，以原民事纠纷当事人为被告向法院提起民事诉讼，法院围绕原民事纠纷展开审查后作出判决。基于司法的最终性，行政裁决结果自然失效。此时，法院可以向行政裁决机关送达生效判决书并以司法建议的方式建议其自行撤销行政裁决。最新颁布的《关于健全行政裁决制度加强行政裁决工作的意见》也确认了这种做法。有学者会质疑，此种做法是否会抵消行政裁决制度的专业性优势？对此需要说明的是，专业性优势主要是为纠纷当事人服务的，当事人如果不服，不应剥夺其寻求司法救济的权利，这也是司法最终解决原则的基本要求。

对于第二个问题，行政裁决机关不作被告之所以能够发挥督促其依法严格履行裁决职责的作用，并不是因为行政裁决机关害怕作被告，而是害怕作被告后可能导致的败诉以及由此引发的行政系统内部的考核与追责。鉴于此，可以考虑直接跳过"被告"这一中间环节，借鉴法院系统的法官司法责任制评价体系，强化行政系统内部对行政裁决机关的监督与考核工作。比如，可以将行政裁决人员徇私舞弊等违法渎职行为纳入监督与考核范畴。行政裁决结果的内容则属于行政裁决机关的专业判断权，不需要担责。此外，当事人如果发现行政裁决人员在裁决过程中出现明显的违法渎职行为，基于行政裁决机关的公权力主体身份，其也可以向有关部门进行投诉，通过内部纪检与监察机制加以监督。

二、改革行政裁决工作机制的重要意义

当前，人民群众在民主、法治、公平、正义方面的要求日益增长，在这一大背景下，推动健全行政裁决制度、加强行政裁决工作具有重要的理论价值和现实意义。

第一，有利于更好保护争议双方当事人的合法权益。行政裁决针对的是与行政管理密切相关的事项，这需要熟悉行政管理且有专门技术、知识的人员才能解决，如果直接诉诸法院不利于及时有效地解决这些争议。行政机关在裁决民事纠纷时，通过确认侵权行为的违法性，判断违法行为和损害结果的因果关系，从而使民事侵权行为得到证实。根据争议的事实和法律依据，行政裁决机关可以保证客观、准确、及时、有效地解决争议，依法保护争议当事人的合法权益。

第二，有利于更好推动减轻人民法院的诉讼负担。行政裁决这一非诉途径的开辟和发展，能够降低当事人诉讼成本，提高社会综合效益，发挥行政裁决化解民事纠纷的"分流阀"作用。当然，行政机关的裁决不能取代法院的审判功能，而是解决纠纷的诉外法律机制。行政机关裁决与行政管理有关的民事纠纷，给权益受损的当事人提供一

种更为及时、迅捷的权益救济途径。当然，如果当事人拒绝接受行政裁决的，仍然可以向法院起诉并寻求最终司法补救。

第三，有利于更好完善多元化纠纷解决机制。与民事诉讼、民商事仲裁相比，行政机关在解决特定民事争议方面具有效率高、成本低、专业性强、程序简便等特点。而且，行政机关在裁决纠纷案件过程中，可对特定类型民事争议进行分类和归纳，积累经验并形成一套完整的行政裁决程序，努力做到事先有预防、事中有监管、事后及时处理，积极预防同类案件争议纠纷的发生。行政裁决制度的不断健全，有利于加快构建行政裁决、调解、仲裁、行政复议、诉讼等有机衔接、相互协调的多元化纠纷解决机制。

三、 当前行政裁决制度实践面临的主要问题

自20世纪80年代以来，行政裁决制度在我国矛盾纠纷化解中的不足不断显露，影响并制约了行政裁决作用的有效发挥。

第一，行政裁决的范围不清。目前，关于行政裁决制度适用的范围，只零星散见于一些法律法规条文。例如，《中华人民共和国森林法》（1998年）第17条、《中华人民共和国土地管理法》（2004年）第16条、《中华人民共和国专利法》（2008年）第57条等有关于行政裁决的范围和事项的规定。行政裁决适用范围过窄，使得大量案件不能通过行政裁决程序解决。纠纷当事人只能选择诉讼或其他途径维护自己的合法权益，导致行政裁决及时、有效的特点难以实现，法院的受案压力急剧增加，争议各方当事人维权时间较长。

第二，行政裁决机构不统一。法国的行政法院、英国的行政裁判所都是相对集中的行政争议解决机构。我国目前绝大多数行政裁决仍然是由分散的行政机关的内设机构自行实施。由于行政裁决人员在法律上缺乏任职资格，且尚未实现专业化、职业化，很大程度上影响了

行政裁决的公信力。

第三，行政裁决程序规定不健全。我国行政法律制度对行政裁决程序没有统一的规定。不同的行政机关适用不同的程序裁决案件。由于行政裁决缺乏法律程序，行政裁决的结果有时会受到争议各方当事人的质疑。这种情况下，当事人可以对行政裁决的结果提起诉讼，通过司法渠道寻求权利救济。但是，我国法律对行政裁决司法救济的权限和程序、行政裁决责任承担等方面均未作明确规定。

第四，行政裁决救济制度不完善。行政裁决的法律救济措施主要集中在民事诉讼和行政诉讼中，行政裁决是否适用行政复议，在行政法学界还有不同认识，有关法律规定也莫衷一是，缺乏清晰、统一的规定。例如，《政府采购法》第58条规定，投诉人对政府采购行政裁决不服的，既可以提起行政诉讼，也可以提起行政复议。但是，《专利法》第65条则规定，当事人不服行政裁决的，仅可以向法院提起行政诉讼，并且诉讼时效由《行政诉讼法》六个月的一般规定缩短到十五日。可见，不同部门法对于行政裁决的性质定位不尽相同。《政府采购法》更倾向于将行政裁决视为普通行政行为对待，而《专利法》则更倾向于将行政裁决视为准司法行为对待。

四、积极推进我国行政裁决制度改革的对策建议

《意见》的颁布实施，为进一步完善我国行政裁决制度提供了重要依据。当前，对于健全行政裁决制度、加强行政裁决工作，笔者建议重点做好以下几方面工作。

第一，通过立法明确行政裁决的事项范围。建议抓紧研究制定《行政裁决法》，完善行政裁决制度体系。行政裁决本身是具有准司法性质的行政权力，明确除法律、行政法规、规章外的其他规范性法律文件不能对行政裁决作出规定。如果行政主体通过规范性文件将行政

裁决权授予其他行政机关，很容易导致行政权力扩大化，从而使行政裁决的法律效力减损。为充分发挥行政机关的专业性、技术性优势，行政裁决的受案范围可以在劳动争议、信访积案等与行政管理活动密切相关的民事争议等方面适当扩大。如果行政裁决的事项范围明确，行政机关迅速、有效、公平、合理解决民事纠纷的优势就能得到进一步发挥。对于国家立法尚未明确、部分先试先行的地区，可以在不突破既有法律法规关于行政裁决规定范围的框架下，严格遵循行政裁决相关定性，充分结合本地区的业务实践，制定本地区行政裁决试点事项清单。

第二，建立完整统一的行政裁决程序。完善的行政裁决程序是提高行政裁决效率和权威性的基本要求，也是维护当事人合法权益的重要保障。

首先，行政裁决程序应明确申请行政裁决的条件以及受理的期限，行政裁决人员应当在行政裁决程序实施以前对纠纷当事人的案件事实情况进行核查，分析当事人提供的证据材料，有效提高行政裁决社会公信力。

其次，在行政裁决整个过程中，行政机关可以在双方当事人平等和自愿的基础上进行调解，调解达成一致意见的即可结案。行政机关应当告知当事人可以就涉及人身财产或者疑难的重大利益案件申请组织听证。

再次，行政裁决主体必须明示裁决的事实和法律依据，裁决结束时应当制作裁决书，同时也可以为法院进行司法审查提供依据。

最后，裁决的执行应遵循当事人自由处分原则，由当事人申请执行，行政机关予以执行，促进纠纷案件的及时解决。正当的行政裁决程序有利于提高裁决行为的透明度，使社会公众从内心真正认同行政裁决，有利于行政裁决的推广和实施。此外，对于相关程序要求，在先行试点的地区，可以通过制定相关行政裁决程序标准规范来保障行政裁决试点程序的系统性、可操作性以及协同性。

第三，完善行政裁决机制与其他纠纷解决机制的衔接。行政裁决涉及对当事人人身和财产权利的处置，应有对裁决权的法律监督。在美国，拒绝接受行政裁决的一方可以向司法机关申请司法审查；在英国，如果当事人不服行政裁判的，可以向上级裁判所进行上诉。我国可以探索建立有效的行政裁决救济机制，一方面，仙居县改革属于地方试点，有必要在现有的诉讼法制度框架中，最大限度保留当事人在不服行政裁决结果时的诉讼救济渠道，由当事人根据争议的性质向法院提起不同的诉讼救济：如果案件中的争议主要是民事纠纷，则可以向法院提起民事诉讼；如果争议主要涉及行政管理，则可以通过行政诉讼来解决；如果涉及民事和行政争议兼有的案件，则可以通过行政附带民事诉讼。另一方面，从行政裁决试点改革推广的角度来说，要跳出当前以诉讼胜负为考评指标的考核体系，对行政裁决机关建立以质量评查为主的激励机制，从根本上解决行政机关因为怕担责而不愿进行行政裁决工作的问题。

总之，新时代我们应当推动加快构建我国的行政裁决制度，加强行政裁决工作，完善多元化矛盾纠纷解决机制，充分发挥行政裁决制度在推进法治国家、法治政府、法治社会一体建设中的积极作用。

◇ ◇ ◇

专家点评

本文简述了行政裁决的作用与重要性，并对行政裁决的性质、改革行政裁决工作机制的重要意义以及实践中的主要问题等方面进行了阐述，且针对性地提出了推进我国行政裁决制度改革的对策建议。

其中，作者对我国法律规范中涉及的行政裁决事项作了较为明晰全面的梳理，释明了行政裁决的法定性；通过对法律规范、部门规章的引用与合理分析，释明了行政裁决的特定性；亦从多个角度阐述了行政裁决的准司法性。

本文对我国行政裁决制度实践所面临的范围不清、机构不统一、程序规定不健全、救济制度不完善等问题通过适当的举例与分析作了简要的阐述，对问题的分析较为切中要害。本文从科学立法、建立完整统一的程序、完善各纠纷解决机制的衔接等方面给出了较为切实可行的建议。

"政府法律顾问＋"制度研究

——以温州实践为样本

浙江省温州市司法局　刘贤平　林志数　郑加琦

一、温州市政府法律顾问参与法治化建设的总体情况

根据《浙江省人民政府办公厅关于印发浙江省人民政府法律顾问工作规则的通知》文件精神，温州市聘请22人担任市政府法律顾问，160人担任区、县政府法律顾问（见表1）。

2020年到2022年上半年，温州市本级政府法律顾问累计"新型参与"重大行政决策事项898个，其中，为政府有关公共服务、市场监管、社会管理、生态环境保护、交通运输等方面的重大公共政策提供法律意见逐年递增，为有关经济和社会发展等方面的重要规划提供法律服务每年均占最大比例。"新型参与"行政规范性文件合法性审查事项623个，行政执法决定审核事项24个，行政合同合法性审查事项2861个，"新型参与"重大项目谈判及法律文书起草事项143个，参与其他事务2446个。

2020年到2022年上半年，温州各区、县政府法律顾问累计"新型参与"重大行政决策事项1203个，行政规范性文件合法性审查事

项1776个，重大行政执法决定审核事项112个，重大行政合同合法性审查事项5649个，重大项目谈判及法律文书起草事项510个，其他事务5102个（见表2）。

表1　2022年上半年温州市政府法律顾问人数情况

地区	市本级	鹿城区	瓯海区	龙湾区	洞头市	瑞安市	乐清市	永嘉县	平阳县	苍南县	泰顺县	文成县	龙港市	汇总
人数	22	10	16	16	15	21	16	21	17	10	6	6	6	182

表2　2020年到2022年上半年温州市政府法律顾问参与法治化建设情况

审查对象	重大行政决策数量	政府合法性审查数量	行政规范性文件数量	政府合法性审查数量	重大执法决定数量	政府合法性审查数量	重大行政合同数量	政府合法性审查数量	重大项目谈判法律文书事项	政府合法性审查数量
市级	898	898	623	623	24	24	2861	2861	143	143
区县	1203	1203	1776	1776	112	112	5649	5649	510	510
汇总	2101	2101	2399	2399	136	136	8510	8510	653	653

我市实现了政府法律顾问参与重大行政事务100%覆盖、合法性审查100%覆盖，严格履行政府法律顾问审查职责，不断提升政府法律顾问专业化水平，为全市域政府行政决策能力提质增效提供人才保障，为全省政府法律顾问制度创新提供有力样本。

二、"政府法律顾问＋"制度的建立与探索

温州市认真贯彻省委决策部署，从一开始就将政府法律顾问纳入制度化轨道，组建了一支以市司法局政府法律事务处工作人员为主体，吸收专家、律师参加的合法性审查专业队伍，通过团队派专人驻部门的工作形式，"一对一"为行政部门提供法律服务，有力地推动

和保障了"政府法律顾问＋"制度的实施。

（一）制度背景

"权利保障是政府治理追求的内在价值，是现代政府行为的出发点和落脚点，也是政府的基本责任。"现代行政程序法治理论证明推进政府法律顾问参与政府行政决策程序法治化已成为规范政府权力运行，防范政府行政决策失误的必由之路。政府决策的制定和执行是否具有合法性和有效性，是否能够使相关决策更为透明、公开和更具普遍接受性，成为当前法律顾问参与政府构建重大行政决策程序法律体系的一大动因。鉴于此，创新政府法律顾问参与行政决策程序法治化问题研究，亟待回应。本文以"政府法律顾问＋"制度程序价值为切入点，聚焦温州市政府法律顾问聘用及管理存在的问题，探究政府法律顾问参与行政决策法治化进程中的新模式。

（二）温州市制度的设置与实施情况

温州市首创推行了"政府法律顾问＋"制度，聘请22位市政府法律顾问，聘期为2020年至2023年，以政府购买服务的方式，引入专业的律师团队，即"一个律师团队"对应所属专业的"一个行政职能部门"，其目的主要是维护政府合法权益、规范政府行政行为、预防法律风险发生，加快法治政府建设。温州市政府法律顾问的制度化建构，不仅是行政程序控权的具体形式，更是法治政府建设的重要指标。

自温州市"政府法律顾问＋"制度推行以来，首先，政府法律顾问"新型参与"重大行政决策，为政府科学决策提供专业支撑；其次，法律顾问"新型参与"行政规范性文件起草，对重大行政合同、重大执法决定等开展合法性审查，集中讨论政府重大投资、重大项目建设等，并为其提供相应的法律咨询建议；再次，区、县政府法律顾问在参与基层矛盾纠纷化解中，譬如在房屋拆迁、土地征收等涉及公民重大切身利益的问题上，以其立场的客观性、中立性，缓和、消除了行政争议中各方激烈对抗的思维模式，在对争议冲突情境下的对立心理调节方面起到了重要作用。因此，政府法律顾问以其业务专业性和立场中立性，增强其与群众互动的可接纳性，紧密结合专家论述的权威性与公众参与的实用性，进而促进矛盾纠纷化解的沟通进度和实质效果。

正是基于此，创新"政府法律顾问＋"制度有助于政府法治化进程。但该制度在执行过程中，相关适用范围、适用条件仍存在界定不清晰等问题，故笔者认为，对政府法律顾问的选聘方式与标准、规范化程序及动态调整考评机制，应予以明确界定。

（三）进一步探索与完善

温州市在按需匹配政府法律顾问团队"一对一"服务范围方面积累了有益的经验，并且通过司法部门"确定专人全程跟踪"的模式，加强与各部门的互通互联，积极探索用动态调整的方法来确定年度法律顾问法制审查事项。因此，未来的行政实践可以在确立法律顾问参与政府决策议题形成机制的前提下，加强专家参与民主性、风险评估科学性、审查实质依法性。

一是"按需匹配"法律顾问对应职能部门依法行政事项范围。"按需匹配"可以从正反两方面进行限定，有力调节"形式传导"与"需求导向"之间的关系。一方面，"政府法律顾问＋"制度易被视为一项行政任务来推动，因此，可以考虑组织非常设的政府法律顾问联席会议对政府决策承办部门拟订的草案进行统筹评估，法律顾问承担论证决策方案的可行性。另一方面，由于法治意识未普及到位与外部制度压力传导的双重影响，政府聘请本级法律顾问的需求不大，与其客观的强烈需要形成了鲜明反差，难以根据法律顾问团队的专业领域对应满足政府职能部门所属管理范畴的实际需求。因此，要审慎按需探析政府法律顾问与部门匹配性的聘用需求导向，逐步实现服务型政府从被动式"让我聘"到主动式"我想聘"的内生转变。由此，为行政部门法律服务事项划定静态范围，规避"政府法律顾问＋"制度落实出现"民主秀"的现象。

二是基于理性共识统合政府与法律顾问变"契约方"为"共同体"。何谓基于理性共识的"新型参与"，针对该概念的界定需要厘清"政府法律顾问＋"制度下的契约双方角色定位，这是处理好政府与法律顾问关系的关键。第一，明确以"源头参与"为特点的全程参与模式。该模式特点为以政府购买的方式，虽然作为契约双方履行职责，但是政府法律顾问团队通过指派代表进驻司法局日常办公的方式实现了对政府法律事务的全程参与。第二，明确以"落地执行"为抓手的决策分析模式。不论是在行政决策出台之前的内容调研论证、征求意见阶段，还是在行政决策作出之后的执行监管阶段，或是对行政决策的阶段性后评估、修改清理阶段，执行效果均具备可履行性。第三，明确以"最大程度民主"为目标的运行管理机制。在行政决策的制定阶段、争议产生之前，将该目标贯穿于法律顾问工作的每个环节。综上所述，政府与法律顾问虽然在形式上表现为"契约关系"，但是在优化政府与法律顾问之间互动的基础上，应当逐步强化彼此的优势互补，强化身份认同与理念融合，一同塑造"法治政府建设共同体"。

三是从法律服务广度、长度与深度"三位一体"来交互推进依法决策。第一，拓广度——明确法律顾问提供法律服务领域范围。不仅包含为重大政策提供专业意见，参与行政规范性文件的起草，处置行政争议和重大突发事件，还包括专家参与行政复议、诉讼、仲裁等政府法律事务。第二，促长度——发展"政府法律顾问＋"未来运行机制。政府法律顾问应当采取专员派驻的形式，从而针对性为各领域行政部门分类提供法制审核、法律咨询、案件代理、纠纷调解等法律服务。与之相对应，法律顾问承担参与政府工作会议讨论，出具法律意见书等服务。第三，谋深度——细化法律顾问履行职能的环节。囿于实践中政府法律顾问存在重事后补救、轻过程规范的问题，基于对这一问题的反思，应当确立以事前防范和事中控制法律风险为主、事后法律补救为辅的政府法律顾问工作准则，保障实现现代行政决策要求的"民主决策、科学决策和依法决策"。

三、"政府法律顾问＋"制度的执行与创新

自温州市"政府法律顾问＋"制度执行以来，明确政府能够运用新制度的选聘方式扩充法律顾问资源，运用新制度的管理方式搭建前沿律师事务所与政府职能部门的沟通渠道，运用新制度的需求分析对应行政部门所需的法律服务领域，让行政争议得到律师团队的专业化解决，让行政事项在法治框架内合理运行。

（一）"政府法律顾问＋"制度的理论基础

一是专业化原则。政府法律顾问参与决策在行政管理中的广泛应用，也是现代行政专业化和复杂化的体现。过去，政府法律顾问队伍组建上仅考虑人员数量、团队形式上的配备，而不够重视律师、律师事务所及专家的专业方向和政府业务领域的匹配性。在"政府法律顾问＋"制度引入后，目前，不断优化年龄结构、工作能力、从业时长等专业要素，引入专人跟踪模式，有利于提高法律顾问与行政部门的适配程度，充分发挥专人办专业事的优势。因此，应当构建专业化程度高，得以"深耕细作"的政府法律顾问专业体系，优化年龄结构和专业类型，促进专业岗位化、岗位固定化。

二是独立化原则。现代行政决策过程本质上为一种政治过程，涉

及多元利益的权衡，这是近代行政权不断扩张从而导致决策权力由政治机关向行政机关转移的结果。政府法律顾问的设置，作为一种相对独立的，能够与行政权相制衡并相辅相成的力量介入国家行政权力活动中，其根本价值在于维护公权力依法有效行使。因此，客观上要求政府法律顾问在提供法律服务过程中不受他人意志干扰，能依照法律规定或者法律的精神对事实作出合乎价值的判断。

三是团队化原则。政府法律事务覆盖面广，需要借助团队化力量，激发集体凝聚力与团队活力。政府法律顾问制度效能提升，应当在挖掘内力的基础上借力智囊外援。普遍实行"双轨制"，即采用专职法律顾问与兼职法律顾问并行的模式，以保证知识结构趋于完整和功能优势实现互补。要统筹协调公职律师队伍的培育，突破各自服务于本职单位的刻板局面。通过团队"确定专人全程跟踪"这一制度的实质功能，对各职能部门的多方意见进行征集、讨论论证，对不当处理意见及时提出纠正意见，并要求责任单位按照行政管理的要求重新作出处理。

（二）"政府法律顾问＋"制度的执行情况与形式创新

温州市在具体实践中，遵循"全面覆盖、合理配置、崇法敬职、注重实效"的基本原则，各地均有不同的处理方式和创新举措，主要通过三种做法予以跟进落实。

一是内挖潜力，外援智囊，增强法律顾问团队力量。首先，在向内挖掘潜力方面，积极培育公职律师，招录法学专业行政人才，增强政府法制工作力量，譬如配备执法人员的专岗专职。其次，在向外借力智囊方面，譬如在立足本地资源的基础上，从外地引进复合型、高层次法律专家。具体而言，我市聘请22名市政府法律顾问，组建以市司法行政部门政府法律事务处工作人员为主体，吸收专家、律师参加的合法性审查专业队伍，确保合法性审查工作精准高效。如此，不仅可以增加政府与法律顾问彼此选择的灵活度和结果的适配度，还可以打破地域局限，稀释法律顾问来源的数量和质量等问题的显性表征，实现制度运行从"有形覆盖"到"有效融合"的实质转变。

二是组建法律顾问专家智库，提高政府决策质量。按照《关于印发温州市重大行政决策咨询论证专家库管理办法的通知》文件要求，聘请各行业领域专家组建专家信息数据库，政府法律顾问将全程参与全市重大行政决策咨询论证工作。将市政府重大行政决策目录事项全部纳入法律顾问论证范围，按照决策事项类别组建专业结构合理的专家小组，实行分组管理。抓好依法决策过程中的合法合规性审核，充分发挥政府法律顾问智库的积极作用。政府决策作出前，必须由智库专家等审查决策的合法性、合规性，确保政府决策主体、内容、程序合法合规，有序推进政府决策质量稳步提升。

三是完善他律自律结合机制，增强法律顾问管理实效。一方面，不断完善对政府法律顾问工作的考评，譬如我市将"政府法律顾问制度推行情况"纳入了全市"年度法治政府建设考核评价"指标体系，加大对此项工作的督导和考评力度，围绕该年度所有政府法律顾问的履职情况和专业素养等要素，出具考评意见，并将此项结果作为对政府法律顾问续聘、解聘、奖励、惩处的重要依据。另一方面，不断加强律师行业自律与法律顾问自律的双向结合。加强律师行业自律，具体而言，律师协会应当线上线下共同开展依法执业的宣传教育活动，譬如定期组织从业培训与参政议政调研活动。加强顾问自律，具体而言，每一位受聘的法律顾问应当根据自身履职情况与实践总结，按季度主动汇报工作近况，精进工作思路与工作方法。

四、"政府法律顾问＋"制度存在的问题及原因

（一）政府法律顾问选聘标准不一

现有政府法律顾问的选聘方式和标准不尽相同。由于政府法律顾问选聘程序操作细则未作精细化规定，各地各部门出现了相同或类似事项适用选聘程序不统一的情况。

当前，政府法律顾问的选聘方式主要有两种：第一种是从法律专家中推荐产生，报省政府批准后由省政府聘用产生；第二种是协商推荐和自主选择结合产生，譬如我市政府法律顾问的选聘路径。除此之外，各地政府法律顾问的选聘标准也并不一致，对专业要求、工作年限等规定参差不齐，导致实践中选聘执行的效率和准确性不足。

（二）政府法律顾问的职责范围尚需进一步界定

随着法治政府建设的不断推进，政府与部门在政府法律顾问管理主体方面存在权限交叉的现象，需要进一步厘清。职责的制定权相当程度上影响着政府决策的话语权，现有政策文本对法律顾问职责范围的规范，以原则性规定为主，导致各地对模糊性规定感到无所适从。一方面，几乎所有行政机关都享有行政决策制定权限；另一方面，多方享有的职责制定权，也确实会带来刻意"避法"的弊端，地方政府通过职责清单确定政府决策事项范围的自主权可能存在被滥用的风险。

（三）政府法律顾问动态考评实际操作难度大

长期以来，政府法律顾问虽然可能自觉代表公众诉求，但因为科层制度的影响也不排除存在遮蔽公众自发表达利益诉求的可能。这就

带来了利益表达的不充分问题，导致政府法律顾问的履职情况动态考评执行难度较高，缺乏时效性。由于政府决策的制定和调整涉及多个部门，但负责法制审核的专家多为兼职，从而导致法律顾问参与政府决策后评估的实时反馈较慢，不能及时满足考核需求。

五、完善"政府法律顾问+"制度的建议

按照全面推进依法行政、加快建设法治政府的部署和要求，通过编制政府法律顾问融合行政决策事项指引的精细化路径，明确政府法律顾问参与政府决策事项界定标准。

（一）推动精耕细作，深化政府法律顾问管理机制建设

第一，省政府以大格局招引政府法律顾问。政府法律顾问聘用标准与范围的确定，是行政机关开展行政事务活动的前提基础。创新引入"政府雇员"制度，改变过去直接推荐的方式，以市场化竞争的方式，探索政府法律顾问竞岗职业素养综合评价的目标体系和构成元素，包含思想政治目标、职业道德目标、业务能力目标、身心素质目标、公益服务目标、监督与参政议政目标。

第二，市政府以灵活的机制管理政府法律顾问。制发《政府法律顾问工作规则》，对政府法律顾问的工作原则、工作流程、职能清单的制定方法和制定项目等方面予以细化规定。打破市本级政府法律顾问仅仅为市政府提供法律服务的壁垒，重塑法制审查对象、法律服务对象、法务服务内容的多样化机制。

第三，区县政府以优质服务保障政府法律顾问开展工作。根据基层法治工作的特点，建立政府法律顾问任务清单制度，要求一个基层政府法律顾问团队对应一项政府法律事务，推动法律顾问深度参与基层政府决策。此外，为群众开展"面对面、点对点"法制宣传教育，

举办法务主题涉及群众重大切身利益事项的专题讲座,切实为民解忧。通过政府法律顾问下基层的形式,一线依法化解行政争议、调解双方矛盾。应当重视的是,要提供便民的上门服务,近距离提供法律咨询服务,提高基层政府法律顾问纾困解难的效率。

(二)严格规范流程,着力健全专家参与决策程序体系

完善政府会议制度,切实保障列席法律顾问在法律层面的话语权和异议权,将重大决策和规范性文件的合法性审查作为政府工作会议讨论的前置程序。针对违法决策、专断决策、应及时决策而久拖不决等情况引发的行政争议,政府法律顾问要及时反馈法律意见。开展最佳实践点示范创建工作,在政府法律顾问团队各自负责的法律事务项目中,司法行政部门要求其各自开展项目最佳实践示范点创建,即将其承接项目的推进实施聚焦到若干个具体的县(市、区)政府和市级部门,在这些最佳实践点充分探索决策流程,提炼流程规范的工作经验,打造政府法律事务示范创建项目样板。

健全重点领域政府法律顾问参与决策程序规范,比如拆迁安置工作中的法律顾问的新型参与。制定《关于拆迁安置工作实施合规管理人制度的试点工作方案》,打造政府与拆迁安置户合力完成拆迁安置工作新模式,增强政府与拆迁安置户的沟通、互信,有效防止拆迁安置问题升级与扩散,保证拆迁安置工作的合法合规,防范违法行为和不正当维权行为的发生,提升我市拆迁安置工作质量。与之相对应的是,明确政府法律顾问参与重大执法决定法制审核流程,贯彻实施《责任单位报市政府重大行政执法决定法制审核流程》,明确政府法律顾问参与审核要点和审核流程,促进重大行政执法行为程序化、规范化。

（三）兼顾自利公益，落实政府法律顾问配套保障制度

政府法律顾问工作保障制度的制定既要正确引导成员的利益走向，又要正视和平衡成员的利益需求。政府法律顾问的酬劳问题关乎政府与顾问的关系协调，宜兼顾市场化与公益性。鉴于此，基层政府法律顾问酬劳结算宜采取基本服务费用与办案按件计费相结合的模式。第一，在市场化要素方面，基层政府法律顾问多为律师，具有市场经济的自利特征。第二，在公益性要素方面，政府是为人民服务的，其负责的公共事务服务于公共利益，天然具有公共性、普惠性。第三，在间接效益方面，作为政府法律顾问，对其社会价值的彰显和经济收入的提高有着间接而又直观的裨益。因此，要建立政府法律顾问工作情况交流、信息通报制度，落实专项政府法律顾问工作经费，支付与劳动对价的费用。重视人才引进制度，特别是针对涉外业务、证券 IPO、投融资与并购等高精尖专业领域政府法律事务人才的引进，以政府专项经费作为配套保障。由此，平衡私利与公益之间的关系，引导激励第三方深度参与政府法律事务工作，为市域治理现代化提供法治支撑。

（四）明确权利义务，完善政府法律顾问考核评估机制

首先，建立"动态年检"制度，通过每年度为单位的动态跟踪式法律服务，对基层政府的依法行政状态进行"诊断"，针对行政单位满意度、群众满意度、参与起草行政规范性文件数量、出具法律意见书数量等指标开展量化分析，出具关于法治政府建设的"体检报告"。其次，建立政府法律顾问管理机制"双轨制"，一方面针对日常管理事项，即对政府法律顾问的薪资福利、人事调度、职务管理等开展管理；另一方面针对业务管理事项，即对政府法律顾问合法性审查结果审查、涉法案件风险评估、专业性岗位业务培训、职业生涯指导等开

展管理。再次,建立每年度政府法律顾问工作评估机制,对法律顾问团队每一位成员的职业道德、工作能力、服务态度、专业水平等进行全方位考核。最后,通过动态考评机制,围绕该年度法律顾问的履职情况和专业素养等要素,出具考评意见,若考核优秀则对该法律顾问给予表彰,若考核不合格则对其予以解聘。

◇ ◇ ◇

专家点评

政府法律顾问制度在推进法治政府建设、促进依法行政中发挥着越来越重要的作用,各地也在积极探索政府法律顾问参与政府各方面工作的新形式。本文紧密结合温州市践行"政府法律顾问+"模式的实际情况,阐释"政府法律顾问+"制度的建立与探索、执行与创新,聚焦政府法律顾问聘用及管理存在的问题,提出完善建议,既有理论高度,又与实务紧密结合。

"政府法律顾问+"模式,核心是组建一个律师团队,"按需"为职能部门匹配相应的法律顾问,即"一个法律顾问团队"对应所属专业领域的"一个行政职能部门",以期形成"法律顾问新型参与"和"法治化建设"相得益彰的新格局;处理好政府与法律顾问的关系,优化互动,变简单的"契约"关系为政府法治"共同体",这些理念与实践探索秉持了创新与开拓精神,对于如何进一步发挥法律顾问在法治政府建设方面的积极作用,加快推进浙江省"法治中国示范区"建设,具有重要的启发意义。

论我国公职管理人面临的困境及应对
——以温州、深圳两地实践为切入点

浙江省温州市永嘉县司法局　周智发　胡海珍　王哲丽

《个人破产法（学者建议稿）》[①]首次提出"公职管理人"的概念，规定公职管理人在特定情形下可以履行管理人职责及担任临时管理人，遗憾的是未明确公职管理人概念和职责。温州发挥敢于第一个吃螃蟹的探索精神，在全国个人债务集中清理领域中率先建立公职管理人制度[②]，明确公职管理人由司法行政机关中具有从事法律职业资格和公职身份的人员担任。随后浙江省出台《浙江法院个人债务集中

[①] 2020年3月30日，北京外国语大学个人破产法研究中心发布《个人破产法（学者建议稿）》（下称"学者建议稿"）并公开征求意见，建议稿第52条、第53条首次提出"公职管理人"的概念，但是该建议稿除了规定公职管理人在特定情形下可以履行管理人职责、担任临时管理人外，没有对公职管理人的概念及职责加以明确。

[②] 2020年4月2日，温州制定探索建立公职管理人制度的府院联席会议纪要《在个人债务集中清理工作中探索建立公职管理人制度的府院联席会议纪要》，明确公职管理人这一全新的制度，系全国范围内率先探索在个人债务集中清理工作中建立公职管理人制度的城市。2020年5月，温州在全国率先通过运用司法行政机关公共法律服务资源，探索在个人债务集中清理工作中建立公职管理人制度。

清理（类个人破产）工作指引（试行）》①将政府部门的公职人员列入管理人范畴。目前公职管理人主要办理个人破产（个债清理）案件，其在破产程序中具有独立法律地位，是破产程序的主要推动者和破产事务的具体执行者，在案件办理中承担着债权审查、财产调查、破产财产分配、监督执行等多项重要职责②，是整个破产案件的中心角色。公职管理人不仅具有公益性，还能利用其公职身份取信于债务人、债权人，更能发挥公职人员的行政协调优势，其存在十分必要。但公职管理人是新鲜事物，各种配套和保障制度不完善，法律地位模糊，实践中也出现了诸多困境。本文从我国公职管理人实践探索中存在的困境着手，借鉴温州及深圳的经验，试图为建立和完善公职管理人制度提供路径。

一、 公职管理人的法律地位

管理人的法律地位目前仍存在争议，主要有代理说、职务说、破产财团代表说、破产财产受托说等学说理论，而公职管理人的法律地位更是空白。笔者作为公职管理人在办理案件时也时常迷惑究竟该担任何种角色、处于何种法律地位，因此，有必要从上述几种学说入

---

① 《浙江法院个人债务集中清理（类个人破产）工作指引（试行）》第3条：府院联动，积极推动政府相关部门在财产登记、公职管理人、专项资金、信用体系建设等方面优化个人破产的制度环境。第24条：个人债务集中清理工作中，可以指定列入破产管理人名册的社会中介机构及其执业律师、执业注册会计师，或者政府部门的公职管理人，担任个人债务集中清理工作的管理人。也可以由债权人及债务人共同协商在列入名册的机构及其执业律师、执业注册会计师，或政府部门的公职人员中选定管理人。第27条：公职管理人原则上不另行收取报酬。
② 公职管理人职责：调查核实债务人及其扶养人、雇用人员的基本情况；接管与债务人财产状况相关的财产清单、凭证以及债权债务清册等资料；拟定债务人破产财产分配方案；管理、监督、协助重整计划或者和解协议的执行；管理、监督债务人在考察期的行为等。

手，探讨公职管理人的法律地位。

1. 代理说（包括债权人代理说、债务人代理说、债权人和债务人共同代理说）。《企业破产法》某些条款好像的确与代理说沾边。在实际办理案件中，代理说极具迷惑性，债务人常将管理人作为自己聘请的代理人，要求其能站在债务人立场，尽可能用较小的代价了结案件；而债权人也常将管理人作为己方的代言人，希望能为其争取更多利益。代理，是指代理人在代理权限内以被代理人的名义与第三人实施民事法律行为，由此产生的法律后果由被代理人承担的法律制度。但根据《企业破产法》相关规定①，管理人依据破产法以自己名义执行职务，管理人多为法院指定，职责法定，享有中立的地位、独立的职权、否定债务人的权限，最终实现维护债务人、债权人及社会等各方利益的目的，与代理说的法律特征不符，故破产管理人不是任何一方的代理人，其具有中间性和独立性。

2. 职务说。破产程序实质上系概括的强制执行程序，该说将破产管理人视为强制执行机关的公务员，其基于职务参与破产程序，既不代表债权人，也不代理破产人，突出了国家对破产程序的公力救济功能，基本特征为：不收取报酬、职务行为造成的损害由执行机关承担、职务行为具有强制执行属性等，工作属性类似于法院执行人员，实际上帮法院分担了事务性工作。

3. 破产财团代表说。该说认为破产财团（即破产财产）已经脱离破产人而仅为破产债权人的利益而存在，因此取得破产程序上的权

---

① 《企业破产法》第13条：人民法院裁定受理破产申请的，应当同时指定管理人。第18条：人民法院受理破产申请后，管理人对破产申请受理前成立而债务人和对方当事人均未履行完毕的合同有权决定解除或者继续履行。第23条：管理人依照本法规定执行职务，向人民法院报告工作，并接受债权人会议和债权人委员会的监督。第25条：管理人履行下列职责……第26条：在第一次债权人会议召开之前，管理人决定继续或者停止债务人的营业或者有本法第69条规定行为之一的，应当经人民法院许可。

利义务主体地位，成为具有独立法律地位的法人主体，而破产管理人则是破产财团的代理人。该说以承认破产财团的独立法人地位为前提，但在法理上存在障碍。破产人虽进入破产程序，但破产财产所有权人的法律地位仍未消灭，若承认破产财团的独立法人地位，那么将在同一财产上存在两个所有权及法律主体，与《民法典》物权编相违背。因此，破产财团独立法人地位只能是在破产程序中拟制。

4. 破产财产受托说，即破产人作为信托人、破产管理人作为受托人、债权人作为受益人，破产管理人基于信托关系而仅以委托人的名义实施法律行为和以破产财团的"所有权人"的名义管理、变价和分配破产财团。英美法系国家规定管理人的法律地位适用以信托为基础的受托人制度。我国仍以法院指定为原则，目前来看，我国实践中尚未按信托方式选定管理人及处理破产事务，但该说有其合理性，可为管理人（主要指社会中介机构及其专职从业人员担任的情形）探究新路径。

此外，还有管理机构人格说等学说。从公职管理人角度看，公职管理人为公职人员，其参与破产事务系法律授权并经法院指定的职务行为，不收取报酬，后果由单位承担，职务说与公职管理人情况较为吻合，体现了破产法的公力救济功能。但与职务说不同的是，公职管理人不具有强制执行属性，其更像是一位受法院委托为债权人的最大利益调查、管理、处分破产财产的具有中间性和独立性的受托人。由此看来，公职管理人兼具了职务说及破产财产受托说的特征，可在破产案件中有效解决破产债权人与破产债务人之间利益公平问题，同时能确保债权人之间利益分配的公平性。

二、 公职管理人设立的必要性

1. 管理人报酬与付出不匹配。

最高人民法院的数据显示，全国无财产可供执行案件大约占到全部执行案件的40%至50%，其中个人债务在执行案件中占了70%。随着个人破产制度的不断探索和实践，未来将陆续涌现大量的个人破产（个债清理）案件。与企业破产相比，个人破产（个债清理）案件的债务规模较小、受偿财产有限，但因个人财产收入支出碎片化、个人财产与家庭财产混同、债务人不信任不配合等原因，管理人需要耗费大量精力从事财产调查，导致管理人投入多报酬低，投入产出严重失衡。《深圳经济特区个人破产条例》第166条规定："管理人履行个人破产案件管理职责，由人民法院依照有关规定确定其报酬。管理人应当按照规定为破产财产不足以支付破产费用的案件提供破产事务公益服务。"此处的"公益服务"有无报酬、报酬如何保障并未详细说明。管理人并非公益组织和公益个人，一味靠发挥其公益服务的志愿精神，长此以往会对其履职积极性产生影响，具有不可持续性，无法吸引优质管理人，反而会演变成新手演练场，无法保障办案质量。公职管理人系公务员，自身有工资保障，参与办案是其履行职务的部分内容，也与公务员"为民服务"的宗旨吻合，具有可持续性。

2. 破产案件关乎社会公共利益。

破产案件关乎各方利益，若能顺利办结，既能让债权人看到债权得以实现的希望，最大限度保障债权人的利益；也能为债务人提供善意的偿债机会，让笼罩在"失信阴霾"下举步维艰的债务人涅槃重生；再者为法院打开执行不能的死结，既维护法律权威，也缓和社会矛盾，最终达到多方共赢的效果，对社会整体经济秩序及利益产生影响，因此与公共利益密切相关。公职管理人以公职身份无偿办理大量个人破产（个债清理）案件，体现了政府利用公共资源对破产案件办理的支持，挽救了无数"诚实而不幸"的债务人，以法治保障"宽容失败"，为创业者"托底"，让失败者前行，进一步激发市场主体创业热情，为经济带来新的活力和发展动力，产生了积极的社会效果，这是其他管理人所不具备的优势。

3. 失权期间对债务人的监管需要。

失权复权制度要求在形成个人债务集中清理方案后的一定期限内，对债务人进行一定范围的行为限制和资格限制。作为"诚实而不幸"的债务人必须在经历过免责考察期的失权后，才能复权。目前地方试点中的普通免责考察期为3年至6年，如何在这漫长的阶段对债务人进行监管是一大难题。若使用管理人，报酬就是一笔很大的开支，而且人员不稳定，积极性不高，恐使监管流于形式。若采用公职管理人，则不需支出报酬，队伍稳定，素质高，责任心强，更能确保在这漫长时间里履行监管职能。

4. 配合、协调的需要。

在个债清理案件中，管理人会事无巨细地就债务人的家庭生活、家庭财产等情况与债务人核实，其中难免涉及隐私等债务人不愿透露的情况，再加上对管理人不了解、不信任，易引发债务人对抗情绪。公职人员因其公职身份可快速取信于债权人及债务人，以信任为基础开展工作，增加了配合度，极大地提高了工作效率。管理人的调查工作需各行政机关协助，与企业破产相比，个人破产更为倚重行政权力的协调，尤其是在调查债务人基本信息、财产方面[①]。此外，在实施信用修复和失信惩戒等方面也有赖于行政权力的介入。公职管理人能与各单位建立天然信任关系，更好地协调工作。

---

① 比如调查债务人户籍、居住信息，调查债务人工作情况、劳动关系、收入情况，调查债务人赡养、抚养、扶养情况，调查债务人子女情况、子女教育情况、医疗情况、行程情况、信用情况等。

5. 域外经验借鉴。

在英国的破产实践中，原则上，私人管理人无利润可图的案件均交由公职管理人办理。对于债务人无足够资产支付破产费用的案件，由英国破产署指派公职破产管理人负责处理。政府从所有破产债务人的不动产中提取17%的比例作为破产清算基金，用于管理无财产破产案件的支出。

三、各地对公职管理人的探索

（一）温州经验

2020年4月2日，温州出台《在个人债务集中清理工作中探索建立公职管理人制度的府院联席会议纪要》[①]（以下简称《纪要》），使温州成为全国首个建立公职管理人制度的城市，该《纪要》设立公职管理人的管理机构，尝试个人破产审判与事务管理权分离。该《纪要》出台的同时公布了第一批25名公职管理人名单。从2019年温州市试点个人债务集中清理，到2020年年底，温州地区法院已有23件个人债务集中清理案件指定公职管理人介入，其中11件成功清理结案。

温州在个债清理方面始终走在全国前列，相继出台了一系列政策意见，为公职管理人办理个债清理案件提供指引。

---

① 该《纪要》规定概括如下：1.确定司法行政机关公共法律服务部门为公职管理人的管理机构，明确公职管理人由司法行政机关中具有从事法律职业资格和公职身份的人员担任，公职管理人名册由法院和司法局共同编制。2.公职管理人员由法院指定，可依申请或依职权更换。3.对公职管理人职责作出规定，明确公职管理人不收取管理人报酬。4.对管理人保障机制作出规定。

（二）深圳经验

2022年7月18日，深圳发布《深圳市破产事务管理署暂行办法（征求意见稿）》，征求意见稿鼓励深圳市破产管理署探索公职管理人制度，明确公职管理人履行管理人职责的案件或事项范围。

深圳关于公职管理人方面的制度尚不健全，但不可否认的是，深圳是个人破产制度的建立者和完善者，为公职管理人制度构建提供了参考。

表1 温州及深圳公职管理人制度对比表

	法律依据	公职管理人资质条件	公职管理人名册编制	公职管理人选任、变更	公职管理人受案范围	公职管理人报酬	公职管理人职责	公职管理人的管理机构	公职管理机构的职责
温州	《在个人债务集中清理工作中探索建立公职管理人制度的府院联席会议纪要》	司法行政机关中具有从事法律职业资格和公职身份的人员。	市法院与市司法局根据个人债务集中清理案件需求共同编制。	法院指定。法院可依据债权人会议或债务人的申请,或者依职权变更。	法院指定;对于重大、复杂的个人债务集中清理案件,政府预清理的,可经法院批准参与协助。	不收取报酬。聘用人员费用、公告费等必要未受偿费用从企业破产援助资金支出。	勤勉尽责,按《温州市中级人民法院关于个人债务集中清理的实施意见(试行)》履职。有关部门和机构协助管理人对债务人信用信息、账户信息、违法犯罪信息等调查。	司法行政机关公共法律服务部门。	承担个人债务集中清理工作中行政性事务管理功能,履行对公职管理人工作的监督、管理、协调等职责,确保个人债务清理、债务人信用修复前的行为监督、案件档案保管等事务的落实。

续表

温州及深圳公职管理人制度对比表									
	法律依据	公职管理人资质条件	公职管理人名册编制	公职管理人选任、变更	公职管理人受案范围	公职管理人报酬	公职管理人职责	公职管理人的管理机构	公职管理机构的职责
深圳	《深圳市破产事务管理署暂行办法（征求意见稿）》	无	市破产管理署另行制定。鼓励市破产管理署符合条件的工作人员申请编入公职管理人名册。	市破产管理署另行制定。	（一）人民法院委托市破产管理署组织和解但未指定管理人的；（二）债务人和全体债权人在庭外自行委托市破产管理署组织和解的；（三）其他需要任用公职管理人的情形。	市破产管理署另行制定。	无	市破产管理署	（一）确定个人破产管理人（以下简称管理人）资质，建立管理人名册；（二）提出管理人人选；（三）管理、监督管理人履行职责；（四）提供破产事务咨询和援助服务；（五）协助调查破产欺诈和相关违法行为；（六）实施破产信息登记和信息公开制度；（七）建立完善政府各相关部门办理破产事务的协调机制；（八）其他与《条例》实施有关的行政管理职责。

四、公职管理人存在的困境

（一）公职破产管理人的选任制度不完善

1. 公职管理人名册编制。

温州在《纪要》中规定，由市法院与市司法局根据个人债务集中清理案件需求共同编制公职管理人名册。相关规定较为模糊，没有标准可参考，案件需求也是仁者见仁、智者见智，编制无章可循，随意性较大。而在2022年9月1日施行的《深圳市个人破产管理人名册管理办法（试行）》是国内首部个人破产管理人名册编制法律文件，破产署作为政府设立的机构，开创了政府机构为加强管理人管理建章立制的先河，但可惜的是《办法》[①]未对公职管理人作出特别规定。目前各地也在探索阶段，对负面条件、管理责任、培训、考核、人员变更、监督等未出台专门规定。

关于公职管理人的入选条件，目前主要有三类做法：司法行政机关中具有从事法律职业资格和公职身份的人员[②]；政府部门的公职管

---

① 《深圳市个人破产管理人名册管理办法（试行）》中的管理人为律师事务所、会计师事务所以及其他具有法律、会计、金融等专业资质的机构及编入机构管理人名册的机构中，取得专业资质后连续从事相应工作满五年的律师、注册会计师以及其他具有法律、会计、金融等专业资质的个人。
② 《在个人债务集中清理工作中探索建立公职管理人制度的府院联席会议纪要》第2条。

理人[①]；破产管理署符合条件的工作人员[②]。第一类规定较为明确，即司法局具备法律职业资格证书的公职人员，温州市第一批25名公职管理人也是该类人员，多为司法局从事法律事务的公职律师及公证处公职律师。第二、三类规定较为模糊，需进一步出台政策。从目前实践来看，公职管理人来源过于单一，选择标准尚需完善。

目前，我国普遍把编制破产管理人名册的权力赋予法院，但法院的本职在于司法审判而不是行政事务，对名册编制、管理也不具有优势，在今后出台公职管理人规定时需要做好审判与行政事务的区分。

2. 公职管理人的选定及更换。

综观各地做法，公职管理人以法院直接指定为原则，债权人及债务人共同协商确定为例外。法院在指定方式上也参考了企业破产的做法[③]，主要采用随机方式。随机方式可以保证公平公正，但管理人队伍参差不齐、能力差异较大，大部分人没有办案经验，不能保证案件难易程度与管理人实际水平相匹配，影响办案效果；随机方式容易导致一个管理人接多个案件，使其疲于应对，无法兼顾。若采用其他方式指定，因无统一标准流程和严格监管，存在权力寻租的风险。此外，对于管理人的更换，没有统一的标准，条件苛刻，决定权掌握在法院手中，难以杜绝随意更换的乱象及权力滥用的风险。

---

① 《浙江法院个人债务集中清理（类个人破产）工作指引（试行）》第24条：个人债务集中清理工作中，可以指定列入破产管理人名册的社会中介机构及其执业律师、执业注册会计师，或者政府部门的公职管理人，担任个人债务集中清理工作的管理人。也可以由债权人及债务人共同协商在列入名册的机构及其执业律师、执业注册会计师，或政府部门的公职人员中选定管理人。
② 《深圳市破产事务管理署暂行办法（征求意见稿）》第7条。
③ 法院选择管理人主要有随机方式（包括轮候、抽签、摇号等）、竞争方式、推荐方式等三种方式。

（二）公职管理人报酬制度空白

温州及浙江省均规定公职管理人不收取报酬[1]，但是聘用人员费用、公告费等必要费用在个人债务集中清理程序中未受清偿的部分，从企业破产援助资金支出；深圳对薪酬保障尚未规定。不取酬主要基于以下考虑：公职管理人系公职人员，已有薪水保障，办理破产案件系职务及公益性行为，不取酬可减少破产费用支出及财政负担。但在实践中，公职管理人办理案件也需勤勉尽责地履行管理人职责，如调查、调解等，需占用工作时间，耗费大量精力，同时也要承担风险和责任。而从事同样工作的管理人，其报酬以财政专项补贴支付作为最后保障[2]。如果公职管理人一味不取酬，也未给予其他方面的激励措施，那么势必产生权利义务不对等，办理破产案件将成为其正常工作的额外负担，唯恐避之不及，亟须出台科学合理的报酬制度，以激发办案热情。

（三）个人财产调查难度大

1. 区分"诚实而不幸"与"老赖"难度大。

申请个人破产（债务清理）的部分债务人可能会存在"逃废债"的心理，妄图通过此程序来逃避债务，这与破产法的立法宗旨相违背[3]。因此如何区分"诚实而不幸"的债务人与"老赖"是个人破产

---

[1] 公职管理人报酬的范围不包括管理人执行职务的费用和聘用工作人员的费用，此处的报酬是"纯报酬"的概念。
[2] 温州市中级人民法院关于印发《关于个人债务集中清理的实施意见（试行）》的通知，第18条："本意见试行期间，债务清理管理人的报酬和公告等必要费用在个人债务集中清理程序中未受清偿的部分，以财政专项补贴支付。"
[3] 破产法的立法宗旨仅为那些遭受不幸且诚实的债务人出现债务危机时提供破产保护，对于那些因自己不当行为引起破产或不诚实的债务人，破产法没有为其提供破产保护的正当性理由。

得以成立的重要前提。实践中主要从以下几个方面进行考量：（1）是否及时申请破产；（2）是否存在故意导致其财产减损的行为；（3）是否存在倾向性清偿（个别清偿）行为；（4）在破产程序中是否履行配合义务等。这些均需要公职管理人对破产人资金往来、财产变动进行详尽调查。不同于企业破产，个人财产不具有公开性，其收支具有碎片化、隐匿性等特征，而且个人财产又与家庭财产、公司财产混同，难以甄别，仅凭公职管理人一人之力调查来判别是否"诚实而不幸"并非易事。

2. 公职管理人调查任务重，部门间缺少协调及信息共享。

债务人申报的财产主要为本人及其配偶、未成年子女以及其他共同生活的近亲属名下的财产和财产权益；受理破产申请之日前二年内的财产变动；豁免财产。同时公职管理人需要对特定期限内债务人的财产交易行为进行调查，以判别是否撤销或宣布无效等。实践中，公职管理人需向公安、民政、村（居）委会、工作单位、人民银行、金融机构、信息查询平台、不动产登记、车辆管理、知识产权、公积金、社会保障、市场监督管理、税务、法院执行等部门和机构调取债务人必要信息资料，并对调查获取的有关信息、资料进行全面、综合分析，以此判断收支是否异常、是否匹配、是否存在挥霍等。越是经济发达地区，个人财产越是呈现数额大、分布领域广、类型多样、复杂、混同、变动频繁等特征，甚至存在境外财产，对管理人调查工作带来了巨大挑战，稍一疏忽易造成遗漏。跟企业支出需要依据、由会计理账不同，个人财产支出具有数额小、随意、不记账等特征，难于统计金额及审查去向，也难以判断其合理性及异常。调查事项均涉及行政部门，而且通常还会跨部门甚至跨地域。实践中往往公职管理人一人办案，经验不足，相关财务知识缺乏，调查工作开展困难；各行政部门各自为政，缺乏协调机构，调查不配合不协助；未建立信息共享机制，调查全靠腿跑，效率低下，徒增费用等，严重影响了公职管理人的履职效果。

（四）缺乏完善的公职管理机构

因公职管理人系近两年出现的新鲜事物，对于公职管理人"由谁管、怎么管"的问题，各地仍在不断探索中。目前，我国仍以法院为主导，"破产法官既要办案也要办事，既要开庭也要开会"的现象普遍存在，法院的审判职责与行政事务管理职责存在混同，存在如下弊端：(1) 不利于法院独立审判。大量行政事务，如编制公职管理人名册、选任考核、行政协调、管理和监督管理人履行职责、监督个人债务清理、债务人信用修复前的行为等，让早已不堪重负的法院焦头烂额，审判权与行政职责交织在一起，也影响了法院独立审判，更不利于破产制度长远发展。(2) 法院处理行政事务不具有优势，如在确定公职管理人名册时，法院对公职人员工作岗位、工作经验、工作能力不甚了解，导致入册人员素质参差不齐；由于审判事务极其繁忙，法院很难有专人负责对入册人员进行有效管理和动态评价、受理破产人对管理人不当行为的投诉等，相关工作只能停留在纸面；法院属于独立审判机构，具有中立性，地位超脱，工作上较少与行政部门存在交集，多以调查函的方式开展工作，与政府部门间的破产事务协调力度不够，对管理人行使权力的支持力度不足。(3) 法院监督存在现实困境。法院案多人少的矛盾长期存在，在司法资源如此短缺的情况下，法院几乎不可能做到对公职管理人进行有效、全面的监督。实践中，法院的监管也较为被动，普遍通过管理人向法院提交报告的方式进行，存在片面性、主观性、滞后性等特征，法院监管往往流于形式。

五、 我国公职管理人制度构建路径

(一) 建立完善的公职管理人选任制度

1. 公职管理人名册编制。

首先,《深圳经济特区个人破产条例》明确规定:律师、注册会计师以及其他具有法律、会计、金融等专业资质的个人或者相关中介服务机构,经破产事务管理部门认可,可以担任管理人。因破产事务不是单纯的法律事务,在调查、管理和处置债务人财产时往往涉及专业的财务、会计等知识,建议参考管理人的条件设置,在选择公职管理人时,不要局限在司法局及公证处,可以将视野拓宽至审计局、财政局、税务局、商务局等相关单位,构建多元化、专业化的公职管理人队伍,实现管理人专业素养与案件特性相匹配。其次,现阶段,公职人员参与破产事务的积极性并不高,因此资格条件设置并不严格,只要满足硬性条件(如温州地区:具备法律职业资格证书且是公职人员)即可入选,没有对在职岗位、从业经验、是否存在不得担任的情形等进行详细调查,导致公职管理人素质不一、经验不足,履职效果无法保障。从长远看,要有宁缺毋滥的精神,尽快完善名册编制相关制度,选拔合适人才。建设思路如下:

第一,设置前提条件(一般条件+列举式负面条件)。一般条件包括公职身份,具备法律职业资格证书或注册会计师证书,具有法律、会计、金融等专业资质等;列举式负面条件,如曾被吊销相关专业执业证书、与案件有利害关系、提供虚假申报材料或者有其他弄虚作假行为等,将不宜担任管理人的排除在外。第二,设置执业资格考试制度。破产案件专业性及实操性极强,无经验者不能胜任,可以参考法院法官培训机制,以省为单位设立公职管理人培训中心,经过一段时间的专业培训并经考试合格的才能履职，可以大幅度提升办案能力。同时培训及考试应兼顾管理人"勤勉尽责，忠实执行职务"的职业道德。第三，由法官，法学、金融学或会计学教授，行业协会人员，破产管理人等组成面试和考察团，对公职人员的岗位、经验、素质、专业能力等进行全方位评审，经评审合格的，授予公职管理人资格。

关于名册编制、管理主体。温州司法局主要从事行政管理事务，特别是负责律师管理，相关经验较为丰富，温州规定由法院和司法局共同编制公职管理人名册。深圳则更为先进，由市破产事务管理部门履行与管理人名册相关的编制和管理职责，彻底将此类行政性事务从法院剥离。深圳的经验具有推广价值，但是关于如何编制、管理等仍需进一步完善。

2. 公职管理人的选定。

破产管理工作往往涉及法律、财务等综合性事务，利益关系交织、法律关系复杂，为了更好地将公职管理人的职业能力与破产案件复杂程度相匹配，可根据管理人的工作年限、专业技能、法律经验、职业操守、工作绩效、勤勉程度、办案数量、办理周期、债权人债务人满意度等因素建立管理人名册分级管理制度。探索法院选任为主，债权人、债务人或破产管理机构推荐指定为补充的"双轨制"选任模式，减少法院司法干预。将破产案件分为简易案件、普通案件、疑难复杂案件。简易案件，以法院随机方式选定管理人为主；普通案件，法院可以采取分级管理人制度选择合适的管理人，同时体现债权人、债务人意思自治原则，可由其推荐指定或充分听取其意见，最大程度争取相关利益主体在程序中形成共识，提高破产案件审理效率；疑难复杂案件，往往涉及金融、法律、税务、管理、会计、经济等专业知识，依靠一个公职管理人难以胜任整个破产程序，法院可召开由债权人、债务人、金融机构债权人委员会、破产管理机构、管理人协会参与的管理人推荐会议，从全市甚至全省范围内的公职管理人名单中选取不同专业领域的破产管理人组成联合管理人共同负责案件。

3. 公职管理人更换。

首先，法院仍然掌握更换公职管理人的最终决定权，不利于其独立行使司法审判权，其忙于审判一般也无暇顾及，建议赋予破产管理机构（如深圳的破产管理署）、破产管理人协会受理及更换破产管理人的权利。其次，由债权人会议申请更换，条件苛刻，债权人会议由法院、管理人提议、债权委员会提议等召开，存在召开障碍，建议放宽至债权总额占比三分之二或债权人数达到半数的可以申请更换破产管理人。再者，细化公职管理人更换程序，保证其效率和正当性，赋予管理人提出异议的权力，给予管理人充分的职业保障。

（二）填补公职管理人报酬激励机制的空白

实践中，公职管理人不取酬也没有相关激励措施，这与管理人付出的努力、所承担的法律风险不相匹配，不仅不利于吸收公务员队伍中的优质专业人员加入管理人队伍，还会造成存量的破产管理人队伍中优秀人才的流失，或无法调动其办案的积极性，不利于实现破产管理人队伍专业化的长远发展目标。探索建立公职管理人激励机制十分必要。首先，法律援助案件属公益性质，可由财政保障案件报酬，公职管理人办理破产案件也属公益性质，由财政保障报酬无可厚非，也能凸显破产案件办理的政府救济功能。为突出其公益性，报酬标准可以参照《最高人民法院关于审理企业破产案件确定管理人报酬的规定》适当下浮。另外，在现行报酬制度的基础上区分案件性质、难易程度、工作量等，制定分类计酬办法，作为基本报酬制度。可以建立浮动报酬制度，对勤勉尽责、履职效果良好的管理人，如追回被他人占有的财产，收回破产人未收回债权等，经管理人机构确认，给予浮动报酬以示奖励；对管理人经验不足或履职不当，如不当变卖造成财产损失，保管不当造成财产灭失等，经管理人机构确认，相应扣减其计费报酬。

当然，若一定要严格按照法律法规执行，公职管理人不能获得报酬，那么，笔者认为也应该建立相关激励措施。比如，将办理案件作为本单位年度考核、评优评先的重要依据；作为公务员职级晋升的减时激励；提拔干部、入党的加分内容；调整岗位、评选年度法治人物的参考条件等，从精神上激励，提高参与办理案件的荣誉感，不可将公职管理人的辛苦付出视而不见。

（三）队伍建设加信息共享破调查难题

队伍建设。破产案件涉及方方面面，财产调查仅靠一人之力难以完成，也没法形成有效的内部监督，故引入各类专业人员，建立公职管理人团队十分必要。温州《关于个人债务集中清理的实施意见（二）》在针对债权人对债务人财产状况调查报告信心不足，对债务人逃废债的担忧的情况中，创新增加引入律师、公证力量参与个债清理中的调查工作。以律师调查令的方式，尽可能让申请执行人的代理律师参与，并引入公证力量参与调查，必要时适用悬赏执行手段，进一步提高法院财产调查核实工作的公信力和说服力。参照这一精神，公职管理人队伍也应重点吸纳上述两类人员。理由如下：首先，公证员是具有法律职业资格证书的公职人员，符合公职管理人条件。公证处是国家证明机构，具有国家公信力，有助于公证员获得债权人的信任；发挥公证处职能优势，通过大数据中心查询、实地调查等，可以快捷、准确查实被执行人的财务状况及个人相关信息。其次，律师虽不是公职管理人员，但其具有丰富的执业经验，为了债权人的利益最大化，将全力协助公职管理人调查债务人财产，公职管理人也可在与律师的合作中快速成长。另外，为了更好地区分"诚实而不幸"的破产人，可以引入专业的评估机构，对债务人进行"尽调"，为管理人提供参考。最后，为了实现内部监督，可以在团队中细化分工形成牵制，如破产账户专人管理，其他可分调查组、资产处置组、应诉组等，各司其职，互相监督。

信息共享。2021年8月18日，深圳印发《关于建立破产信息共享与状态公示机制的实施意见》（以下简称《实施意见》），在国内率先建立企业、个人破产信息、信用信息共享和联动公示机制，明确相关单位就破产程序中的债务人基本信息、程序信息、重要法律文书以及相关限制、处罚等信息实行共享，实现破产信息共享"有章可循"。2022年5月30日，深圳市司法局、深圳市民政局签订的《关于推进个人破产事务管理、法律援助与居民家庭经济状况核对联动的合作协议》双方将充分利用现有资源系统和信息技术手段，合作建立高效联动的个人破产债务人家庭经济状况核对共享机制，为破产署精准掌握债务人经济状况提供重要参考，对提升个人破产办理质效、有效防范个人破产欺诈具有重要意义。我们在实践探索中，应参考深圳模式，抓住数字化改革的契机，开发建设易于公职管理人开展工作（重点是调查）的应用场景，建立与政府部门联动的信息共享机制，特别是将债务人信息资料的调取部门全息纳入系统，方便公职管理人通过系统快速高效地开展调查工作，从"跑断腿"向"一次不用跑"转变；通过系统将债务人申报的信息与共享信息进行对比碰撞，智能预警风险，实现对债务人的高效监督，严防破产欺诈行为。

（四）借鉴温州、深圳经验完善公职管理机构

完善公职管理机构，将其定位为专司个人破产行政事务管理职能的行政机关，使法院从与审判无关的繁杂行政事项中解脱出来，同时解决相应配套机制、统筹和监管部门缺位等问题，提高破产案件办理效率、维护破产案件程序的公平公正。主要职责可参考上文对比表。重点在于对公职管理人的监管，破产管理人在破产程序中接管了全部

破产财产，享有破产财产处分权和合同解除权，此直接关系到债权人利益最大化及债务人重生问题，仅靠管理人自律，及法院、债权人会议监管，仍不能堵住权力滥用的漏洞。建议由公职管理机构（可借鉴律师管理经验）通过细则的方式对公职管理人作出进一步的监管。

除了前述职责，以下事务也可交由管理机构负责：对公职管理人员进行培训、赋能；协调不同利益群体间的冲突及处理投诉问题，采取紧急措施；受理公职管理人更换异议申请；对公职管理人进行考核和动态评分；公职管理人报酬（若有）及其他开支的发放；个人破产申请前辅导工作[1]等。

◇ ◇ ◇

专家点评

个人破产中的公职管理人是对破产管理人队伍的有益补充，其以公职身份参与破产事务，有效破解了无产可破及无利润可图案件无人办理的困境，体现了政府利用公共资源对破产案件办理的支持，有利于维护社会整体公共利益。

温州、深圳等地对公职管理人制度进行了有益探索，填补了破产制度的空白，但鉴于公职管理人相关制度并不完善，作者从实践中寻找存在的困境，提出完善的路径。公职管理人是一个新事物，到目前为止尚无相应的法律、行政法规加以规范。随着个人破产制度在我国从理论研究、局部试验，到目前正逐步进行立法尝试与司法推广，公职破产管理

---

[1] 开展个人破产申请前辅导工作是2022年年初深圳市委深改委会议赋予市破产事务管理署的重点任务，也是聚焦解决群众急难愁盼问题、推动个人破产制度改革走深走实的重要举措。因为申请人缺乏相关专业知识，不清楚破产申请受理后的后果，进入程序后又撤回申请，造成司法资源的浪费。开展集约化的申请前辅导，可以分流不符合条件的债务人，规范申请填报行为，协助法院提高申请审查效率。

人亦进入了个人破产的法律程序。本文以公职破产管理人作为选题，具有前瞻性与挑战性，对于制度创新具有重要的理论与实践价值。

文章以温州与深圳的实践为样本，运用规范分析与比较分析的研究方法，系统分析了公职破产管理人的选任、法律地位、职责、报酬等问题，同时还就设立公职破产管理人的必要性、公职破产管理人的管理机构及其职责等问题展开了讨论。对于目前公职破产管理人制度在实践中存在的问题，作者不仅分析了原因，而且也提出了相应的解决方案。

文章不仅广泛收集了有关公职破产管理人性质、定位的各种理论观点，而且对各种不同的观点进行了分析点评，并进一步形成了作者自己的分析结论。该研究成果对于建立和完善我国的公职破产管理人制度具有重要的参考价值。

推进乡镇（街道）合法性审查全覆盖进展、问题和探索

——以衢江区为例

浙江省衢州市衢江区司法局 徐琴锋

一、 推进乡镇(街道)合法性审查全覆盖的背景

2020年6月25日，中共浙江省委全面依法治省委员会印发《关于推进乡镇（街道）合法性审查全覆盖工作的通知》，同年，中共衢州市委全面依法治市委员会印发《〈关于加强法治乡镇（街道）建设的实施意见〉的通知》，省、市相关文件均对在乡镇（街道）层面推进合法性审查全覆盖提出了工作要求，提出要坚持将合法性审查作为作出重大行政决策、制定规范性文件、签订行政机关合同、作出重大行政执法决定等必经程序，未经合法性审查或经合法性审查不合法的，不得提交集体审议或出台，同时，需要全面落实合法性审查人员和规范合法性审查程序。

2022年3月，《浙江省加快推进"大综合一体化"行政执法改革试点工作方案》获中央批复同意，浙江成为全国唯一的"大综合一体化"行政执法改革国家试点。中央赋予浙江省整体推进行政执法改革的重大政治任务，充分体现了浙江全面贯彻习近平法治思想，对加快

建设法治中国示范区、高水平推进治理现代化具有重要意义。2021年1月，《中华人民共和国行政处罚法》修订通过，2021年11月，浙江率先在综合行政执法领域出台省级地方性法规——《浙江省综合行政执法条例》。以上两部法律法规均规定了行政机关在作出行政执法决定前需要进行法制审核的情形和相关要求。

衢江区"大综合一体化"行政执法改革，区级部门行政执法事权自2021年开始分两批下放至乡镇（街道），其中，2021年3月1日起，下放廿里镇在本行政区域内以自身名义相对集中行使17个方面749项行政处罚权及与之相关的行政检查权、行政强制权。2021年10月15日起，下放上方镇、樟潭街道、云溪乡、莲花镇、杜泽镇、湖南镇、高家镇、大洲镇等8个乡镇（街道）人民政府在本行政区域内以自身名义相对集中行使18个领域489项法律、法规、规章规定的全部或部分行政处罚权及与之相关的行政监督检查、行政强制职权。此后，下放乡镇（街道）的行政执法事项均由乡镇（街道）作出，并且由乡镇（街道）进行法制审核。

二、衢江区推进乡镇（街道）合法性审查全覆盖的进展

衢江区始终将做优做实合法性审查工作作为推进建设法治政府和乡镇（街道）法治化综合改革的重要抓手，从2020年以来，衢江区以区委全面依法治区办的名义相继印发了《关于推进乡镇（街道、办事处）合法性审查全覆盖工作的通知》和《衢江区"区乡一体合法性审查联动机制"深入推进乡镇合法性审查全覆盖工作实施方案》，开始部署全面推进乡镇（街道）合法性审查工作，但在推进的过程中发现乡镇（街道）普遍存在法学人才短缺，难以较好地承接合法性审查任务，于是，探索通过组建一个领导小组、一个法律顾问团、一个法制审查专家库、制定一张结对帮审表、绘制一幅流程图等各项措施来

破解乡镇（街道）合法性审查全覆盖工作中"人才短缺、质效不高、难以长效"的难题，在降低行政败诉风险，化解因政府征地拆迁、重大项目推进而发生的信访积案等方面，发挥了重要作用。相关经验被省委改革办推广，衢江区"乡镇（街道）合法性审查质效提升"获评省政府办公厅2021年度县乡法治政府建设"最佳实践"项目。

乡镇（街道）合法性审查工作逐渐赢得乡镇、部门的认可与重视，2021年以来，"县乡一体、条抓块统"改革不断深入，尤其是大量的行政执法事项权限下放至乡镇一级后，乡镇（街道）成为政府最基层的决策机关。如何把好决策关，是当前基层依法治理最关键的难题之一。从衢江区以往的败诉案例来看，大部分乡镇（街道）存在"重实体、轻程序"的问题，导致败诉案件多发，加强推进乡镇（街道）合法性审查，确保决策、文件、合同的合法性，能有效避免决策后期的诉讼和信访问题。尤其是今年衢江区作为"大综合一体化"行政执法改革试点，乡镇（街道）更加重视合法性审查在行政执法过程中的作用，基层对风险防范的法治需求更为迫切。2022年，衢江区探索成立合法性审查中心的想法应运而生，通过聘请专业人员协助审查来弥补乡镇（街道）"人员不足、专业不专"的短板。

2021年以来，衢江区乡两级共审查各类材料668件，其中乡镇（街道）审查356件，行政诉讼败诉率从2020年的7.69%下降到2021年的5.6%。

三、衢江区推进乡镇（街道）合法性审查全覆盖存在的问题

从2020年开始推进乡镇（街道）合法性审查全覆盖工作以来，衢江区一直在努力创新推进，解决了一个又一个难题，但是推进的过程中现实存在的问题也不容忽视。

一是乡镇（街道）对合法性审查工作重视度仍然不够。尽管乡镇（街道）合法性审查工作方面的领导架构、组织体系都已经建立，但钢丝扎得不紧，在日常工作中存在司法局急而其他部门不急，司法所急而乡镇（街道）不急的局面；乡镇（街道）书记亲自抓、一把手盯、第一责任人管还没有落实到位。比如有司法所反映，在合法性审查工作上，乡镇（街道）主动将材料交给司法所审查的意识还不强，有的领导还是习惯于通过自身直接联系法律顾问进行咨询了解，存在信法律顾问不信司法所的现象。另外，由于乡镇（街道）领导更加注重中心项目工作推进而未将合法性审查放在更加重要的位置上，在讨论重大事项时，也并未意识到要让司法所所长列席讨论。

二是乡镇（街道）专业的合法性审查人员仍然不足。据2021年统计，衢江区22个乡镇（街道办事处）法制审核人员中仅有10个乡镇（街道办事处）有具备法律专业的人员，仅有1个乡镇（街道办事处）有通过法律职业资格考试的人员。2022年，衢江区探索建立区、乡两级合法性审查中心，要求在9个行政执法赋权乡镇（街道）整合"平安法治办＋司法所＋行政执法法制员＋法律顾问"等人员成立乡镇（街道）合法性审查中心，尽可能发挥乡镇（街道）法律专业人员的作用进行合法性审查。乡镇（街道）合法性审查中心成立后，衢江区9个乡镇执法赋权乡镇（街道）合法性审查中心共有45名合法性审查人员，其中除法律顾问外，法律专业的也仅为17人，其中2人通过法律职业资格考试。尽管通过力量整合，审查人员的专业性得到了很大提高，但是专业的法制审核人员仍然不足。

三是"区乡一体部门联动"审查机制合力和实效仍然不够。"区乡一体合法性审查联动机制"虽然规定了疑难案件讨论、结对帮审等机制，在解决重大疑难案件时，通过顾问团和部门联动会上研讨确实发挥了一定的作用，但是顾问团、专家库由于都是由各行政机关的工作人员兼职组成，一方面他们在时间上和精力上难以保证，时效性难以保证；另一方面，司法局也难以进行统筹，更加无法出具正式的书面审查意见。

四、衢江区推进乡镇（街道）合法性审查全覆盖的探索

衢江区为推进乡镇（街道）法治化综合改革，强化乡镇（街道）法治审查机构人员专业化、集约化管理，不断巩固"区乡一体、条抓块统"改革成果；为了解决乡镇（街道）合法性审查"人员不足、专业不专"等问题，全力实现乡镇（街道）合法性审查全覆盖，提高基层法治建设水平；为了更好地让审查能力与审查任务相适应，衢江区探索成立了区、乡两级合法性审查中心，希望通过组建专业的审查团队，来进一步提升乡镇（街道）合法性审查的工作质效。

（一）成立1个区级合法性审查中心

经批准，在区级层面设立衢江区合法性审查中心，机构设置为衢江区司法局所属的公益一类事业单位，机构规格相当于副科级，核定事业编制5名。

衢州市衢江区合法性审查中心贯彻落实党中央、省委、市委和区委方针政策和决策部署，在履行职责过程中坚持和加强党的全面领导。主要职责是：（1）协助审查下放乡镇（街道）综合行政执法（行政处罚）重大、疑难、复杂案件决定及法律文书，及对较大数额罚款、没收较大数额违法所得、没收较大价值非法财物等适用听证程序的案件；（2）协助审查乡镇（街道办事处）政府对外签订标的达400万元以上的国有资产出让、租赁和国有土地收储、政府投资项目合同，其他有标的且标的达1000万元以上的合同；（3）对涉及乡镇（街道）的重大信访案件处理，政府信息公开答复，行政复议、应诉答复内容进行指导；（4）审查乡镇行政裁决决定；（5）根据乡镇（街

道办事处)需求列席乡镇党政联席会议,参加乡镇(街道办事处)重大涉法事项协调会;(6)承担乡镇(街道办事处)合法性审查业务指导工作;(7)承担区级党委部门日常法务工作;(8)区委区政府及上级主管部门交办的其他工作。

衢江区合法性审查中心内设综合科和审查科两个职能科室,在中心人员配置上,要求具有全日制法学本科及以上学历,持有国家法律职业资格证书或律师证,有宪法、行政法、民法、刑法、法学理论等法律知识储备,且从事两年以上法律事务工作,有政府法务或法律顾问工作经验者优先,以专业人才保障合法性审查意见专业化。

自衢江区合法性审查中心成立到现在,在实际工作中发挥了重要作用。

(二)构建"9+13"乡镇(街道)合法性审查架构

衢江区现有22个乡镇(街道办事处),其中9个乡镇(街道)为行政执法赋权乡镇(街道),对应9个直属司法所,其余13个司法所为乡镇(街道办事处)内设所。我们结合实际,在乡镇(街道)合法性审查机构设置上创新建立"9+13"合法性审查架构。一是设立9个乡镇(街道)合法性审查中心。针对"大综合一体化"行政执法改革,在9个行政执法赋权乡镇(街道)构建"平安法治办+司法所+行政执法队法制员+法律顾问"的法制审核体系,其中要求在乡镇(街道)行政执法队伍中至少确定1名法制员,负责审查下放乡镇(街道)的行政执法事项,派驻分中心法制审查人员、行政执法人员由部门指导、乡镇(街道)考核,为乡镇(街道)合法性审查工作注入新力量。二是13个司法所。针对其余未赋权的13个乡镇(街道办事处),仍确定由司法所牵头负责所属乡镇(街道办事处)的合法性审查工作,如有属于乡镇(街道办事处)重大疑难案件的同样可以提交区中心协审。

（三）制定1套合法性审查工作机制

制定下发《衢州市衢江区合法性审查工作运行机制》，明确了《"1+9+13"合法性审查机构工作职责》，确保合法性审查事项权责清晰、分工明确。一是建立司法所牵头协调机制。9个行政执法赋权乡镇（街道）合法性审查中心主任由乡镇（街道）分管平安法治副书记兼任，司法所所长任副主任，牵头协调合法性审查乡镇（街道）中心各项事务，使司法所和合法性审查中心运行无缝衔接，全面夯实乡镇（街道）法治化改革根基。二是建立分层分类审查机制。根据合法性审核事项、行政执法案件复杂难易程度建立分级、分类进行审查的机制。比如普通程序行政执法案件乡镇（街道）合法性审查中心自己审，重大等适用听证程序的行政执法案件乡镇（街道）中心初审后提交区合法性审查中心协助审查，在合同方面乡镇（街道）政府签订标的在400万以内的土地收储、国有资产租赁、招商引资项目，招投标采购合同，其他有标的且标的在1000万元以下的合同，由乡镇（街道）中心自己审，对本乡镇（街道）签订的限额以上合同，乡镇初审后提交区中心协审。三是完善合法性审查事项流程。建立完善了《行政执法案件审查工作流程图》《规范性文件审查工作流程图》《政府合同合法性审查工作流程图》等具体事项审查流程，同时规范了必要的审查时间，为区、乡合法性审查中心实体化顺畅运行提供了切实可行的实操依据。

通过建立区、乡合法性审查中心，聘请和整合专业力量，一方面一定程度上解决了乡镇（街道）法治力量不足的难题，另一方面区合法性审查中心的设立，有利于加强衢江区法律人才的储备和培养，从而提升衢江区法治建设水平。

◇ ◇ ◇

专家点评

推进乡镇（街道）合法性审查全覆盖是依法行政的新课题，本文结合乡镇合法性审查工作现状，内容具体，问题明确，建议务实，比较全面地介绍了乡镇（街道）合法性审查全覆盖工作的经验与探索实践，具有一定典型性。

遵守法律法规强制性规定与保障村民自治权的衡平

——丽水市景宁畲族自治县司法局村规民约合法性审查调研

浙江省丽水市人民政府办公室　雷澜珺

《乡村振兴促进法》自2021年6月1日起施行。《乡村振兴促进法》第45条规定："乡镇人民政府应当指导和支持农村基层群众性自治组织规范化、制度化建设，健全村民委员会民主决策机制和村务公开制度，增强村民自我管理、自我教育、自我服务、自我监督能力。"乡村振兴战略已经开始实施，村规民约的完善和修订，对营造优良乡风、促进农村基层群众性自治组织规范化、制度化建设可谓意义重大。

规范和完善村规民约是依法治国方略的延伸和补充，是完善我国基层群众自治制度的必然要求和生动实践，是建设法治丽水和平安丽水的具体举措。

景宁畲族自治县司法局深入贯彻落实乡村振兴战略以及浙江省乡镇（街道）合法性审查全覆盖的工作要求，逐步推进县域内村规民约合法性审核工作。在实践过程中充分展开调研，收集、整理问题，并给出初步解决方案。景宁畲族自治县司法局派出工作人员参与本县东坑镇、渤海镇等乡镇村规民约的合法性审查工作，并于2021年5月

11日至12日组织人员前往衢州市江山市县前社区、衢州市江山市凤凰村、丽水市遂昌县大柘镇柘溪上村调研居民公约以及村规民约的制定与修改情况。在充分调研及理论研究的基础上，形成调研报告。

一、 问题的提出

村规民约可视为一种集体契约，是基层群众自治协商的结晶。社会契约论的意旨是国家建构必须获得人民的同意：国家的形成从根本上改变所有人的生活方式，使之从自然状态进入文明状态，因而国家在道德上有义务听取每个人的意见并征求其同意。根据《村民委员会组织法》第27条的规定，村规民约的制定与修改的主体是村民会议。在具体的调研过程中发现，存在上门到农户家获取签字同意这种方式制定的村规民约。可见，村规民约是契约化治理的生动体现。但是在参与村规民约合法性审查以及调研过程中发现，一些村规民约在引导村民言行、倡导公序良俗方面没有起到很好的作用。

其一，村民自治事项的范围过于单一，条款缺乏地方特色。一些村规民约的条款直接来自法律法规的规定，没有结合乡土特色，没有结合本地实际情况。一些村规民约直接套用民政部门制发的模板，反映出千村一面的现象。例如，景宁畲族自治县东坑镇部分村规民约出现雷同以及直接引用法条的现象。

其二，村规民约展现倡导性，缺乏强制性，难以执行。一方面，一些村规民约以单纯的诗歌形式出现，缺乏约束力；另一方面，一些村规民约只规定了倡导性条款或禁止性条款，但是没有规定详细的奖惩措施。景宁畲族自治县许多村规民约都出现了这种现象。

其三，有些村规民约的制定明显违反上位法。例如，违法设定行政处罚。某村村规民约第10条规定："严禁任何人在柘溪上辖区范围内的溪里和水库电鱼、毒鱼、炸鱼、网鱼。如有违规者，电、毒、炸鱼者每次罚款5000—10000元。"

其四，条款表述不明确，不利于执行。例如诗歌类型的村规民约表意不够准确。又如某村村规民约第4章第22条规定："村民所养牲畜必须进行圈养，严禁放养家禽家畜，如出现放养情况，由村委进行没收处理，并予以罚款300元用于村中公益事业。""严禁放养家禽家畜"意味着在山林等非日常通行地点也不能放养家禽家畜，不符合农村实际。

其五，有些村规民约制定程序不正当。一些乡镇政府越俎代庖，试图在所辖村推行统一的格式化版本或者缺乏充分的民主意见征集。这种做法弱化了村级组织在乡村治理领域的传统权威，使一些村规民约虚化为一种形式化的文本，从而失去了原有的价值和功能。

二、村规民约的法律基本框架

宪法第111条规定："城市和农村按居民居住地区设立的居民委员会或者村民委员会是基层群众性自治组织。"宪法明确规定村民委员会的性质是基层群众性自治组织。《村民委员会组织法》是我国村民自治的基本法律依据。《村民委员会组织法》第40条规定："省、自治区、直辖市的人民代表大会常务委员会根据本法，结合本行政区域的实际情况，制定实施办法。"地方人大可以制定与村规民约有关的法律规范。可见，宪法、《村民委员会组织法》及地方人大制定的法规可作为村规民约制定的法律渊源。

（一）法律框架下的村规民约的合法性审查模式

村规民约的合法性审查采取的是乡镇人民政府备案审查及事后责令改正及人民法院附带审查的模式。

根据《村民委员会组织法》第27条规定："村民会议可以制定和

修改村民自治章程、村规民约，并报乡、民族乡、镇的人民政府备案……村民自治章程、村规民约以及村民会议或者村民代表会议的决定违反前款规定的，由乡、民族乡、镇的人民政府责令改正。"可见，乡镇人民政府对村规民约实行事前、事后的双审制。

《村民委员会组织法》第36条规定："村民委员会或者村民委员会成员作出的决定侵害村民合法权益的，受侵害的村民可以申请人民法院予以撤销，责任人依法承担法律责任。"可见，人民法院对村民委员会或者村民委员会成员作出的非法决定实行事后审查。这意味着村规民约内容侵犯村民的合法权益时，可以通过人民法院司法审查来处理。司法实践中存在对村规民约进行司法审查的实践。例如，2017年河南省郑州市金水区路砦村村民徐某某等三人诉郑州市金水区人民政府不履行法定职责一案中，2016年徐某某基于本村"出门闺女只享受出嫁当年的福利待遇"的村规民约而未获得村民待遇，当向金水区人民政府递交申请书时因金水区人民政府对申请人所诉的村民待遇及村民自治问题不具备进行处理的法定权利和义务而被拒绝。最终河南省高级人民法院二审判决：责令路砦村委纠正该村村规民约的违法内容，判决徐某某享有待遇并支付至今各项福利待遇。

在调研中发现，一些乡镇政府的法制审查队伍建设并不完善。一些乡镇政府中缺乏法学专业出身的工作人员，这导致在一些乡镇事前的备案审查机制以及事后的纠正机制并没有很好地发挥作用。在丽水乡村治理中，一些村规民约的合法合规性并不能得到保障。

2020年7月1日，中共浙江省委全面依法治省委员会印发《中共浙江省委全面依法治省委员会关于推进乡镇（街道）合法性审查全覆盖工作的通知》对村规民约的合法性审查作出有益探索。该文件指出，基础较好或者有条件的乡镇（街道）可探索将涉法事项全部纳入合法性审查范围，并加强对自治章程、村规民约、社区公约的合法性审查工作；乡镇（街道）可以确定司法所为合法性审查机构，在合法性审查人员力量上，可以通过配强法制员和公职律师力量、聘请法律顾问、政府购买法律服务或者相互补偿等方式解决。该文件旨在通过推进乡镇（街道）合法性审查全覆盖，细化乡镇（街道）合法性审查的流程，加强合法性审查队伍人才配备，从而提升乡镇合法性审查事项的准确性、科学性。

可以看到村规民约的合法性审查在乡镇（街道）合法性审查工作中也只是建议性质的。此外，人民法院对村规民约的附带审查存在滞后性，而且对于村民而言，诉讼成本高且非诉观念根深蒂固，所以在现实中村民通过人民法院对村规民约的调整从而对村民权利进行救济较难实施。为全面提升乡镇（街道）各项工作的法治化水平，建议将村规民约纳入审查范围，避免出现村规民约条款侵权的问题。

（二）法律框架下的村规民约的合法性审查标准

《村民委员会组织法》第27条规定："村民自治章程、村规民约以及村民会议或者村民代表会议的决定不得与宪法、法律、法规和国家的政策相抵触，不得有侵犯村民的人身权利、民主权利和合法财产权利的内容。"从该条可以看出，现有法律对村规民约合法性审查标准的规定并不明确，所以梳理村规民约合法性审查中出现的常见问题并给出修改意见显得尤为必要。

三、村规民约合法性审查中的常见问题及分析

村规民约的合法性审查包括审查合法性及合理性的问题，经过分析收集到的村规民约，发现合法性审查中常见问题包括以下几个方面。

（一）合法性

1. 违法设定行政处罚。

例如某村村规民约第2章第9条规定："严禁未经审批的野外用火，引起火灾者罚款200至1000元用于村公共事业建设。"某村村规民约第1章第8条规定，禁止对本村天然竹林、笋以及方竹基地内的方笋随意采摘或偷取，一经发现对当事人处以300至1000元罚款的处罚。村委不是相关执法权的行政执法主体，没有行政处罚权。

2. 违法剥夺村民资格。

例如某村村规民约第5章第23条规定："村民必须自觉遵守计划生育政策，凡违反计划生育法规者，不予纳入低保名额……"低保的授予条件由法律法规、国家政策确定，村规民约无权设置剥夺村民低保资格的条款。

3. 对不需要加以处罚的事项加以规定。

例如某镇部分行政村在起草村规民约时，将钓鱼行为纳入村规民约的规范范围中，违反了上位法规定。《浙江省渔业管理条例》及《景宁畲族自治县农业农村局通告》（景农发〔2020〕73号）均允许合法的钓鱼行为。

（二）合理性

1. 难以实行监督的条款。

多数村规民约都规定了"移风易俗"条款。例如，一个村规民约中规定："深入开展'移风易俗'工作，做到喜事新办，丧事简办。坚持文明办红白喜事，办理婚丧事宜，控制宴席规模和消费档次，不超标准宴请宾客，出席人数不得超过200人，单桌菜品总价不能超过1000元，婚嫁、送葬车辆不能超过6辆，不得赠送、收受非亲人员（一般指没有血亲、姻亲等关系的人员）的礼金、礼品，亲戚之间人情礼金控制在300元以内。"在调研中，衢州市江山市某村村委会工作人员谈到，此类"移风易俗"条款在实际操作中难以受到监督，规定在村规民约中主要起到倡导作用。

2. 罚则缺乏阶梯性、一致性。

在一些村规民约的条款中，对于不同的行为处以不同的罚则，但是没有根据不同行为的情节轻重，加以阶梯性的罚则。第一，在同一个村规民约中处罚力度差距很大；第二，在同一乡镇，出现了不同村之间处罚力度差距很大的现象。这种现象违反了罚则设定的相当性原则。

3. 表意不清的条款。

主要表现为主要概念模糊不清，或者存在歧义。例如，一些村规民约草案中规定了畜禽禁养范围，但是又对禁养范围缺乏明确界定，只作了模糊的文字描述，难以准确判断。

四、村规民约制定、执行的体系建设及完善

村规民约是村民进行自我管理、自我服务、自我教育、自我监督的行为规范。一项不具有自治、法治、德治相结合的村规民约对村民权益的侵害影响是持久的。村规民约的制定、执行工作可以对村规民约在执行过程中可能产生侵犯法益的风险进行预防。所以严格落实村规民约的制定程序，完善村规民约的执行体系意义重大。

（一）制定过程

1. 严格遵循村规民约的制定程序。

村规民约制定过程包括以下几个方面：起草、征集意见、合法性审查、表决、备案和公布、修订以及监督等。合法性审查是确保村规民约符合上位法规定的重要一环。但是缺乏其他环节，合法性审查的

科学性也将大打折扣。如若在合法性审查之前没有做好充分的调研论证，没有做好征集意见的工作，那么村规民约的合法性审查中就难以体现民意，难以达到村规民约的合理性，也难以体现本村的乡土特性。又例如，未能及时启动村规民约的修订程序，那么随着法律法规的更新、社会的发展，合法性审查会出现明显的滞后性。例如，已实施全面二孩政策，但个别村还将"只生一孩"写入村规民约，这是修订环节不到位的体现。所以在制定村规民约中应当严格遵循村规民约的制定程序。

2. 可供参考的约束性条款。

在调研中发现，倡导性条款缺乏可操作性，对村民也缺乏约束力。这些村规民约制定之后，在社会治理活动中没有发挥应有的作用，往往被束之高阁。在参与村规民约合法性审查以及调研过程中，笔者收集整理了具有合法性且具有一定约束性的处罚性条款，如下：（1）公开通报批评；（2）责成赔礼道歉；（3）折价赔偿损失；（4）恢复原状；（5）返还原物；（6）移交有关机关处理；（7）设置积分制度，根据相对应条例规定各种行为造成相对应的积分变化，并提供一定的积分兑换的物品及服务；（8）设立红黑榜，对于村中各户的各种行为作出对应的表扬和批评，并将红黑榜公示。

3. 充分考虑村规民约制定的体系性。

在村规民约的合法性审查过程中，应当充分考虑条款之间的体系性，充分关注行为的具体情节，设定有梯度的罚则。此外，行政村之间也可进行沟通与合作，避免不同村之间罚则畸轻畸重的情况出现。

（二）执行过程

村规民约在制定之后存在执行难的问题。在调研中收集整理了较好的执行实践。第一，丰富宣传形式，提高知晓度。在村规民约母版的基础上，可以通过编写顺口溜、三字经、诗歌等形式提炼，通过墙绘、广播、手册等多种形式推广；第二，可以设定村规民约的执行工作规程，细化村规民约的具体执行过程；第三，可以成立村规民约的执行委员会，邀请基层德高望重、办事公道、热心公益的老战士、老专家、老教师、老模范参加；第四，充分发挥邻里守望的作用，充分调动村民参与村规民约执行的积极性。

五、 结语

村规民约的合法性审查，对在乡村振兴中深化村民自治，持续深化村民自治实践，不断完善乡村治理，推动农村加快发展有积极推动作用。村规民约的制定应遵循三个原则。第一，法定性原则，即不能违反法律法规强制性规定；第二，自治性原则，即应充分尊重村民依法行使对村庄公共事务和公益事业进行管理的公共权利；第三，明确简明性，即村规民约的文本应以准确、通俗易懂、较为简单、简短的语言表述。

具体而言，村规民约的审查应充分考虑遵守法律、行政法规强制性规定与切实保障村民在村级经济和社会事务中的自治权之间的衡平。

其一，必须严格依据《村民委员会组织法》精神与规定制定村规民约。村规民约不得与宪法、法律、法规和国家的政策相抵触，不得有侵犯村民人身权利、民主权利和合法财产权利的内容。村规民约的内容主要涉及《森林防火条例》《浙江省森林消防条例》《浙江省村经济合作社组织条例》《浙江省实施〈中华人民共和国村民委员会组织法〉办法》《丽水市文明行为促进条例》《丽水市传统村落保护条例》等法律法规规章的规定。村规民约应对保障村民的选举权与被选举权、农村土地承包经营权等基本的政治、经济权利的落实起促进作用。

其二，应充分尊重村民依法行使对村庄公共事务和公益事业进行管理的公共权利。例如，经村民会议表决通过、某镇人民政府备案，村规民约可以规定对于较为严重的、随意丢弃生活垃圾的行为，收取1到5元不等的垃圾处理费。此项规定，意在督促劝导村民正确投放垃圾，改善农村的人居环境，可视为村民将部分个人权力让渡给村集体，基于"社会契约"，具有显见的正当性。此类村民明知且同意的简单的社会治理规则，系村民真实意思表示，需恪守履行。

其三，应充分关注村规民约的可执行性问题。要遵循"易记、易懂、易行"的原则，充分挖掘本地特色，使村规民约的制定能够充分反映民意、反映乡土特色，从而使村规民约具有实用性和可操作性，避免村规民约成为一纸空文，形同虚设。

◇ ◇ ◇

专家点评

本文内容实在，问题意识强，涉及面广，论述有力，从实体法律到程序，从合法性到合理性，均能够论及，基本上讲清楚了村规民约的意义、存在的问题以及改进建议等，是一篇比较好的调研报告，对实际工作有指导意义。

图书在版编目（CIP）数据

德润民心：行政合法性审查的浙江创新经验 / 何健勇，杜仪方主编. -- 杭州：浙江教育出版社，2024.12. -- ISBN 978-7-5722-9370-2

Ⅰ．D927.55

中国国家版本馆CIP数据核字第20246X7R65号

德润民心——行政合法性审查的浙江创新经验

DERUN MINXIN——XINGZHENG HEFAXING SHENCHA DE ZHEJIANG CHUANGXIN JINGYAN

责任编辑	孙露露
封面设计	钟吉菲
责任校对	董安涛
责任印务	曹雨辰
出版发行	浙江教育出版社
	（杭州市环城北路177号　电话:0571-88909729）
图文制作	杭州兴邦电子印务有限公司
印刷装订	杭州佳园彩色印刷有限公司
开　　本	710mm×1000mm　1/16
印　　张	20.5
字　　数	410 000
版　　次	2024年12月第1版
印　　次	2024年12月第1次印刷
标准书号	ISBN 978-7-5722-9370-2
定　　价	76.00元

版权所有　侵权必究

如发现印、装质量问题,请与承印厂联系。电话:0571-85047183